Daniel Marc Segesser

Der Erste Weltkrieg in globaler Perspektive

für Christine, Jürg und Jacqueline

Daniel Marc Segesser

# Der Erste Weltkrieg

## in globaler Perspektive

**marix**verlag

Bibliografische Information der Deutschen Nationalbibliothek
Die Deutsche Nationalbibliothek verzeichnet diese Publikation in der Deutschen
Nationalbibliografie; detaillierte bibliografische Daten sind im Internet über
http://dnb.d-nb.de abrufbar.

Copyright © by marixverlag GmbH, Wiesbaden 2010
Covergestaltung: Nicole Ehlers, GmbH, Wiesbaden
nach der Gestaltung von Thomas Jarzina, Köln
Bildnachweis: akg-images GmbH, Berlin
Lektorat: Dr. Anette Pelizaeus, Stuttgart
Satz und Bearbeitung: Medienservice Feiß, Burgwitz
Der Titel wurde in der Palatino gesetzt.
Gesamtherstellung: Bercker Graphischer Betrieb GmbH & Co.KG, Kevelaer
Printed in Germany


ISBN: 978-3-86539-953-3


www.marixverlag.de

# Inhalt

# 1. Einleitung

Bis heute gehört der Erste Weltkrieg zu denjenigen Ereignissen, die im Gedächtnis der Menschen einen wichtigen Platz haben (vgl. 9). Auch wenn die letzten Zeugen dieses großen Völkerringens nun fast alle gestorben sind, halten Staaten, interessierte Verbände und viele Einzelpersonen die Erinnerung daran wach. Davon zeugt nicht zuletzt die Tatsache, dass der französische Staatspräsident jedes Jahr am 11. November, dem Tag des Waffenstillstandes von 1918, am Grab des unbekannten Soldaten am Arc de Triomphe in Paris einen Kranz niederlegt und eine Schweigeminute einlegt. Der Erste Weltkrieg ist aber nicht nur in den Staaten Europas immer wieder präsent. Auch außereuropäische Staaten wie Australien oder Neuseeland gedenken dieses Ereignisses immer wieder. ANZAC-Day, der 25. April, an welchem an die Landung australischer und neuseeländischer Truppen am Strand von Gallipoli erinnert wird, gilt dort als eine Art inoffizieller Nationalfeiertag. Der Erste Weltkrieg kann daher durchaus, wie dies Gerhard Hirschfeld, Gerd Krumeich und Irina Renz tun, als das prägende Ereignis des 20. Jahrhunderts bezeichnet werden (Hirschfeld et al. 2003, 9). Dies gilt aber eben nicht nur für Europa, sondern auch für weite Teile der außereuropäischen Welt. Gerade diesem Aspekt soll in diesem Buch stärker Rechnung getragen werden, als dies in den bisher existierenden Studien der Fall ist. Der Erste Weltkrieg führte nämlich nicht nur in den Staaten Europas oder in den USA zu unübersehbaren Verwerfungen, sondern betraf auch so weit von der Front weg liegende Länder wie Australien, China, Indien, Japan oder Neuseeland. Es ist daher nicht unproblematisch, sich in Studien zu diesem Krieg auf die Entwicklung in Europa zu konzentrieren, wie dies jüngst Kruse (2009) in kompakter Form wieder getan hat.

Auch die Geschichtswissenschaft hat sich in vielfältigster Art und Weise mit dem Ersten Weltkrieg beschäftigt. Davon zeugen die unzähligen Werke zum Thema, von welchen eine Auswahl am Schluss dieses Buches zu finden ist. Viele Spezialstudien sind entstanden.

Diese beschäftigen sich mit so unterschiedlichen Themen wie der
Geschichte der Schlachten, des Alltags an der Front, der Geschichte der Frauenarbeit im Krieg oder der Formen der Erinnerung an
den Krieg. Nicht nur für den Laien, sondern auch für Fachleute
ist es unter diesen Umständen nicht einfach, sich einen Überblick
über die fragmentierte Forschungslandschaft zu verschaffen. Auch
an dieser Stelle wird es nicht möglich sein, den Ersten Weltkrieg
umfassend darzustellen. Es soll jedoch versucht werden, die wichtigsten Aspekte zu thematisieren, auf die wichtigsten Akteure und
Entwicklungen einzugehen, den Alltag an der Front wie in der
Heimat anzusprechen, die Problematik von Kriegsverbrechen und
Völkerrecht zu beleuchten und Antworten auf die Frage zu geben,
wie dieser globale Krieg beendet werden konnte, welche Folgen
dies hatte und welche Spuren er in der Erinnerung von Menschen
und Gesellschaften hinterließ. Dabei soll, wie schon gesagt, der
globalen Dimension dieses „Weltenringens" besonderes Gewicht
eingeräumt werden.

Bevor als erstes nun die Ausgangslage im Vorfeld des Krieges
thematisiert wird, gilt es jedoch einen wichtigen Aspekt vorab zu
betrachten. War der Erste Weltkrieg wirklich der erste Weltkrieg
und kann der von uns als solcher bezeichnete Krieg auch wirklich
als Weltkrieg bezeichnet werden? Auch wenn verschiedene Politiker
und Militärs im Vorfeld des Krieges von 1914-18 immer wieder
davon sprachen, dass die Welt auf einen Weltkrieg zusteuere, so
machten sich die wenigsten davon Gedanken zu der Frage, was
sie denn selber darunter verstehen wollten. Gerade im Deutschen
Reich herrschte die Überzeugung, dass schon nur ein Kriegseintritt Großbritanniens und seines Weltreiches dazu führen müsse,
dass es zu einem Weltkrieg komme. Zudem erwartete der deutsche
Generalstab auch, dass Frankreich in einem neuerlichen Krieg wie
schon 1870/71 Kolonialtruppen aus Nord- und Schwarzafrika
zur Verteidigung seines Landes einsetzen werde. Ob ein Krieg in
Europa sich dann allerdings auch auf die außereuropäischen Besitzungen der europäischen Staaten ausweiten würde, dies war für

die meisten Politiker und Militärs ebenso unklar wie die Frage, ob sich außereuropäische Staaten wie die USA, Japan, China oder die lateinamerikanischen Republiken an einem solchen Krieg beteiligen würden. Nachdem der Krieg 1914 begonnen hatte und sich nicht auf Europa beschränkte, setzte sich bei vielen jedoch die Überzeugung durch, dass es sich um einen Weltkrieg handle. Diese Ansicht wurde auch nach dem Krieg kaum in Frage gestellt, selbst wenn der Krieg vorerst in Frankreich als *Grande Guerre*, in Großbritannien als *Great War* und in Australien ganz einfach als *War of 1914-18* bezeichnet wurde. Spätestens am Ende des Zweiten Weltkrieges setzte sich auch in diesen Ländern die Bezeichnung *Première Guerre Mondiale* oder *First World War* durch. Reflektiert wurde der Begriff jedoch kaum, wie ein Blick in die gängigen heutigen Lexika wie Brockhaus oder Meyer zeigt. Meist findet sich dort nur eine Beschreibung der beiden Weltkriege des 20. Jahrhunderts (Brockhaus) oder der Hinweis, dass es sich bei Weltkriegen um global geführte Konflikte handle (Meyer).

Ein genauerer Blick in die Geschichte zeigt hingegen, dass globale militärische Auseinandersetzungen keineswegs ausschließlich ein Phänomen des 20. Jahrhunderts waren. Der seit dem 15. Jahrhundert im Gang befindliche und im Zeichen der europäischen Expansion nach Übersee stehende Globalisierungsprozess war geprägt von militärischen Konflikten, die auch immer wieder größere Teile des Globus betrafen, dies sowohl in der Form von Auseinandersetzungen zwischen europäischen und indigenen Mächten als auch in der Gestalt von global geführten Kolonialkriegen zwischen den europäischen Staaten. Beispiele für letzteres sind der Österreichische Erbfolgekrieg von 1740-48, der Siebenjährige Krieg von 1756-63 oder der Amerikanische Unabhängigkeitskrieg von 1775-1783. Die meisten Auseinandersetzungen waren also europäische Konflikte, die zwar weltweit ausgetragen wurden, an welchen sich außereuropäische Mächte aber kaum beteiligten. Waren letztere beteiligt, so handelte es sich dabei meist um einen Konflikt regionaler Natur. Für die Zeit bis zum Ende des 18. Jahrhunderts ist es daher wohl

angemessener, von Kriegen mit globalen Hintergründen zu sprechen, nicht aber von wirklichen Weltkriegen, wie dies beispielsweise
Geoffrey Parker tut (Parker 1979, 62-63). Stig Förster folgend, ist
es wohl besser, erst dann von einem Weltkrieg zu sprechen, wenn es
sich um einen Großkonflikt unter maßgeblicher Beteiligung sowohl
europäischer als auch autochthoner außereuropäischer Mächte handelte (Förster 1994, 34-36 / Förster 2010, 102-103). Inwiefern die
Napoleonischen oder Französischen Kriege von 1792 bis 1815 als
Weltkriege bezeichnet werden können, wie dies Förster tut, ist umstritten. Es ist zwar durchaus richtig, dass in dieser Zeit nicht nur in
Europa Krieg geführt wurde und nur europäische Mächte am Krieg
beteiligt waren. Persien, das Osmanische Reich, indische Herrscher,
die Wahabiten Arabiens, die Shawnee Indianer in Nordamerika
sowie die 1787 entstandenen Vereinigten Staaten beteiligten sich
aktiv an dieser Auseinandersetzung. Dennoch waren einige Teile
der Welt in diesen Konflikt nicht wirklich verwickelt. Dies gilt
einerseits für Australien und den Pazifik, andererseits aber auch für
die in globaler Perspektive in der Zeit um 1800 wichtigen Japan
oder China. Die damaligen Auseinandersetzungen zwischen Japan
und Russland um die Kurilen waren nicht Teil eines weltweiten
Konfliktes, sondern vielmehr ein regionaler Konflikt im Rahmen
der Expansion einer einzelnen europäischen Macht in den außereuropäischen Raum.

Es gibt daher gute Gründe, den Ersten Weltkrieg wirklich als
den ersten Weltkrieg zu betrachten, dies nicht zuletzt auch vor dem
Hintergrund der noch zu beschreibenden Intensivierung des von
Europa ausgehenden Globalisierungsprozesses, der gerade durch
die Revolutionierung des Transport- und Kommunikationswesens
Krieg führenden Mächten neue Möglichkeiten eröffnete, die auf
globaler Ebene im Ersten Weltkrieg erstmals in erheblichem Ausmaß zum Tragen kamen.

In seinem Aufbau folgt dieses Buch zu Beginn vorerst dem klassischen Prinzip der Chronologie und beschreibt als erstes die Ausgangslage vor dem Ersten Weltkrieg, um dann die Julikrise und

die Kriegsschuldfrage zu thematisieren und schließlich den Verlauf des Krieges an dessen verschiedenen Fronten zu beschreiben. In all diesen Kapiteln wird versucht, der außereuropäischen Welt das ihr zukommende Gewicht zu geben, so beispielsweise durch eine ausführlicher als sonst ausfallende Beschreibung der militärischen Entwicklungen im Kaukasus, im Nahen Osten, in Afrika sowie in Ostasien und dem Pazifik. Das fünfte Kapitel ist dann dem Verhältnis von Front und Heimatfront gewidmet und beschäftigt sich, wie das sechste Kapitel auch, in einem Längsschnitt mit dem Alltag an der Front wie in der Heimat, der Problematik von Waffen und Technologie sowie der Mobilisierung von Wirtschaft und Gesellschaft für den Krieg. Das sechste Kapitel thematisiert einen Aspekt, dem in Gesamtdarstellungen des Ersten Weltkrieges bisher auch eher wenig Gewicht eingeräumt wurde, nämlich den von Kriegsverbrechen und Völkerrecht. Während meistens bekannt ist, dass die Frage von Kriegsverbrechen und Völkermord im Zweiten Weltkrieg eine wichtige Rolle spielte, wissen wenige, dass diese Themenkomplexe zum Teil auch zwischen 1914 und 1918 zu heftigen Diskussionen unter Juristen wie in der Öffentlichkeit führten. Mit dem siebten und achten Kapitel wird die Chronologie wieder aufgegriffen. Focussiert werden dabei das Wendejahr 1917, die globale Kriegsmüdigkeit in der zweiten Hälfte des Krieges, das Kriegsende sowie der Friedensschluss. Das abschließende Kapitel ist dann der Bedeutung des Ersten Weltkrieges in der Erinnerungskultur und der Geschichtswissenschaft gewidmet.

Der Erste Weltkrieg war eine zentrale Zäsur in der neueren Geschichte der Menschheit und kann sicherlich auch als zentrales Element einer europäischen Zivilisationskrise gedeutet werden (Krause 2009). Das geflügelte Wort der „Urkatastrophe des 20. Jahrhunderts" von George F. Kennan beschreibt diesen Konflikt daher immer noch treffend und wird in der Literatur auch immer wieder verwendet, wie jüngst von Burgdorff/Wiegrefe (2008) gar als Titel für ihr Buch. Der Erste Weltkrieg wird heute nicht mehr als Naturkatastrophe wahrgenommen, die wie ein Orkan über die

Menschen hinweggefegt war und millionenfachen Tod mit sich brachte, wie dies in den zwanziger Jahren häufig der Fall war. Es ist deutlich geworden, dass dieser Krieg von Menschen bewusst ausgelöst und vorangetrieben wurde und erst aufgegeben wurde, als Menschen wie Ressourcen praktisch erschöpft waren (Berghahn 2003, 7-8). Gerade angesichts der vielfältigen Verbindungen zu weiteren gewalttätigen Konflikten in der Welt nach 1918 blieb der Erste Weltkrieg eine Phase der Geschichte, an welcher das Interesse bis heute nicht erloschen ist. Dies gilt nicht nur für Europa, sondern für weite Teile einer Welt, die auf vielfältige Weise in diesen globalen Konflikt verwickelt waren.

# 2. Ausgangslage

## 2.1. Die Krieg führenden Mächte

Auch wenn im 19. Jahrhundert der Prozess, der zur Schaffung einer Weltgesellschaft führte, beschleunigt wurde, so muss doch festgehalten werden, dass diese Entwicklung damals zu großen Teilen von europäischen Mächten bestimmt wurde. Unter diesen Umständen ist es nicht erstaunlich, dass der Auslöser des Ersten Weltkrieges in Europa lag und die europäischen Mächte die ersten waren, die in diesen Krieg verwickelt wurden. Da dieser aber global wurde, soll im Folgenden auch auf die Entwicklung ausgewählter Teile der außereuropäischen Welt vor 1914 eingegangen werden. Unmittelbar als erste Großmacht beteiligt war durch den Mord an Thronfolger Erzherzog Franz-Ferdinand Österreich-Ungarn, welches auch als Habsburgermonarchie bezeichnet wird. Die politische, wirtschaftliche und soziale Entwicklung im Vorfeld des Ersten Weltkrieges soll daher an dieser Stelle zuerst berücksichtigt werden, bevor Analoges für die anderen führenden europäischen sowie einige wichtige außereuropäische Mächte getan werden wird.

Im Jahre 1914 galt Österreich-Ungarn zwar immer noch als eine wichtige europäische Großmacht, mehr und mehr wurde es jedoch als Juniorpartner des Deutschen Reiches betrachtet (Fisch 2002, 99). Dies lag nicht zuletzt daran, dass das Land seit der Revolution von 1848/49 zunehmend durch die Frage des Umgangs mit den Nationalitäten im Innern bestimmt wurde. Zwar gelang es Kaiser Franz-Joseph und der um ihn gruppierten Elite aus primär deutschsprachigen Bürokraten in den Jahren nach 1848 die territoriale Integrität des Reiches mit Ausnahme der 1859 und 1866 verlorenen Gebiete in Norditalien (Lombardei, Venetien) zu erhalten und das eigene Staatsgebiet auf dem Balkan durch die Besetzung und spätere Annexion Bosnien-Herzegowinas sogar auszubauen. Nach dem Krieg von 1866 mussten sie jedoch endgültig auf die Vormachtstellung in Deutschland verzichten und einen Ausgleich mit den

Eliten Ungarns akzeptieren. Dieser sah eine weitgehende Teilung des Reiches in eine cisleithanische Hälfte mit den österreichischen Erzherzogtümern, den Ländern der Wenzelskrone (Böhmen, Mähren und Restschlesien), Galizien und Lodomerien sowie Dalmatien einerseits und in eine transleithanische Hälfte mit den Ländern der Stephanskrone (Ungarn), Kroatien-Slawonien, dem Banat und Siebenbürgen vor. Mit ihrer Expansion auf dem Balkan provozierten der Kaiser und seine Bürokratie allerdings den Widerstand Russlands, welches seit dem 18. Jahrhundert danach strebte, die Kontrolle über die vom Osmanischen Reich kontrollierten Meerengen zu gewinnen. Zwar hätte durchaus die Möglichkeit eines Ausgleichs mit dem Zarenreich bestanden, ein solcher stieß aber auf den heftigen Widerstand der ungarischen Eliten, die, nicht zuletzt vor dem Hintergrund der Tatsache, dass namhafte russische Truppen 1848/49 den eigenen ‚Volksaufstand‘ niedergeschlagen hatten, eine solche Lösung vehement ablehnten. Die große Balkankrise von 1875-78 brachte schließlich die Entscheidung und führte 1879 zu einem wesentlich gegen Russland gerichteten Bündnis Österreich-Ungarns mit dem Deutschen Reich. In der Folge konzentrierte sich die Regierung der Habsburgermonarchie darauf, die eigene Position auf dem Balkan zu konsolidieren und auszubauen, dies allerdings ohne dabei planmäßig oder konsequent vorzugehen. Das hatte sowohl innen- wie außenpolitische Gründe. Angesichts der Reduktion der Militärausgaben, die im Jahr 1910 nur 15,7 % der Staatsausgaben betrugen sowie des im Vergleich zu anderen europäischen Mächten geringen Anteils der Bevölkerung unter Waffen waren die Behörden der Habsburgermonarchie mehr und mehr auf die Unterstützung des Deutschen Reiches angewiesen. Andererseits galt es innenpolitisch auf die Interessen der Nationalitäten im Reich selbst Rücksicht zu nehmen, da viele davon auch jenseits der Grenze über Angehörige verfügten. Dies führte in den Jahren nach der Jahrhundertwende zu einer steigenden Immobilität der österreichisch-ungarischen Außenpolitik, die immer weniger in der Lage war, auf die seit einem gewaltsamen Dynastiewechsel in Serbien im Jahre 1903 verstärkte südslawische Agitation wirkungsvoll zu reagieren. Nach der Ermordung von Erzherzog Franz-Ferdinand nahm die Führung der Habsburgermonarchie deshalb das Risiko eines allgemeinen Krieges in Kauf, um ihre Handlungsfähigkeit auf dem Balkan zurückzugewinnen.

Im Innern war die Habsburgermonarchie ethnisch wie sprachlich heterogener als fast jeder andere europäische Staat. Ausdrucksform dieser Vielfalt waren die Sprachen, zumal die Bürokratie keine offizielle Definition des Nationalitätsbegriffs oder der Volksstämme, wie damals gesagt wurde, kannte. Gemäß den Statistiken der Regierungen in Wien und Budapest veränderte sich die Zusammensetzung dieser Sprachgruppen in der Zeit zwischen 1880 und 1914 nur unwesentlich. Einzig die ungarische sowie die polnische Sprachgruppe wiesen leichte Steigerungen ihrer Zahl auf, doch machte keine davon, gemessen an der Bevölkerung des Gesamtreiches, mehr als 27 % aus. Innerhalb der jeweiligen Reichshälften kam die deutsche Sprachgruppe als größte auf einen Anteil von um die 35 % in Cisleithanien, während die ungarische in Transleithanien zwischen 1880 und 1910 von 41,2 % auf 48,1 % stieg und damit knapp die Hälfte der Bevölkerung ausmachte. Angesichts dieser Vielfalt stellte sich für die Zentralregierung in Wien die Frage nach der für das Reich zu wählenden politischen Struktur. Nachdem in den Jahren nach 1848 der Versuch unternommen wurde, den Staat unter möglichst vollständiger Beseitigung der historischen Sonderrechte zu zentralisieren, zwangen die Niederlagen in den Kriegen von 1859 und 1866 zu einer neuen Lösung. 1867 wurde ein Ausgleich mit den Eliten Ungarns gefunden, dessen primäres Ziel allerdings nicht eine Lösung der Problematik der Vielfalt des Reiches war. Vielmehr ging es den Eliten der beiden stärksten Nationalitäten darum, die eigene Hegemonie über alle andern zu sichern. Primär ging der Ausgleich von 1867 auf Kosten der slawischen Nationalitäten. Exemplarisch zeigte sich dies daran, dass 1871 eine Vereinbarung mit den Eliten der tschechischen Nationalität am energischen Widerstand der ungarischen Regierung scheiterte. Mit dem Ausgleich entstand eine Staatskonstruktion, die meistens als Dualismus bezeichnet wird und die Österreich und Ungarn als zwei weitgehend souveräne Staaten konzipierte. Diese wurden durch die Personalunion des Kaisers von Österreich und des Königs von Ungarn zusammengehalten. Zudem verblieben Außenpolitik und Militär inklusive der dafür notwendigen Finanzen als gemeinsame Aufgaben. Ein gemeinsames Parlament wurde nicht gebildet, was dazu führte, dass die Partizipationsmöglichkeiten der Bürger der beiden Reichshälften sehr unterschiedlich blieben. Auch im Umgang mit den Sprachen unterschieden sich die beiden Teile der Habsburgermonarchie. Während in der cisleithanischen Reichshälfte alle Sprachen ihre Anerkennung fanden, ohne dass dies allerdings eine integrative Wirkung entfaltete, förderte die ungarische Regierung durch ihre Bildungspolitik ihre eigene Sprache auf Kosten der Minderheiten. Obwohl entsprechende Pläne auf verschiedenen Ebenen immer wieder diskutiert wurden, entwickelte sich die Nationalitätenpolitik deshalb nie zu einem Ausgangspunkt für eine grundlegende Reform der Monarchie auf föderalistischer Grundlage. Die Nationalitäten wurden von den herrschenden Eliten vielmehr immer wieder im Sinne eines *divide et impera* gegeneinander ausgespielt. Dies galt auch und gerade für das Parlament der cisleithanischen Reichshälfte, welches speziell nach der Einführung des allgemeinen Wahlrechts 1907 zu einem Ort oft endloser Diskussionen und zum Teil sogar handgreiflicher Auseinandersetzungen verkam.

Wirtschaftlich hatte sich die Habsburgermonarchie im Verlauf des späten 19. Jahrhunderts trotz ungünstiger Rohstoffbasis und Verkehrslage von einem stark agrarisch geprägten Staat zumindest teilweise zu einem modernen Industrieland westeuropäischen Zuschnitts entwickelt. Dies galt vor allem für die cisleithanische Industrie, die sich in den österreichischen Ländern vor allem um die Zentren Wien, Linz, Graz sowie in Böhmen und Mähren entwickelte. Die transleithanische Reichshälfte blieb wie Galizien oder die Bukowina weithin stark agrarisch geprägt, was nach dem Ersten Weltkrieg zu großen Diskussion darüber führte, wer von der

Zollunion der beiden Reichshälften mehr profitiert habe. Während ältere Untersuchungen auch mit Blick auf die neu geschaffenen Grenzen nach dem Ersten Weltkrieg von einem Ungleichgewicht sprachen, gilt heute weitgehend als gesichert, dass beide Reichshälften wirtschaftlich einen Gewinn aus der Existenz des Zentralstaates zogen, die cisleithanische Industrie durch den geschützten Absatzmarkt in Transleithanien, die transleithanische Landwirtschaft durch den vor billigem russischen und amerikanischen Getreide abgeschirmten Markt in Cisleithanien.

Im Unterschied zu Österreich-Ungarn galt das Deutsche Reich 1914 sowohl politisch wie wirtschaftlich als aufstrebender Nationalstaat, auch wenn Bismarck nach der durchaus als Meisterleistung zu bezeichnenden Entstehung des kleindeutschen Reiches (Fisch 2002, 95) das eigene Land zum ‚saturierten Staat‘ erklärt hatte. Besonders auf wirtschaftlicher Ebene avancierte das Deutsche Reich bis 1914 zur industriellen Führungsmacht, die problemlos mit Großbritannien, aber auch den USA konkurrieren konnte. Bis in die Mitte des 19. Jahrhunderts waren die Gebiete, die seit 1871 das Deutsche Reich bildeten, noch weitgehend agrarisch geprägt, auch wenn bereits 23,6 % in Handwerk, Industrie und Bergbau sowie 20,4 % im tertiären Sektor beschäftigt waren. Die wirtschaftspolitische Wende hin zum Protektionismus, die in den letzten 20 Jahren des 19. Jahrhunderts eingeleitet wurde, veränderte die deutsche Volkswirtschaft allerdings erheblich. Es setzte ein rascher Strukturwandel ein, der zu einer Reduktion der in der Landwirtschaft tätigen Bevölkerung führte. Allerdings wurde dieser durch eine bedeutende Produktionssteigerung kompensiert, was eine Folge der Tatsache war, dass die Hektarerträge zu den höchsten in der damaligen Welt gehörten. Trotz der Tatsache, dass die Produktion von Getreide auf Kosten von Fleisch, Milchprodukten und Zucker zurückging, fiel die Spezialisierung der deutschen Landwirtschaft weniger stark aus als in anderen Ländern wie Dänemark, Holland oder Großbritannien. Auch weiterhin existierte eine hohe Produktevielfalt im landwirtschaftlichen Bereich, was zwar mit hohen

Kosten für die Konsumenten erkauft wurde, langfristig aber dazu
führte, dass die britische Blockade während des Ersten Weltkrieges
nicht die erhoffte Wirkung erzielen konnte. Die deutsche Industrie
litt hingegen kaum unter den Wirkungen der protektionistischen
Wirtschaftspolitik ihrer Regierung. Dies hing nicht zuletzt damit
zusammen, dass sie international am Ende des 19. und zu Beginn
des 20. Jahrhunderts sehr konkurrenzfähig war. Dies galt besonders
für die neuen Branchen wie die chemische Industrie, die Farbenpro-
duktion, die Elektroindustrie, den Maschinen- und Fahrzeugbau
oder die optische Industrie. Eine wichtige Rolle spielte allerdings
wohl auch, dass die Industrie in Deutschland von der Vereinheit-
lichung von Währung und Rechtswesen sowie von einem günstigen Umfeld (Rohstoffe, Bildungseinrichtungen, handelstechnisch
günstige Lage in der Mitte Europas, Universalbanken, welche das
Kapital im Land hielten) zu profitieren vermochte.

Politisch befand sich das Deutsche Reich seit seiner Gründung
im Jahre 1871 in einer Schwebelage zwischen Obrigkeitsstaat und
Demokratie (Fisch 2002, 88). Die Verfassung garantierte dem Kaiser formell eine starke Stellung, verfügte er doch über das alleini-
ge Recht zur Ernennung und Entlassung von Reichskanzler und
Reichsregierung. Zudem war er formell der Oberbefehlshaber der
aus den Verbänden der Teilstaaten bestehenden deutschen Streitkräfte, deren Ausbildung und Ausrüstung durch die Existenz des so
genannten Großen Generalstabes mehr und mehr vereinheitlicht
wurde. Andererseits wurde durch die Verfassung von 1871 auch ein
nach allgemeinem Wahlrecht für Männer ab 25 gewählte Reichstag
bestimmt, der zusammen mit dem Bundesrat über die Gesetzes-
initiative und mit einigen Einschränkungen vor allem bezüglich
des Militärs das Recht zur Genehmigung des Haushaltes innehatte.
Trotz der fehlenden formellen Verantwortlichkeit der Regierung
gegenüber dem Parlament war der Reichskanzler (und damit auch
der Kaiser) de facto vom Reichstag abhängig. Das politische Ge-
schick Bismarcks sowie die in den ersten Jahren seiner Herrschaft
hohe Popularität von Kaiser Wilhelm II vermochten diese Situa-

tion vorerst zu kompensieren, in den letzten Jahren vor dem Ersten Weltkrieg wurde die Situation allerdings zusehends schwieriger, und zwar nicht zuletzt auf Grund der zunehmenden Polarisierung der Gesellschaft im Gefolge der oben beschriebenen raschen Industrialisierung des Landes. Innerhalb der herrschenden Eliten führte dies zu einer verstärkten Unruhe, was sich einerseits auf die noch zu beschreibenden Kriegspläne auswirken sollte, andererseits aber auch verschiedentlich dazu führte, dass Staatsstreichpläne geschmiedet wurden, deren Ziel die Beseitigung der demokratischen Elemente in der Reichsverfassung waren. Zu einer ernsthaften Umsetzung solcher Pläne kam es allerdings nie und die herrschenden Eliten verzichteten auch darauf, ihre Herrschaft durch Notstandsmaßnahmen zu sichern.

Die Außenpolitik des Deutschen Reiches war in der Zeit bis 1890 primär auf die Isolation Frankreichs ausgerichtet und blieb daher grundsätzlich zurückhaltend. Dies erwies sich auf Grund der stark divergierenden Interessen der übrigen Staaten und des zunehmenden wirtschaftlichen und demografischen Gewichts des eigenen Landes nicht als einfach. Nach einem anfänglichen komplizierten Taktieren zwischen Russland und Österreich-Ungarn gezwungen, entschied sich Bismarck 1879 für ein Bündnis mit dem als verlässlicher und gefügiger erscheinenden Österreich-Ungarn. Ergänzt wurde dieses Bündnis allerdings durch einen Rückversicherungsvertrag mit Russland sowie durch weitere Abkommen mit Italien und Rumänien. 1890 kam es unter Bismarcks Nachfolger Caprivi zum Bruch mit Russland, welches sich wiederum in den folgenden Jahren in mehreren Verträgen mit Frankreich verbündete. Das Deutsche Reich geriet damit in eine strategisch ungemütliche Situation, aus welcher es durch ein engeres Zusammengehen mit Großbritannien zu entkommen suchte. Dafür sollten besonders die britisch-russischen Gegensätze in Asien und die britisch-französischen Gegensätze in Afrika genutzt werden. Erschwert und schließlich unmöglich gemacht wurde die Annäherung an Großbritannien allerdings durch eine neue Tendenz, die im Deutschen Reich seit

den neunziger Jahren aufkam, nämlich der Forderung nach einer so
genannten Weltpolitik. Diese richtete sich gegen die Anerkennung
der britischen Weltstellung und die Festlegung auf eine Position als
Juniorpartner auf globaler Ebene. Es entstand schließlich eine Bewegung, die in einer breiten mittelständisch und national orientierten Öffentlichkeit große Unterstützung fand. Der Wandel erfolgte
allerdings langsam. Immer wieder wären Kompromisse möglich
gewesen, es gelang jedoch nicht, die zentralen Anstoßpunkte zu beseitigen. Dazu gehörte einerseits der von Admiral Alfred von Tirpitz
seit 1898 mit großem Propagandaaufwand betriebene Schlacht-
flottenbau, der seinen Höhepunkt in der Dreadnoughtkrise von
1909 erreichte. Andererseits spielte die Rivalität der Mächte auf
dem Balkan und in Afrika eine wichtige Rolle, so dass ein Ausgleich
zwischen dem Deutschen Reich und Großbritannien vor dem
Ersten Weltkrieg nie zustande kam, während Analoges zwischen
Frankreich und Großbritannien 1904 und zwischen Russland und
Großbritannien 1907 gelang.

Zum direkten Auslöser des Krieges wurde diese Rivalität der
Großmächte nicht wirklich, auch wenn sie deren Verhalten in der
Julikrise sicherlich in einem gewissen Ausmaß beeinflusste. In Gang
gesetzt wurde der Weltkrieg vielmehr auf dem Balkan, wo es seit
dem Beginn des 19. Jahrhunderts zu Streitigkeiten um die reichsten
und am meisten entwickelten Gebiete des Osmanischen Reiches
kam. Schon Zeitgenossen sprachen deshalb vom kranken Mann am
Bosporus, eine Bezeichnung die auf einen Ausspruch des russischen
Zaren Nikolaus I zurückgehen soll. Die Ursachen für den Nieder-
gang des Osmanischen Reiches werden von Historikerinnen und
Historikern heute unterschiedlich beurteilt. Neben den imperialistischen Ambitionen der europäischen Großmächte und den nationalen Aspirationen von Bevölkerungsgruppen auf dem Balkan,
die gemeinsame Werte, eine gemeinsame Kultur, Geschichte und
teilweise Sprache zu entdecken glaubten, spielte sicherlich die Tatsache eine wichtige Rolle, dass die rechtliche Privilegierung von Muslimen mehr und mehr dem in Europa sich durchsetzenden Prinzip

einer einheitlichen Staatsbürgergesellschaft zu widersprechen begann. Es war keineswegs so, dass die Herrscher und Politiker des Osmanischen Reiches sich mit der sich abzeichnenden Entwicklung abfanden. Vielmehr waren sie immer wieder bemüht, Allianzen mit denjenigen europäischen Mächten einzugehen, welchen am Erhalt eines bedeutenden Osmanischen Reiches gelegen war. Zudem wurden auch im Innern immer wieder Reformen durchgeführt, sei dies im Bereich des Militärs, der Verwaltung, des Rechts oder der politischen Organisation und Partizipation größerer Bevölkerungsteile. Viele dieser Reformen blieben allerdings Stückwerk. Trotz der mehrfachen Verkündigung gelangen weder die Einführung der Rechtsgleichheit aller Staatsangehörigen noch die Schaffung einer einheitlichen Staatsbürgergesellschaft, da sowohl die privilegierten Muslime als auch Teile der überwiegend christlichen und jüdischen Nichtmuslime eine solche Lösung ablehnten. Dabei spielten von den Großmächten unterstützte nationale Aspirationen eine nicht unwichtige Rolle. Es kam daher im Osmanischen Reich im Verlauf des 19. und auch noch zu Beginn des 20. Jahrhundert zu einer ganzen Reihe von Interventionen seitens der Großmächte. Auch im ökonomischen Bereich mischten sich die europäischen Staaten immer wieder ein. Den Höhepunkt bildete dabei der im Gefolge der weltweiten Wirtschaftskrise im Jahre 1879 verkündete Staatsbankrott. 1881 wurde deshalb die *Administration de la Dette Publique Ottomane* geschaffen, der ein Viertel bis ein Drittel der Staatseinnahmen direkt zufloss, um die Interessen der europäischen Gläubiger zu befriedigen. Dies erhöhte den Einfluss der europäischen Mächte auf das Osmanische Reich erheblich, garantierte aber andererseits eine geregelte Finanzverwaltung und vor allem den weiteren Zufluss ausländischen Kapitals in das Land. Damit wurde vor allem der Auf- und Ausbau der Eisenbahnlinien und der Häfen des Landes finanziert, was wiederum zu einem starken Wachstum des osmanischen Außenhandels führte. Profiteure waren dabei die Agrarproduzenten, während das traditionelle Handwerk unter dem nun vereinfacht möglichen Import billiger europäischer Industrie-

waren litt. In einzelnen Bereichen kam es trotz den von den europäischen Mächten bewusst niedrig gehaltenen Zöllen auch zum
Aufbau eigener osmanischer Industriebetriebe. Die Abhängigkeit
von der Einfuhr europäischer Industrieprodukte blieb allerdings
bis 1914 groß, so dass die Bilanz der industriellen Entwicklung des
Landes sehr zwiespältig ausfiel. Dem erheblichen Ausbau der Infrastruktur stand in den letzten Jahrzehnten vor dem Ersten Weltkrieg
ein nur sehr langsamer Aufbau einer eigenen Industrie gegenüber.

Das größte Problem des Osmanischen Reiches bildete allerdings
die Tatsache, dass die meisten seiner Bewohner nicht bereit waren,
sich selbst in erster Linie als Teil des Staates und damit als Osmanen
zu verstehen. Mehr und mehr setzte sich die Vorstellung durch, dass
ein Zusammenleben der verschiedenen ethnischen, sprachlichen
und religiösen Gruppen in Zukunft nicht mehr möglich sein werde. Die Entwicklung wies schon seit dem 19. Jahrhundert auf eine
räumliche Trennung und eine Entflechtung der jeweiligen Gruppen
hin. Dass dieser Prozess nicht gewaltfrei verlaufen würde, war dabei
vielen Zeitgenossen klar. In der zweiten Hälfte des 19. Jahrhunderts und bis 1908 wurden gemäß Schätzungen etwa 5 Millionen
Muslime im Rahmen von Fluchtbewegungen und Vertreibungen
aus den europäischen Teilen des Reiches vertrieben und meistens
in Anatolien angesiedelt (Karpat 1985, 11). Dennoch verblieben
auch 1914 noch große Gruppen von Armeniern und Griechen im
Kernbereich des Osmanischen Reiches, was während des Ersten
Weltkrieges und danach fatale Konsequenzen haben sollte (siehe
4.4 und 6). Die meisten christlichen Minderheiten vermochten sich
jedoch im Verlauf des 19. Jahrhunderts von der osmanischen Herrschaft zu befreien. Ausgangspunkt dieses Prozesses bildeten die Im-
pulse aufklärerischer Ideen sowie der Französischen Revolution, die
bei den neu entstehenden Bildungseliten auf dem Balkan eine Art
von „Erweckung" auslöste. Diese erfolgte allerdings in den meisten
Fällen nicht zuerst in den jeweiligen Gebieten selbst, sondern unter
im Exil in Westeuropa lebenden Intellektuellen, deren Ideen sich
erst nach und nach auf dem Balkan verbreiteten. Herausragende

Vertreter dieser Generation waren in Griechenland Admantios Korais (1748-1833), Vuk Stefanovic Kradzic (1787-1864) in Serbien, Neofit Rilski (1793-1881) in Bulgarien oder Samuil Clain (1745-1806) und Gheorghe Sincai (1754-1816) in Rumänien. Vorerst waren die Versuche, sich von der Herrschaft des Osmanischen Reiches zu lösen allerdings nicht erfolgreich. Nur Griechenland vermochte sich, wohl nicht zuletzt dank einer großen Begeisterung für die griechische Kultur in der Öffentlichkeit der europäischen Großmächte schon in den 1820er Jahren von der osmanischen Herrschaft zu befreien. In den übrigen europäischen Teilen des Osmanischen Reiches mussten sich die Minderheiten vorerst mit einer nicht immer genau definierten und daher prekären Form von Autonomie begnügen. Rumänien und Serbien wurden schließlich nach dem von Aufständen in weiten Teilen des Balkans begleiteten Russisch-Türkischen Krieg von 1877/78 am anschließenden Berliner Kongress als souveräne Staaten anerkannt. Bulgarien wurde solches zu diesem Zeitpunkt jedoch trotz Unterstützung Russlands verweigert, so dass die Anerkennung als souveräner Staat erst 1908 erfolgte.

Außen- wie wirtschaftspolitisch blieben die Balkanstaaten während des gesamten 19. und auch zu Beginn des 20. Jahrhunderts zu großen Teilen abhängig von den europäischen Großmächten. Dies hing nicht zuletzt damit zusammen, dass die Gesellschaftsstruktur in den meisten Fällen agrarisch war und viele Intellektuelle ihre Ideen aus dem Ausland in die verschiedenen Gebiete hineintrugen. Es setzte ein Transformationsprozess ein, bei welchem die Bevölkerung in den meisten Gebieten des Balkans auf die aktive Hilfe der europäischen Großmächte angewiesen war. Einerseits handelte es sich dabei um militärischen und diplomatischen Beistand bei der Ablösung vom Osmanischen Reich, andererseits aber auch um finanzielle und technische Hilfe bei der Erneuerung der rückständigen Infrastruktur und dem Aufbau einer eigenständigen Industrie. Dass diese Hilfe keineswegs uneigennützig gewährt wurde, zeigte sich schon bald. Sowohl die Habsburgermonarchie als auch Russland, aber auch die geografisch weiter weg gelegenen Staaten wie

Frankreich, das Deutsche Reich oder Großbritannien suchten die
von Seiten der Balkanstaaten erbetene Hilfe zu nutzen, um eigene politische und/oder wirtschaftliche Interessen durchzusetzen.
Der Balkan wurde deshalb im Verlauf des 19. Jahrhunderts zum
Spielfeld der europäischen Mächte und zum Experimentierfeld für
Teile des europäischen Investitionskapitals. Angesichts der immer
wieder aufflammenden Konflikte bemühten sich die europäischen
Großmächte um einen möglichst hohen Grad an Kontrolle über
die politische Entwicklung in den neu gebildeten und neu entstehenden Balkanstaaten. Dies wurde in ihren Augen am besten
dadurch gewährleistet, dass in den jeweiligen Ländern Monarchen
eingesetzt wurden, die aus westeuropäischen Dynastien stammten.
Diese verfügten zwar nicht über große Kenntnisse der politischen,
wirtschaftlichen, gesellschaftlichen und religiös-kulturellen Zustän-
de in ihren Staaten, aber ihnen wurde zugetraut, dass sie eine Ver-
mittlerrolle zwischen den inneren Parteiungen einnehmen könnten.
Der Erfolg dieser Idee blieb allerdings bescheiden. Einzig in Serbien
vermochte sich eine einheimische Dynastie aus der Führungselite
des Aufstandes zu etablieren. Deren Position blieb allerdings prekär,
da nicht alle Angehörigen der einheimischen Eliten bereit waren,
den Anspruch der betreffenden Familie zu akzeptieren. Begründet
unter Anderem in den fortgesetzten innenpolitischen Spannungen
auf dem Balkan versuchten die Eliten, die aufgeheizten Massen
durch Expansionspolitik von den innenpolitischen Problemen ab-
zulenken. Die weiterhin bestehende Schwäche des Osmanischen
Reiches weckte dabei Begehrlichkeiten, ließ aber gleichzeitig die im
gemeinsamen Abwehrkampf des 19. Jahrhunderts noch bestehende Solidarität der nun in neuen Staaten organisierten christlichen
Minderheiten schwinden. Dieser Konflikt wurde zu Beginn des 20.
Jahrhunderts primär in Makedonien ausgetragen, wo ein erbitterter
Volkstums- und Kulturkampf tobte (Hösch 2004, 72). Es kam dabei immer wieder zu Gewalttaten und Massakern, dies sowohl vor
als auch während der Balkankriege von 1912/13. Nach dem ersten
dieser Kriege musste sich das Osmanische Reich fast vollständig aus

seinen europäischen Besitzungen zurückziehen. Der zweite Krieg
zwischen den ehemaligen Verbündeten führte schließlich im bisher
primär auf Russland ausgerichteten Bulgarien nach dessen Niederlage dazu, dass sich das Land verstärkt an die Habsburgermonarchie
anlehnte, während Serbien, welches im 19. Jahrhundert enge Verbindungen zu Österreich-Ungarn gepflegt hatte, mehr und mehr
die Unterstützung Russlands suchte, welches sich umgekehrt mit
der Situation konfrontiert sah, dass ihm fast nur noch Serbien als
Bündnispartner auf dem Balkan verblieb.

Russland selbst war 1914 zwar noch weitgehend ein agrarisch
geprägtes Land, die Industrialisierung war in den letzten Jahrzehnten des 19. und zu Beginn des 20. Jahrhunderts allerdings stark
vorangeschritten. Dies zeigen die hohen Wachstumsraten von 8 %
pro Jahr in den 1890-er Jahren und von immerhin noch 6 % in
den Jahren 1909 bis 1914. Diese Entwicklung war einerseits auf
eine bewusste staatliche Förderung speziell der mit dem Bau und
Betrieb von Eisenbahnen und der Produktion von Rüstungsgütern
zusammenhängenden Schwerindustrie zurückzuführen, andererseits aber auch auf die Einführung des Goldstandards im Jahre
1897. Letzteres schuf die Voraussetzung für die Stabilität der
russischen Währung und damit für feste Wechselkurse, was den
Außenhandel und vor allem den Zufluss ausländischen Kapitals
erheblich erleichterte. Russland wurde in der Zeit vor dem Ersten Weltkrieg so zu einem der weltweit größten Schuldner und
weite Teile des Industriekapitals sowie der russischen Banken befanden sich in dieser Zeit in ausländischer Hand. Dass Russland
im Unterschied zum Osmanischen Reich oder zu China dadurch
nicht in die Abhängigkeit seiner Gläubiger geriet, lag einerseits
darin begründet, dass sein wichtigster Bündnispartner und Geld-
geber Frankreich mindestens ebenso auf Russland angewiesen war
wie umgekehrt. Andererseits war der wichtigste Außenhandels-
partner des Landes das Deutsche Reich, dessen wirtschaftspolitische Interessenlage verhinderte, dass Russland in eine einseitige
ökonomische Abhängigkeit von Frankreich geriet. Auch bezüglich

seines politischen Besitzstandes war es Russland trotz einer Reihe
von zum Teil schmerzlichen militärischen Niederlagen – so im
Krimkrieg von 1853-1856 oder im Russisch-Japanischen Krieg
von 1904/05 – gelungen, diesen sowohl in Europa als auch im
Fernen Osten weitgehend zu wahren und seinen Einflussbereich in
Zentralasien gleichzeitig erheblich zu erweitern. 1914 war das Russische Reich so groß wie niemals zuvor und wie nie mehr danach.
Sein Einfluss reichte von Polen bis nach Wladiwostok und vom
Eismeer bis an den Hindukusch und den Kaukasus. Zum Symbol
der Durchdringung der Weiten des Reiches wurde der zwischen
1891 und 1904 erfolgte Bau der Transsibirischen Eisenbahn. Im
Gegensatz zur bis zum Russisch-Japanischen Krieg von 1904/05
auf rasche Expansion ausgerichteten Politik in Asien, blieben die
russischen Zaren in Europa nach der Niederlage im Krimkrieg
eher tendenziell zurückhaltend, dies besonders wo französische,
britische oder auch österreichische Interessen betroffen waren.
Während der Aufstände im Balkan nach 1875 und durch den
russisch-türkischen Krieg von 1877/78 versuchte das Zarenreich
seinen Einfluss auch in diesem Teil Europas erheblich zu erweitern,
doch musste es seine Ambitionen auf dem Berliner Kongress von
1878 auf Druck von Großbritannien und Österreich-Ungarn zu-
rückstecken. Das Deutsche Reich – und sein Vorgänger Preußen
– schienen für Russland so der einzige mögliche Partner in Europa
zu sein, doch entschied sich dieses 1879 für ein Bündnis mit dem
gefügiger und verlässlicher erscheinenden Österreich-Ungarn. Die
Bindungen zu Russland wurden bis 1890 noch aufrechterhalten,
doch sah sich die russische Regierung nach der Nichterneuerung
des Rückversicherungsvertrages im Jahre 1890 fast gezwungen,
eine Annäherung an das innenpolitisch und ideologisch sehr miss-
trauisch beäugte Frankreich in die Wege zu leiten. 1892 kam es
so zum Abschluss einer Militärkonvention zwischen den beiden
Ländern. Dieses Bündnis wurde nach der Niederlage im Russisch-
Japanischen Krieg durch einen Kolonialausgleich mit Großbritannien und Japan erweitert, in welchem 1907 eine Abgrenzung der

gegenseitigen Einflusssphären von Tibet bis Persien, respektive in Ostasien vorgenommen wurde.

Innenpolitisch war die Entwicklung Russlands in den Jahren vor dem Ersten Weltkrieg von den Diskussionen über die soziale Umgestaltung des Landes im Zeichen von Bauernbefreiung, Industrialisierung und von endlosen Streitigkeiten zwischen den jeweiligen Ministerien geprägt. Im Gegensatz zu den meisten Ländern Europas und Amerikas, aber auch zu Japan verfügte Russland nicht über ein eigentliches Kabinett oder einen Premierminister, der die alltäglichen Regierungsgeschäfte führte. Vielmehr griffen die sich weiterhin absolutistisch gebärdenden Zaren in praktisch alle Bereiche von Regierung, Verwaltung und Justiz ein und erschwerten damit eine Rationalisierung der staatlichen Behörden sowie den Aufbau eines den Ansprüchen einer sich modernisierenden Gesellschaft entsprechenden Staatswesens. Hinderlich waren in diesem Punkt sicherlich auch die stark ständische Ausprägung der russischen Gesellschaft und die nie gründlich vorangetriebene Landreform. Zwar hatte Zar Alexander II im Jahre 1861 die in weiten Teilen Europas als anachronistisch empfundene Leibeigenschaft aufgehoben, doch war es nicht gelungen, dies mit einer umfassenden Landreform zu verbinden. Eine Übergabe des Landes allein an die Bauern wäre zu revolutionär gewesen und hätte mit der bestehenden Gesellschaftsstruktur auch die Position des Zaren selbst in Frage gestellt. Eine vollständige Übertragung des Bodens an die Grundherren kam aus Angst vor den daraus resultierenden sozialen Spannungen und der Entstehung eines Proletariates sowohl auf dem Land als auch in den Städten nicht in Frage. Die Folge war ein Kompromiss, dessen primäres Ziel für die zaristische Regierung darin bestand, den Zugriff des Zentralstaates auf die lokalen finanziellen Ressourcen sicherzustellen. Auch im Bereich der Justiz, der lokalen politischen Selbstverwaltung und der Armee wurden im Verlauf des 19. Jahrhunderts Reformen in Angriff genommen. Die Macht des Zaren wurde dadurch allerdings kaum eingeschränkt. So konnte er weiterhin in verschiedener Weise direkt und willkürlich in den Ablauf von Justiz und lokaler Selbstverwaltung eingreifen. Trotz ihrer Begrenztheit blieben die Reformen nicht vollständig wirkungslos. Im Verlauf des 19. und zu Beginn des 20. Jahrhunderts entstanden immer wieder kleine Gruppen, die sich um Veränderungen in der russischen Gesellschaft bemühten. Dazu gehörten neben den weitgehend erfolglosen *Narodniki*, welche die Bauern für Reformen zu gewinnen suchten, und den ähnlich ausgerichteten so genannten Sozialrevolutionären auch die 1898 gegründete Sozialdemokratische Partei, die sich bereits 1903 in zwei Richtungen spaltete. Während die *Bolschewiki* unter Führung von Wladimir Iljitsch Lenin den Aufbau einer revolutionären Kaderpartei anstrebten, war es das Ziel der *Menschewiki*, eine Massenpartei westeuropäischen Zuschnitts zu bilden. Zum Teil ausgelöst durch die Misserfolge im Russisch-Japanischen Krieg kam es 1904/05 in den russischen Städten – später auch auf dem Land – zu revolutionären Erhebungen, die schließlich in der Einrichtung einer so genannten Duma gipfelten, welche an der Gesetzgebung beteiligt und einen Teil des Budgets kontrollieren sollte. Nicht zuletzt auf Grund der Angst der gemäßigten Teile der revolutionären Bewegung, von den Massen weggespült zu werden, gelang es dem Zaren und seinen Ministern, einen großen Teil ihrer Macht dennoch zu bewahren, dies speziell durch die Schaffung eines sehr weit reichenden Notverordnungsartikels. Die Duma blieb allerdings ein wichtiges Forum der öffentlichen Diskussion. Auch das Streikrecht und die Gewerkschaftsfreiheit wurden nicht wieder abgeschafft, auch wenn es einige zusätzliche Einschränkungen gab. Vor allem aber konnte der Zar die neuen gesellschaftlichen und politischen Kräfte nicht mehr vollständig ignorieren. Er musste Möglichkeiten finden, sie zu kontrollieren und zu kanalisieren. Ein Mittel dazu war die Außenpolitik, sei es durch eine stärkere Anlehnung an die französische Republik, sei es durch eine kompromisslosere Unterstützung des slawischen Nationalismus auf dem Balkan.

Ökonomisch und sozial war die Entwicklung Frankreichs in den Jahren zwischen 1870 und 1914 – abgesehen von den Aus-

einandersetzungen um das Verhältnis von Kirche und Staat sowie
um die so genannte Dreyfus-Affäre – wenig spektakulär. Was sein
Wirtschaftswachstum betraf, so lag dieses in jenem Zeitraum leicht
unter dem europäischen Durchschnitt. Dennoch vermochte das
Land seine Position als starke europäische Volkswirtschaft zu be-
haupten, so dass von einer kontinuierlichen Anpassung an die industrielle Entwicklung des späten 19. und frühen 20. Jahrhunderts
gesprochen werden kann. Dies kann nicht zuletzt auf die große
politische und wirtschaftliche Bedeutung der mittleren und großen
Bauern sowie der kleinen und mittleren Unternehmer für die französische Volkswirtschaft zurückgeführt werden. Diese hatten zu den
Gewinnern der politischen, wirtschaftlichen und sozialen Entwicklungen in Frankreich seit 1789 gehört und lehnten große und vor
allem schnelle Veränderungen sowohl auf wirtschaftlicher wie auf
gesellschaftlicher Ebene mehrheitlich ab. Erst die Hochkonjunktur
nach 1896 brachte in Frankreich den Durchbruch für große Unternehmen und eine stärkere Diversifizierung der französischen Volkswirtschaft. Kleine und mittlere Betriebe spielten zwar weiterhin
eine überdurchschnittliche Rolle, große Betriebe, vor allem in der
Schwer- und Elektroindustrie und bei der Herstellung von Auto-
mobilen, begannen nun Fuß zu fassen. Eine wichtige Rolle für die
Entwicklung der französischen Volkswirtschaft spielten, wie bereits
am Beispiel Russlands gezeigt, auch die Auslandsinvestitionen, deren Erträge in der Folge sowohl inner- wie außerhalb Frankreichs
wieder investiert wurden und damit einen Beitrag leisteten, dass
das Land 1914 über eine solide wirtschaftliche Grundlage verfügte.
Außenpolitisch profitierte Frankreich am Ende des 19. und zu Beginn des 20. Jahrhunderts von den ungewollten Folgen der neuen
deutschen Außenpolitik. Nach der Nichterneuerung des Rückversicherungsvertrages mit Russland wandte sich letzteres an das bisher aus innenpolitischen und ideologischen Gründen verschmähte
Frankreich, welches das Angebot für eine Stärkung seiner Stellung
in Europa gerne annahm. Im Zeichen des Sprichwortes „Jamais
y parler, toujours y penser" wurde auch die Rückgewinnung der

1871 verlorenen Territorien wieder zum Thema. Erneut war es die deutsche Regierung, welche durch ihre Flottenpolitik Avancen Großbritanniens zurückwies und Frankreich so die Möglichkeit bot, bestehende Konflikte durch die *Entente Cordiale* 1904 zu klären. Dieses Abkommen war keineswegs ein Bündnis wie im Falle Russlands. Vielmehr handelte es sich wie später im Abkommen zwischen Russland und Großbritannien primär um eine Regelung bestehender kolonialer Konflikte sowie um ein Abkommen zur Klärung der im Zusammenhang mit dem Russisch-Japanischen Krieg aufgeworfener Fragen. Dennoch zeigte Großbritannien mit der *Entente Cordiale* ein erstes Mal deutlich, auf welcher Seite es in einem möglichen zukünftigen militärischen Konflikt stehen könnte. Frankreichs Position im europäischen Mächtekarussell war dadurch erheblich gestärkt worden.

Russland und Frankreich hatten mit der auch nur indirekten Einbindung Großbritanniens in ihr Bündnis einen wichtigen psychologischen Erfolg erzielt. Auch wenn die wirtschaftliche Stärke des Landes und seines Empires im Verlauf des 19. und zu Beginn des 20. Jahrhunderts relativ gesehen abgenommen hatte, so galt Großbritannien in den letzten Jahren vor dem Ersten Weltkrieg als die wichtigste Großmacht der Welt. Trotz der zunehmenden Herausforderung durch das Deutsche Reich und die USA dominierten die britische Marine und das britische Kapital militärisch wie wirtschaftlich weiterhin weite Teile der Welt. In Asien, Australien und dem Pazifik war die Position Großbritanniens sicherlich am stärksten. Die Royal Navy, die Indian Army, die Interessen der australischen und neuseeländischen Kolonien und ab 1902 das Bündnis mit Japan waren die Garanten dafür, dass der britische Einfluss in diesem Teil sowohl auf politischer als auch auf wirtschaftlicher Ebene gewahrt wurde. Auf diese Weise konnten die Ambitionen des Deutschen Reiches und der USA in die Schranken gewiesen werden. Auch in Afrika gelang es Großbritannien, seine Position im Rahmen des *scramble for Afrika* zu wahren. Zwar mussten die britischen Regierungen am Ende des 19. Jahrhunderts auch anderen Mächten die Errichtung von Kolonien auf dem schwarzen Kontinent zugestehen, mit Ausnahme des unter belgische Kontrolle gelangten Kongos blieben die strategisch und wirtschaftlich wichtigen Gebiete wie das Kap der Guten Hoffnung, Ägypten und der Suezkanal, Nigeria und die Nigermündung sowie die rohstoffreichen Nord- und Südrhodesien unter britischer Kontrolle. Auch in Lateinamerika vermochte Großbritannien dank seiner hohen Investitionen in den dortigen Staaten seinen Einfluss zu wahren, dies obwohl die amerikanischen Regierungen im Gefolge der so genannten Monroe-Doktrin des Jahres 1823 den Einfluss europäischer Staaten auf die südlichen Teile des amerikanischen Kontinentes zurückzudrängen suchten. Einzig in Nordamerika musste Großbritannien in seinem Anspruch auf eine Vormachtstellung auf die immer stärker werdenden USA Rücksicht nehmen. Das innerhalb des Empires verbliebene Kanada war nämlich wirtschaftlich und politisch zu einem nicht unwesentlichen Teil von der Entwicklung in den USA abhängig. In Europa hatten die britischen Regierungen während langer Zeit versucht, eine Gleichgewichtspolitik zu verfolgen. Deren Ziel lag primär in der Erhaltung der eigenen Handlungsfähigkeit außerhalb Europas sowie in der Verhinderung möglicher Konkurrenten auf globaler Ebene. Diese Politik war im Verlauf des 19. Jahrhunderts meist erfolgreich, sei es im Krimkrieg gegen Russland oder in den Einigungskriegen der 60-er und 70-er Jahre gegen Frankreich. Erst die deutsche „Weltpolitik" um die Jahrhundertwende wurde schließlich zu einer Herausforderung, welcher die britischen Regierungen nicht mehr durch die bisher betriebene Gleichgewichtspolitik zu begegnen vermochten. Auch wenn schon die Konflikte mit Russland und Frankreich eine außereuropäische Komponente aufgewiesen hatten, so in Afghanistan und China (Russland) oder in Afrika (Frankreich), hatten diese beiden Mächte nie explizit die britische Weltstellung in Frage gestellt. Die Regierungen des Deutschen Reiches, aber auch nationalistische betonten hingegen immer wieder, dass es das Ziel des Reiches sei, sich nicht nur in Europa, sondern auch in der Welt, einen Platz an der Sonne zu sichern.

Großbritannien gelang es, der deutschen Herausforderung ent-
gegenzutreten. Zwar wurden dem Reich Kolonien sowohl in Afrika
als auch dem Pazifik zugestanden, im Wettrüsten auf See investier-
te Großbritannien allerdings hohe Summen, um die strategische
Überlegenheit auf den Weltmeeren zu bewahren und damit auch
den Wert der kolonialen Konzessionen so gering wie möglich zu
halten. Die Kosten waren entsprechend hoch, was angesichts der
Bemühungen der seit 1906 amtierenden liberalen Regierung um
die Stärkung des Sozialversicherungssystems im eigenen Land zu
großen politischen Diskussionen führte. Zudem musste das Land
seine Gleichgewichtspolitik in weiten Teilen aufgeben und zumindest zum Teil auch auf die Ressourcen der sich selbst verwaltenden
Teile des Empires, der so genannten Dominions zurückgreifen. Dass
Großbritannien im letzten Jahrzehnt vor dem Beginn des Ersten
Weltkrieges nicht mehr in der Lage war, seine Weltmachtstellung
vollständig aus eigener Kraft zu sichern, hing damit zusammen,
dass es relativ gesehen an wirtschaftlicher Stärke eingebüßt hatte.
Im Verlauf der zweiten Hälfte des 19. Jahrhunderts hatte das Land
seine bisher auf seiner Pionierrolle in der industriellen Revolution
basierende unangefochtene wirtschaftliche Führungsposition zwar
nicht vollständig verloren, im Vergleich zu den anderen europäischen Staaten war die britische Volkswirtschaft allerdings weniger
schnell gewachsen. Die Gründe dafür sind umstritten. Angeführt
wird einerseits die Tatsache, dass das Land auf Grund seiner Pionierrolle über die ältesten Industrieanlagen verfügte und die Bereitschaft zu deren Erneuerung während vieler Jahre klein geblieben
war, dies zumindest solange wie die damit zu erzielenden Gewinne
ausreichend erschienen. Als weitere Gründe genannt werden auch
der hohe Kapitalexport als Folge der Investitionsmöglichkeiten in
vielen unter britischem Einfluss stehenden Teilen der Welt, der ver-
hältnismäßig geringe politische Einfluss von industriellen Unternehmern, das rückständige Bildungswesen – besonders im Bereich
der Berufsbildung – sowie das Festhalten der britischen Regierungen
am Prinzip des Freihandels, was dazu führte, dass neu entstehende

Branchen nicht von staatlicher Förderung profitieren konnten. Fast noch wichtiger als der Rückgang der wirtschaftlichen Bedeutung Großbritanniens auf globaler Ebene war jedoch die daraus resultierende Debatte unter den Zeitgenossen. Insbesondere während der Jahre der intensiven Auseinandersetzung mit dem Deutschen Reich wurde teilweise panikartig und sensationalistisch übertrieben, was unter Wissenschaftlern wie in der Öffentlichkeit dazu führte, dass das britische Selbstbewusstsein in Teilen der Gesellschaft erschüttert wurde. Zu einer wirklichen politisch-gesellschaftlichen Krise wuchs sich diese Diskussion allerdings nicht aus. Dies war nicht zuletzt darauf zurückzuführen, dass die führenden Schichten der britischen Gesellschaft das politische System immer wieder pragmatisch an die veränderten Umstände anpassten. Letztmals geschah dies vor dem Ersten Weltkrieg im Jahre 1911, als das bisher uneingeschränkte Vetorecht des House of Lords bei Gesetzesbeschlüssen des Unterhauses aufgehoben wurde.

Von entscheidender Relevanz für die weltweite Bedeutung Großbritanniens war die Existenz seines Empires. Nach dem Wegfall der nordamerikanischen Kolonien am Ende des 18. Jahrhunderts hatte dieses zu großen Teilen aus informell beherrschten Gebieten in verschiedenen Teilen der Welt, einigen Handelsstützpunkten und Siedlungskolonien in Afrika, Asien und dem Pazifik sowie dem Herrschaftsbereich der East India Company in Indien bestanden. Am Ende des 19. und zu Beginn des 20. Jahrhunderts hatte sich dieses System grundlegend gewandelt. Aus den Siedlungskolonien waren sich selbst verwaltende Kolonien geworden, für welche der Begriff Dominion üblich wurde. In Indien war das direkt unter britischer Kontrolle stehende Territorium vervielfacht worden. Nach dem so genannten Sepoyaufstand von 1858 war die Verwaltung von der East India Company an die britische Regierung übergegangen. In Afrika war aus vielen bis zu diesem Zeitpunkt informell kontrollierten Teilen des Kontinents ein formelles Kolonialreich geworden. Das Ausmaß der Kontrolle über die einzelnen Gebiete war jedoch unterschiedlich. In den weißen Siedlungsko-

lonien hatte es bereits in der Mitte des 19. Jahrhunderts Selbst-
ständigkeitsbemühungen gegeben, welchen die britische Regierung
nicht zuletzt vor dem Hintergrund der Erfahrungen in den USA
am Ende des 18. Jahrhunderts durch die stetig zunehmende Abtretung von Kompetenzen an die jeweiligen Selbstverwaltungsbe-
hörden zu begegnen suchte. Entscheidende Meilensteine waren
in diesem Zusammenhang der *Australian Colonies Gouvernement
Act* von 1850, der *Colonial Law Validity Act* von 1865 oder der
*British North America Act* von 1867, mit welchen den Dominions
Rechte zugestanden wurden, die dazu führten, dass die innenpolitische Entwicklung dieser Gebiete faktisch 1914 nicht mehr
der britischen Kontrolle unterstand. Auch im Bereich der Außen-
und Außenhandels- sowie der Sicherheitspolitik versuchten die
Regierungen der Dominions zu Beginn des 20. Jahrhunderts an
den so genannten Colonial und Imperial Conferences Einfluss zu
nehmen. Angesichts der Herausforderungen in Europa sah sich
die britische Regierung auch in diesen Punkten immer wieder zu
Konzessionen gezwungen, auch wenn sie sich in wichtigen Bereichen – so Fragen der militärischen Zusammenarbeit mit Frankreich oder völkerrechtlicher Beschränkungen des Seekrieges – nicht
auf Diskussionen mit den Vertretern der Dominions einließ. Zu
den wichtigsten Konzessionen gehörte dabei sicherlich die Zustimmung zum Aufbau eigener australischer und neuseeländischer
Flottenverbände und die Schaffung des Imperial General Staff.
In diesem arbeiteten, wenn auch in untergeordneten Positionen,
Offiziere aus den Dominions mit.

Auch in Indien gab es Bemühungen für eine stärkere einheimische Partizipation an innen-, aber auch außen- und sicherheitspoli-
tischen Entscheidungen der Regierungen des Raj, wie die britische
Herrschaft dort genannt wurde. Die britischen Vizekönige versuchten zwar immer wieder, die eigene Position in traditioneller Weise
zu inszenieren – dies primär in der Form eines *Imperial Darbar*, der
an die alte Mogulherrschaft erinnerte – doch gelang es ihnen damit
immer weniger, die im Verlauf des 19. Jahrhunderts entstandenen

indischen Bildungsschichten davon zu überzeugen, dass es richtig sei, auf eine irgendwie geartete politische Partizipation von Indern zu verzichten. Ein erster Schritt zur Einbindung der indischen Bildungsschichten war deren Zulassung zum höheren britisch-indischen Verwaltungsdienst. Die Ausführungsbestimmungen dazu waren aber derart restriktiv, dass es kaum einem Inder gelang, in diese Positionen aufzusteigen. Das Höchstalter für die Eintrittsprüfungen wurde auf 19 Jahre festgesetzt und die Prüfungen allein in Großbritannien abgehalten. Inder hatten daher nur dann eine Chance in den Indian Civil Service aufgenommen zu werden, wenn sie schon in jungen Jahren in Großbritannien Eliteschulen besuchten. Selbst wenn sie an den Prüfungen erfolgreich waren, war dies keine Garantie für eine erfolgreiche Karriere, konnten sie doch schon wegen eines geringfügigen Fehlers entlassen werden, der einem weißen britischen Kollegen nachgesehen worden wäre. Der Indian Civil Service wurde so zu einem Elitebeamtendienst, in welchem einheimische Inder, die als "natives„ bezeichnet wurden, den Korpsgeist nur störten. Da die Angehörigen der neuen indischen Bildungsschicht aber an einer akademischen Ausbildung nach britischem Vorbild festhielten, kam es zu einer Akademikerschwemme. Diese führte wiederum dazu, dass viele Hochschulabgänger häufig keine ihrer Ausbildung entsprechende Beschäftigung fanden und sie sich deshalb immer häufiger in der politischen Arbeit engagierten, so zum Beispiel im 1885 gegründeten All-India National Congress. Dieser war keineswegs eine antibritische Organisation. Ziel der meisten Mitglieder war es vielmehr, den Einfluss der Einheimischen auf die eigene Innenpolitik im Rahmen eines weiterhin britisch-dominierten Indiens zu erhöhen. Über die Mittel, mit welchen dieses Ziel erreicht werden sollte, herrschte innerhalb des All-India National Congress und der übrigen Organisationen allerdings selten Einigkeit, so dass es den verschiedenen britischen Vizekönigen immer wieder gelang, die verschiedenen Interessengruppen gegeneinander auszuspielen und die Partizipationsmöglichkeiten so gering als möglich zu halten. Auf der lokalen Ebene wie auch derjenigen der

Provinzen wurden zwar Körperschaften geschaffen, die eine gewisse politische Partizipation ermöglichten, die Gestaltungsmöglichkeiten indischer Politiker blieben allerdings stark eingeschränkt. Dies änderte sich erst durch die Schaffung des Imperial Legislative Council von 1892 und besonders durch die im Gefolge der Teilung Bengalens im Jahre 1905 hervorgerufene Agitation. Bis 1914 gelang es der indischen Nationalbewegung allerdings trotz einer ihr eigentlich gewogenen Regierung in London nicht, den eigenen Einfluss analog zu den Dominions auszuweiten und sich im Bereich der Außen- und Sicherheitspolitik wie ihren Kollegen aus Australien, Neuseeland, Südafrika oder Kanada Einfluss zu verschaffen. Dies lag einerseits sicherlich daran, dass rassistische Vorurteile es für viele ansonsten liberal eingestellte britische Politiker ausgeschlossen erscheinen ließen, Nicht-Weißen den gleichen Status zuzubilligen wie Weißen. Andererseits spielte auch die Tatsache eine Rolle, dass die nach dem Sepoyaufstand von 1857 neu organisierte Indian Army ein zentrales Machtinstrument der britischen Sicherheitspolitik in ganz Asien bildete.

Innenpolitisch war die Situation in Indien vor dem Beginn des Ersten Weltkrieges oberflächlich ruhig. Die 1905 erfolgte Teilung Bengalens, die sowohl unter Muslimen als auch unter Hindus zu großen Diskussionen geführt und eine Spaltung des All-India National Congress zur Folge hatte, war 1911 zurückgenommen worden. Gleichzeitig war den Muslimen, die in der kurzzeitig bestehenden Provinz Ostbengalen die Mehrheit gestellt hatten, mit den Morley-Minto Reformen von 1909 die Schaffung von separaten Wahlkörperschaften zugestanden worden, was ihren Einfluss auf gesamtindischer Ebene gegenüber den anderen Volksgruppen des Landes gestärkt hatte. Zudem schuf die neue Verfassung von 1909 neue Möglichkeiten für Debatten im Imperial Legislative Council, auch wenn Mehrheitsentscheidungen weiterhin nicht möglich waren und der Executive Council der Legislative auch weiterhin nicht verantwortlich war. Gerade in diesem Punkt bestand in Indien ein großer Unterschied zur Situation in den Dominions. Dort wurden die Legislativen nicht nur von der männlichen und in Neuseeland sowie Australien auch der weiblichen Bevölkerung nach freiem und geheimem Wahlrecht gewählt. Eine Regierung konnte auch nur gebildet werden, wenn sie sich auf eine Mehrheit im Parlament verlassen konnte. Im Bereich der Wirtschaftspolitik waren die Dominions ebenfalls weit unabhängiger als Indien. Sie nutzen deshalb ihren Spielraum, um durch die Errichtung von Zollschranken den Import von Industriewaren zugunsten der im eigenen Land entstehenden Industriezweige einzuschränken. Die meisten Dominions entschieden sich dabei für eine Politik, mit welcher Waren aus Großbritannien gegenüber solchen aus anderen Staaten weiterhin bevorzugt wurden. In Indien waren solche Schritte nicht möglich, was immer wieder zum Vorwurf geführt hat, dass die dortige britische Herrschaft das Land wirtschaftlich schädige und die Entwicklung einer eigenen Industrie hemme. Angesichts der Tatsache, dass sowohl die britischen als auch die indischen Historiker mit ihrer Forschung häufig die Interessen ihres eigenen Landes zu schützen versuchten, ist es nicht immer einfach, zu einer fairen Wertung der gemachten Aussagen zu kommen. Der Schlüssel zur Beantwortung der Frage, weshalb die Industrialisierung Indiens nicht vorankam, liegt wahrscheinlich aber darin, dass das vorhandene Investitionskapital nicht primär dem industriellen Sektor zugute kam. Wie in Großbritannien, jedoch im Unterschied zu vielen Staaten auf dem europäischen Kontinent, aber auch in Japan unterblieb eine gezielte staatliche Förderung der industriellen Produktion. Andererseits fand das indische Investitionskapital im bestehenden System der landwirtschaftlichen Abhängigkeitsverhältnisse auf Grund des gläubigerfreundlichen britischen Rechts im landwirtschaftlichen Sektor im Dienstleistungsbereich bessere Anlagemöglichkeiten mit höheren Renditen. Dies wirkte sich besonders für die Textil- sowie die Eisen- und Stahlindustrie negativ aus. Ein Beispiel dafür ist die Tatsache, dass Jimsetji Nusserwanji Tata, der bereits im 19. Jahrhundert versuchte, eine indische Schwerindustrie aufzubauen, sein Projekt erst zu Beginn des 20. Jahrhunderts in die Tat umsetzen

konnte. Eine stärkere politische Partizipation indischer Bildungsschichten hätte hier möglicherweise durchaus eine Entwicklung
wie in Australien, Neuseeland, Kanada oder Japan in Gang setzen
können.

Wie bereits mehrfach angedeutet, waren die Vereinigten Staaten
von Amerika im Verlauf der zweiten Hälfte des 19. Jahrhunderts
zu einer wirtschaftlichen, zunehmend aber auch politischen Großmacht aufgestiegen. Zwar hatte sich die Expansion des Landes in
dieser Zeit vornehmlich noch auf die Erschließung und Einglie-
derung der verbliebenen Landesteile auf dem nordamerikanischen
Kontinent konzentriert, dies bedeutete jedoch nicht, dass das Land
und viele seiner Exponenten vollständig auf eine weitere Expansion
– auch über die Grenzen des amerikanischen Kontinentes hinaus
– verzichten wollten. Gerade William H. Seward – der Außenminister der Präsidenten Lincoln und Johnson – war überzeugt,
dass die USA in Zukunft ähnlich wie Großbritannien eines informellen Empires bedürften, um die Absatzbedürfnisse der stetig
wachsenden eigenen Industrie und der landwirtschaftlichen Produktion befriedigen zu können. Zu einem wichtigen Ziel wurde
nach einer Phase der Zurückhaltung in den Jahren zwischen 1870
und 1890 in diesem Zusammenhang die Sicherung des Handels
im Pazifik (Hawaii, Japan, China) sowie mit den lateinamerikanischen Staaten. Dabei nutzten die amerikanischen Regierungen
auch immer wieder Rebellionen gegen die Herrschaft speziell der
spanischen Kolonialmacht in der Karibik und in Ostasien. Nach
dem Erfolg im Spanisch-Amerikanischen Krieg von 1898 sicherten
sich die USA die formelle Kontrolle über Guam, die Philippinen
und Puerto Rico. Zudem richteten sie eine Art Protektorat über
das offiziell unabhängige Kuba ein. In der Folge intensivierten die
amerikanischen Regierungen – allen voran die Administration von
Präsident Theodore Roosevelt – die Interventionen der USA in
Mittelamerika und der Karibik (Interventionen in Haiti, der Domi-
nikanischen Republik und Nicaragua). In Fernost drängten sie auf
eine Politik der Open Door, um dem amerikanischen Außenhandel

den Zugang zu den dortigen Märkten zu sichern, dies besonders in China. Trotz des diplomatischen Erfolges in der Vermittlung des Friedensvertrages von Portsmouth (New Hampshire) am Ende des Russisch-Japanischen Krieges gelang es den USA allerdings vor dem Beginn des Ersten Weltkrieges nicht, ihre Position in Ostasien im gleichen Ausmaß auszubauen wie in der Karibik und in Mittelamerika.

Für die Entwicklung in Ostasien von zentraler Bedeutung war die politische, wirtschaftliche und gesellschaftliche Entwicklung in Japan. In der Regel ist davon im Hinblick auf die Geschichte des Ersten Weltkrieges selten die Rede, da der ostasiatische Raum von den meisten Historikerinnen und Historikern als Nebenschauplatz betrachtet wird. Es ist zwar durchaus richtig, dass weder Japan noch China oder irgendein anderes ostasiatisches Land während des Ersten Weltkrieges einen zentralen Beitrag im politischen und militärischen Ringen in Europa oder auf globaler Ebene leistete. Dennoch bildete der Erste Weltkrieg für die Geschichte Ostasiens und des Nordpazifiks eine wichtige Zäsur sowohl im politisch-militärischen wie im wirtschaftlichen Bereich. Besonders Japan profitierte davon, dass die europäischen Mächte sich nicht mehr in dem Ausmaß mit Ostasien und dem Nordpazifik beschäftigen wollten, wie sie dies seit dem letzten Viertel des 19. Jahrhunderts getan hatten. Inoue Kaoru, ein *elder statesman*, fasste die Chancen, die der Krieg für sein Land 1914 bot, in die folgenden Worte: „Die gegenwärtigen großen Unruhen in Europa sind ein Geschenk des Himmels für die weitere Entwicklung des japanischen Reiches. Japan muss sich unverzüglich wie ein Mann zusammenschließen und diese Vorsehung des Himmels nutzen" (Hartmann 1996, 119). Für die meisten führenden japanischen Politiker bestand die Chance, welche der Erste Weltkrieg bot, darin, die seit der erzwungenen Öffnung des Landes im Jahre 1853 betriebene Politik der Selbststärkung und des Kampfes gegen die Ungleichbehandlung auf internationaler Ebene erfolgreich abzuschließen und sich gleichzeitig in Ostasien und vielleicht bis in den Indischen Ozean und den Südpazifik eine

regionale Führungsposition zu sichern. Gleichzeitig sollte damit
auch die kurz vor dem Weltkrieg in Bedrängnis geratene interne
Stellung der herrschenden sozialen Gruppen abgesichert werden.
Seit der Mitte des 19. Jahrhunderts war es nämlich das Ziel der
japanischen Regierungen gewesen, für das eigene Land wieder diejenige Position zurückzuerobern, welche ihm nach eigener Auffassung zustand. Dazu diente einerseits die Modernisierung der
eigenen Streitkräfte nach europäischem Vorbild, andererseits aber
auch die zumindest formelle Anpassung des politischen Systems an
die damals bestimmenden Verfassungsstrukturen der europäischen
Staaten. Für die Verantwortlichen war es dabei wichtig, so viel wie
möglich an eigenen Traditionen zu bewahren, gleichzeitig aber all
das zu übernehmen, was die Position des Landes auf internationaler
Ebene stärkte. Im Bereich der Marine orientierte sich das Land
daher an der britischen Royal Navy, im Bereich des Heeres am
Deutschen Reich, der stärksten Landmacht der damaligen Zeit. In
Fragen der Verfassung wurde schließlich ein Kompromiss zwischen
dem britischen und deutschen Vorbild gewählt, der es gleichzeitig
erlaubte, die Position des Kaisers und seiner Berater unangetastet zu
lassen, gleichzeitig aber zumindest den Anschein einer Erweiterung
der politischen Partizipation erweckte, indem ein aus zwei Kam-
mern bestehendes Parlament geschaffen wurde. Die entsprechende
Verfassung wurde am 11. Februar 1889 feierlich proklamiert. An
der Spitze des Staates stand der als heilig und unverletzlich bezeichnete *tenno*, der alle souveränen Rechte des Staates in seiner Per-
son vereinigte und auch Verordnungen mit Gesetzeskraft erlassen
konnte. An seiner Seite stand ein Geheimer Staatsrat (*sûmitsuin*),
der den *tenno* in der Auslegung der Verfassung, der Verkündung
kaiserlicher Verordnungen, beim Abschluss internationaler Verträge
sowie in Angelegenheiten des kaiserlichen Hauses beraten sollte.
Daneben wurde ein Kabinett eingerichtet, welches die täglichen
Geschäfte der Regierung führen sollte und allein dem *tenno* verantwortlich war. Das Parlament bestand aus einer Adels- und einer
Volkskammer, wobei nur letztere gewählt wurde und dies auch nur

nach einem System des Zensus, welcher das Wahlrecht zu Beginn auf ca. 1 % der männlichen japanischen Bevölkerung beschränkte. Neben diesen konstitutionellen Gremien existierte noch die nicht-konstitutionelle Institution der *genro*, der engsten und persönlich von ihm berufenen Berater des Kaisers, die einen großen Einfluss auf letzteren ausübten.

Auf ökonomischer Ebene wurde angesichts der fehlenden Investitionsbereitschaft privater Kapitalgeber hinsichtlich des Aufbaus moderner Industriebetriebe und der Einführung fortschrittlicher Produktionsmethoden der Staat aktiv. Im Zentrum stand dabei ähnlich wie in Europa zur gleichen Zeit die Schwerindustrie. Namentlich im Bereich der Rüstungsgüterproduktion engagierte sich der japanische Staat außerordentlich stark, erblickte die Regierung doch im Militär den entscheidenden Machtfaktor für die Verwirklichung zentraler Aufgaben in der Innen- und Außenpolitik. Der Staat versuchte jedoch auch durch seine wirtschaftlichen Aktivitäten auf dem zivilen Sektor Zeichen zu setzen und Private zu einer eigenständigen Investitionstätigkeit zu animieren. In den letzten beiden Jahrzehnten des 19. Jahrhunderts bemühten sich die japanischen Regierungen um eine Privatisierung ihrer Industriebetriebe. An dieser Privatisierungsaktion beteiligten sich einige führende Adelsfamilien wie Mitsubishi, Mitsui, Furukawa oder Kawasaki, die so die Grundlagen für ihre spätere Entwicklung zu *zaibatsu* (Finanzcliquen oder Großunternehmen) schufen. Ausgenommen blieb dabei allerdings der Bereich der Rüstungsgüterproduktion. Angesichts seiner politischen und wirtschaftlichen Anpassung an die in Europa und Nordamerika dominierenden Ansprüche an ein zivilisiertes Staatswesen, versuchten die japanischen Regierungen bereits seit 1871, eine Revision der nach der erzwungenen Öffnung des Landes von 1853 abgeschlossenen ungleichen Verträge zu erreichen. Vorerst blieben sie damit erfolglos. Erst unmittelbar vor dem Beginn des Chinesisch-Japanischen Krieges im Jahre 1894 schloss die Regierung nach Übernahme europäischer Normen im Bereich des Zivil- und Strafrechts mit Großbritannien ein Abkommen ab,

welches die Abschaffung der Konsulargerichtsbarkeit und die teilweise Rückgabe der Zollhoheit vorsah. Bis 1899 konnten analoge
Abkommen auch mit den übrigen europäischen Staaten und den
USA abgeschlossen werden. Die volle Zollhoheit erlangte Japan
allerdings erst wieder 1912.

Primäres außenpolitisches Ziel der japanischen Regierungen war
in der zweiten Hälfte des 19. und zu Beginn des 20. Jahrhunderts
neben der Wiedererlangung der vollen Souveränität die Stärkung
der eigenen Position in Ostasien und wo möglich im Nordpazifik.
Angesichts der Tatsache, dass das Land ökonomisch nicht stark
genug war, Korea und weitere Teile Asiens wirtschaftlich zu durch-
dringen und wie die USA eine open-door-policy zu verfolgen,
versuchte die Regierung ihre Ziele vor allem durch militärische
Stärke zu erreichen. Immer wieder sah sie sich dabei aber mit Widerstand – auch militärischer Art – von Seiten Chinas konfrontiert. Japan vermochte sich im Chinesisch-Japanischen Krieg von
1894/95 militärisch durchzusetzen. Im Vertrag von Shimonoseki
vom 17. April 1895 musste China die Unabhängigkeit Koreas anerkennen und Japan die Insel Formosa, die Pescadores Inseln und
die Halbinsel Liaodong abtreten. Auf die Übernahme des letzteren
Gebietes musste Japan allerdings auf Druck Russlands, Frankreichs
und des Deutschen Reiches verzichten. Der Bündnisvertrag mit
Großbritannien im Jahre 1902, der erneute militärische Erfolg im
Russisch-Japanischen Krieg von 1904/05 sowie Absprachen mit der
amerikanischen Regierung (u.a. Taft-Katsura Memorandum von
1905) machten Japan zu einer zentralen Macht in Ostasien. Aus
einem potentiellen Opfer imperialistischer Politik war ein eigen-
ständiger Akteur in diesem Feld geworden.

Im Unterschied zu Japan gelang China eine solche Entwicklung
weder am Ende des 19. noch zu Beginn des 20. Jahrhunderts.
Kaum jemand hatte dort damit gerechnet, dass es der Inselmacht
Japan gelingen würde, sich gegenüber dem Reich der Mitte, welches traditionell die Vormachtstellung in Ostasien beanspruchte,
durchzusetzen. Im Unterschied zu Japan hatte China in der frühen

Neuzeit keine rigide Politik des Abschlusses vom Außenhandel verfolgt. Es war daher früher in den Fokus der Handelsinteressen der europäischen Mächte geraten. Dabei begann seit dem 18. Jahrhundert der von der britischen East India Company bewusst zur Verbesserung der eigenen Handelsbilanz betriebene Opiumhandel eine immer wichtigere Rolle zu spielen. 1840 kam es deswegen zum ersten Opiumkrieg, als die kaiserlich-chinesische Verwaltung versuchte, das im Reich bestehende Opiumverbot rigoros durchzusetzen. Für die britische Regierung ging es in diesem Konflikt jedoch nicht nur um die Handelsinteressen des eigenen Landes. Vielmehr wurde allgemein damit argumentiert, dass China ein Hort der Barbaren und eine orientalische Despotie sei. Eine Verbesserung dieser Situation könne nur durch eine allgemeine Öffnung für den internationalen Handel und die christliche Mission erreicht werden. Angesichts der Tatsache, dass die chinesische Regierung über keine moderne Flotte verfügte, musste sie rasch die Waffen strecken. Im Vertrag von Nanjing musste sie dem Abschluss einer Reihe von ungleichen Verträgen und der Abtretung der Insel Hong Kong an Großbritannien zustimmen. Im Gegensatz zu Japan versuchte die chinesische Regierung nicht, die eigene Position aktiv zu stärken. Sie leistete aber indirekt durch das Unterlaufen des Vertrages in einzelnen Punkten Widerstand, was 1856 von Großbritannien und Frankreich zum Anlass genommen wurde, mit einer neuerlichen Militärintervention weitere Konzessionen zu erzwingen. Durch interne Aufstände zusätzlich geschwächt, vermochte die kaiserliche Regierung sich nicht den Ansprüchen der westlichen Staaten, und Ende des 19. Jahrhunderts sogar Japans, zu widersetzen. Eine wichtige Rolle spielte dabei sicherlich auch die Tatsache, dass das Land darauf verzichtet hatte, selber eine moderne Flotte aufzubauen. Nach der Niederlage im Chinesisch-Japanischen Krieg von 1894/95 schienen die kaiserliche Regierung und die politisch bestimmende Kaiserwitwe Cixi orientierungslos, war mit der Niederlage in Korea doch die traditionelle Tributpolitik Chinas endgültig zusammengebrochen. Inner- und außerhalb des Hofes wurden in der Folge Möglichkeiten ausgelotet, die staatliche Organisation des Reiches und die Nutzung der vorhandenen Ressourcen zu reformieren. Einige Gelehrte trugen ihre Ideen direkt dem 22jährigen Guangxu Kaiser vor, und zwar ohne Konsultation der konservativen Hofbürokratie. Vorgesehen war der Aufbau erstens moderner Streitkräfte, zweitens einer eigenständigen Industrie, drittens eines staatlichen Bank- und eines modernen Postwesens sowie viertens eines Eisenbahnnetzes unter nationaler Kontrolle. Zudem sollten die Korruption bekämpft, die chinesische Landwirtschaft systematisch gefördert, technisch modernisiert und die Auslandchinesen für die wirtschaftliche Entwicklung des Landes mobilisiert werden. Kaiser Guangxu erließ entsprechend zwischen Juni und September 1898 eine Reihe von Edikten, die als Reform der Hundert Tage bekannt wurden. Umgesetzt wurden die Anordnungen des Kaisers allerdings nicht, da seine politisch auch weiterhin bedeutsame Mutter, Cixi, zusammen mit der konservativen Hofbürokratie zum Gegenschlag ausholte und den Guangxu unter lebenslangen Hausarrest stellte. Sechs seiner Berater wurden hingerichtet, während anderen mit britischer Hilfe die Flucht ins Ausland gelang.

Die europäischen Großmächte nutzten die Niederlage Chinas von 1895 und die nachfolgende innenpolitische Instabilität aus und sicherten sich in einer Art *scramble for concessions* Stützpunkte in China. Den Anfang machte das Deutsche Reich mit seiner handstreichartigen Besetzung von Tsingtao im Jahre 1897. Russland sicherte sich Lüshun (Port Arthur) und Dailan an der Spitze der Liaodong-Halbinsel, Großbritannien Weihaiwei auf der Shandong-Halbinsel und die an Hong-Kong grenzenden New Territories, Frankreich Guangzhouwan in der Provinz Guangdong. Über den Erwerb von Stützpunkten hinaus beanspruchten die Großmächte zudem Interessengebiete, die nicht ohne ihre Zustimmung veräußert werden durften. Ziel war es den Erwerb von Bergbaurechten und Eisenbahnkonzessionen durch andere Mächte in diesen Gebieten zu verhindern. Zu einer kolonialen Aufteilung Chinas kam es allerdings nicht, dies teilweise auch auf Druck der USA, die sich den gleichberechtigten Zugang aller Mächte zum chinesischen Markt garantieren ließen. Vor diesem Hintergrund erwuchs in China die Boxerbewegung, die ursprünglich in der Provinz Shandong als Folge von Naturkatastrophen entstanden war. Ihre Anhänger erblickten in der Präsenz der Ausländer und besonders von Missionaren den eigentlichen Grund für ihre Misere und zogen daraus den Schluss, dass nur durch deren Entfernung der Frieden im Reich wiederhergestellt werden könne. Im Verlauf des folgenden Aufstandes wurden etwa 250 Ausländer und Tausende von chinesischen Christen getötet. Die Belagerung der in der Hauptstadt Beijing ansässigen Ausländer durch aufständische Boxer und reguläre kaiserliche Truppen führte schließlich zu einer offiziellen Kriegserklärung der europäischen Mächte und der USA an die Regierung Chinas und zur brutalen Niederschlagung des Aufstandes durch europäische Truppen im Jahre 1900. Als besonders rücksichtslos erwiesen sich dabei die unter dem Kommando von General Alfred Graf Waldersee stehenden deutschen Truppen. Für diese war klar, dass den Asiaten Respekt nur durch Gewalt und deren rücksichtslose Anwendung beigebracht werden konnte und dass es falsch sei, eine veraltete Form von Milde gegenüber der ‚gelben Rasse‘ zu zeigen. Die chinesische Regierung sah sich schließlich gezwungen, das so genannte Boxerprotokoll zu unterzeichnen, welches die Zahlung einer großen Entschädigungssumme und die Bestrafung der am Aufstand beteiligten Beamten vorsah. Der chinesischen Regierung war es erneut nicht gelungen, sich den ausländischen Mächten zu widersetzen. 1911 kam es zu einer internen Revolution, die zum Sturz der Qing-Dynastie führte. China wurde Republik. Die staatlichen Institutionen, die erstmals offiziell nach dem Prinzip der Gewaltenteilung organisiert wurden, erwiesen sich allerdings nicht als dauerhaft, dies nicht zuletzt, weil sich die zwei dominierenden Gruppen im Land – die Anhänger des primär im Norden des Landes beheimateten Yuan Shi-Kai und des primär im Süden starken Sun Yat-Sen nicht darüber zu einigen vermochten, ob das Parlament oder der Präsident das politische System dominieren sollten.

Deshalb löste Präsident Yuan Shi Kai im Januar 1914 das Parlament
auf, entließ Militärgouverneure, die mit Sun Yat-Sens Ideen sympa-
tisierten, verbot dessen Partei und erließ eine autoritäre Verfassung,
die den Präsidenten von der Machtbeschränkung durch das Parlament unabhängig machte. Darin wurde ihm das Recht gewährt,
das Parlament jederzeit aufzulösen und mit Notverordnungen zu
regieren.

## 2.2. Imperialismus und Mächterivalität – Die globalen Ursachen des Ersten Weltkrieges

Wie bereits in der Einleitung angesprochen, eröffnete die im Verlauf
des 19. Jahrhunderts erfolgte Revolutionierung des Transport- und
Kommunikationswesens den europäischen Mächten neue Möglichkeiten. Dies galt einerseits im Hinblick auf die Mobilisierung von
Menschen und Ressourcen aus den von ihnen beherrschten außereuropäischen Gebieten, andererseits aber auch hinsichtlich der Aus-
nutzung von Abhängigkeiten, denen außereuropäische Mächte auf
Grund der weltweiten wirtschaftlichen aber auch politischen Vernetzung ausgesetzt waren. Vor allem Großbritannien gelang es während des Krieges, seine vor dem Krieg starke Stellung im außereuropäischen Raum – sowohl innerhalb wie außerhalb seines formalen
Empires – für sich zu nutzen. Gleichzeitig war es die Aufgabe der
Royal Navy, durch die Errichtung einer Blockade dafür zu sorgen,
dass der Zugriff der Mittelmächte auf ihre kolonialen Ressourcen
sowie der Handel mit außereuropäischen Mächten unmöglich oder
zumindest auf ein Minimum reduziert wurde. Dies zeigt deutlich,
dass die nicht zuletzt auf der Revolutionierung des Transport- und
Kommunikationswesens basierende Entstehung einer Weltgesellschaft im Verlauf des 19. Jahrhunderts für den Ersten Weltkrieg von
zentraler Bedeutung war. Immanuel Geiss (1990, 17-26) ist daher
zuzustimmen, wenn er die strukturellen Ursachen des Ersten Weltkriegs bis 1815, und teilweise darüber hinaus, zurückverfolgt. An
dieser Stelle soll daher der Versuch gemacht werden, einen Über-

blick über die wichtigsten Aspekte dieser Entwicklung zu geben und diese mit den Aussagen zu verbinden, die im vorangegangenen Kapitel zu den Krieg führenden Mächten gemacht wurden.

Seit dem späten 15. Jahrhundert hatten die europäischen Mächte die Weltmeere beherrscht und damit auch den Welthandel, zumindest soweit er auf den Seeweg angewiesen war, bestimmt. Die bisher primär in geographischen Großräumen – Mittelmeerraum, Ostasien, Südasien – bestehenden Kommunikations- und Austauschprozesse begannen nun mehr und mehr einen globalen Charakter anzunehmen, auch wenn bis weit ins 19. Jahrhundert weite Teile der afrikanischen und asiatischen Landmassen davon nur zum Teil oder gar nicht berührt waren. Letzteres hing damit zusammen, dass die europäischen Mächte sich außerhalb ihres Kontinentes hauptsächlich darauf beschränkten, Stützpunkte für ihre Marine aufzubauen, mit welcher der Seehandel in globaler Dimension kontrolliert werden sollte. Die wichtigsten Seemächte waren dabei zuerst Portugal und Spanien, später Holland und Großbritannien, wo bei sich letzteres gegen Ende des 18. Jahrhunderts zur globalen Seemacht aufzuschwingen vermochte. Militärisch waren die europäischen Seemächte weitgehend konkurrenzlos, bezüglich des Handels mussten sie es jedoch zulassen, dass sich vor allem in der südostasiatischen Inselwelt auch lokale Unternehmen am lukrativen Seehandel beteiligten. Was die landgestützte Stellung der europäischen Mächte betraf, so war diese vor der Mitte des 19. Jahrhunderts keineswegs unangefochten. Eine Ausnahme bildete dabei einzig Russland, dem seit dem 16. Jahrhundert der Aufbau eines europäisch-asiatischen Großreiches in Gestalt einer traditionellen asiatischen Reichsbildung auf Kosten zentralasiatischer Mächte und Chinas gelang (Fisch 2002, 330). Daneben erwarb einzig Großbritannien in Indien ab Ende des 18. Jahrhunderts ein größeres zusammenhängendes Festlandgebiet. Dieser Prozess wurde jedoch keineswegs von britischen Behörden gesteuert, sondern war vielmehr die Folge lokaler Gegebenheiten und persönlicher Ambitionen von vor Ort ansässigen Angehörigen der britischen

East India Company, den so genannten *men-on-the-spot*. Zu direkten und indirekten Auseinandersetzungen zwischen den europäi-
schen Mächten kam es in dieser Zeit nicht nur innerhalb sondern
auch immer wieder außerhalb Europas. Beispiele dafür sind die
Auseinandersetzungen zwischen Spanien und Holland, respektive
Spanien und England im 16. und 17. Jahrhundert, die vier hollän-
disch-britischen Seekriege des 18. Jahrhunderts und besonders die
Auseinandersetzungen während der so genannten Französischen
Kriege von 1792 bis 1815. Dabei ist allerdings zu betonen, dass die
Auseinandersetzungen europäischer Mächte außerhalb des eigenen
Kontinentes in der Mehrzahl der Fälle auf bestehende Spannungen
in Europa oder auf Konflikte zurückzuführen waren, deren Ursache
in der sozialen Dynamik in Europa zu suchen war, so beispielsweise
der Kriege der europäischen *men-on-the-spot* in Indien (vgl. 1).

Der Prozess der europäischen Durchdringung der Welt verlief
aber keineswegs gradlinig. Die vor 1800 auf dem amerikanischen
Kontinent bestehenden Siedlungskolonien gingen nämlich für die
europäischen Mächte bis auf wenige Reste (Kanada, Britisch-Hon-
duras, Guyana) am Ende des 18. und zu Beginn des 19. Jahrhunderts verloren. Die erste Hälfte des 19. Jahrhunderts war primär
gekennzeichnet durch Auseinandersetzungen in Europa selbst oder
im Nahen Osten (Orientkrisen 1831-41). Erst die Expansion der
europäischen Mächte in Afrika und teilweise auch in Asien in den
Jahren nach 1870 führte dazu, dass Spannungen außerhalb Europas
auf die Mächtekonstellationen in Europa eine größere Wirkung
zu haben begannen. Für diese Entwicklung wurden und werden
immer wieder Erklärungsmodelle (Imperialismustheorien) entwickelt, die bei aller Unterschiedlichkeit (vgl. Mommsen 1987)
zeigen, dass die europäische Expansion sich nicht auf eine einzige
Ursache zurückführen lässt. Eine wichtige Rolle spielte mit Sicherheit die im Verlauf des Prozesses der Industrialisierung zunehmende
wirtschaftliche und militärische Überlegenheit der europäischen
Mächte und die im Zeichen der Nationalstaatsbildung in Europa ab
1850 zunehmende Anzahl von an außereuropäischen Besitzungen

oder Einflusssphären interessierten europäischen Staaten. Letzteres führte nicht nur zu neuen Reibungsflächen und Konfliktpunkten. Es hatte auch zur Folge, dass Staaten, die sich bisher mit einer informellen Einflusszone begnügt hatten, nun unter dem Druck der neuen Konkurrenz dazu übergingen, ihre Ansprüche klar zu definieren und die betreffenden Gebiete einer zumindest formell deklarierten Kontrolle zu unterwerfen, um mögliche Konkurrenten am Eindringen in die betreffenden Gebiete zu hindern. Besonders deutlich war dieser Prozess in Afrika und in etwas geringerem Ausmaß im Pazifik festzustellen, wo die beteiligten europäischen Mächte ihre Einflussgebiete klar absteckten. Höhepunkt dieser Entwicklung bildete die Berliner Westafrikakonferenz von 1884/85, die von afrikanischen Historikern noch heute – wohl fälschlicherweise – als Ursprung der unseligen Grenzziehungen auf dem schwarzen Kontinent betrachtet wird. Zwar wurden sehr wohl Linien über fast den gesamten Kontinent gezogen, primäres Ziel der europäischen Mächte und vor allem des deutschen Reichskanzlers Otto von Bismarck war es allerdings, das von *men-on-the-spot* wie Carl Peters oder Cecil Rhodes betriebene, ungezügelte Annektieren von afrikanischen Territorien in geordnete Bahnen zu lenken und damit zu verhindern, dass Spannungen zwischen *men-on-the-spot* unterschiedlicher europäischer Nationalitäten in Afrika negative Konsequenzen für das Verhältnis der europäischen Mächte untereinander haben würde.

Was 1884/85 mit der Berliner Westafrikakonferenz noch gelang, wurde im weiteren Verlauf des 19. und zu Beginn des 20. Jahrhunderts immer schwieriger. Dies lag einerseits daran, dass sich die Spannungen in Europa – und hier vor allem auf dem Balkan – in diesen Jahren angesichts der zunehmenden Schwäche des Osmanischen Reiches zu intensivieren begannen. 1879 sah sich Bismarck gezwungen, seine Politik der Allianz sowohl mit dem zaristischen Russland als auch der Habsburgermonarchie aufzugeben und sich auf ein Bündnis mit letzterer zu beschränken. Längerfristig führte dies zu einer Annäherung des Zarenreichs an das seit 1871 weitgehend isolierte Frankreich und zur langsamen Ausbildung von zwei Bündnisgruppen, die sich um die beiden Gegner des Deutsch-Französischen Krieges herauszubilden begannen. Auch wenn die neuen Bündniskonstellationen die Möglichkeit eines Krieges sicherlich erhöhten, lässt sich der Ausbruch des Krieges dadurch allein nicht begründen. Eine zentrale Rolle spielte mit Sicherheit auch die Tatsache, dass die höhere Produktivität der Landwirtschaft und die erhöhte Leistungsfähigkeit der Transportmittel – zu allererst der Eisenbahn – dazu führten, dass erstmals große Heere nicht mehr nur ohne große Kosten ausgerüstet, sondern auch ernährt und rasch von einem zum anderem Punkt verschoben werden konnten. Die neuen Millionenheere konnten aber nicht einfach innerhalb kurzer Zeit aus dem Boden gestampft werden, wie dies noch zu Beginn der Französischen Kriege von Sadi Carnot gemacht worden war. Vielmehr war eine minutiöse Planung, Ausbildung und logistische Vorbereitung notwendig. Dazu diente in den meisten europäischen Staaten die rigorosere Durchsetzung der bisher schon auf dem Papier bestehenden Allgemeinen Wehrpflicht sowie die Vorbereitung und Durchführung von großen staatlichen Rüstungsprogrammen. Damit sollte ein tatsächlich bestehender oder nur in den Köpfen führender Politiker oder Militärs existierender Vorsprung anderer Mächte ausgeglichen werden. Das führte dazu, dass die Gegenseite selbst ebenfalls solche Programme lancierte, um das in ihren Augen entstandene Ungleichgewicht wieder zu kompensieren. Einmal begonnen, ließ sich dieser Prozess nur noch schwer stoppen; zumindest solange nicht, als sich keine der beteiligten Mächte damit finanziell übernahm, was bis 1914 nicht der Fall war (Fisch 2002, 348-349). Von globaler Bedeutung wurde der in Europa begonnene Rüstungswettlauf durch die um die Jahrhundertwende einsetzende Flottenrüstung des Deutschen Reiches und die darauf erfolgenden Reaktionen Großbritanniens und der USA. Unter Bismarcks Nachfolger strebte das Deutsche Reich mehr und mehr danach, seine in Europa unbestritten starke Stellung auch auf die übrige Welt auszudehnen und sich einen „Platz an der Sonne" zu sichern. Einem Anflug von

Selbstüberschätzung erliegend, verzichtete die deutsche Führung darauf, ihre Politik durch eine Ausweitung der bestehenden Bündnisse abzusichern. Die britische Regierung war natürlich keineswegs gewillt, ihre dominierende Stellung zur See kampflos aufzugeben. Sowohl auf Ebene der Technik (Einführung von Schiffen der Dreadnoughtklasse) als auch im Hinblick auf die Anzahl der zu bauenden Kriegsschiffe lancierte sie ein Flottenprogramm, mit welchem die deutsche Seite schon bald nicht mehr konkurrieren konnte. Gleichzeitig nutzte Großbritannien die Ressourcen seines Empires, indem die sich selbstverwaltenden Dominions sowie einheimische Fürsten in Indien und Südostasien erfolgreich um eine Beteiligung an den entstehenden Kosten des Flottenrüstungsprogramms gebeten wurden. Dabei blieb es jedoch nicht. Im Jahre 1902 schloss Großbritannien ein Bündnis mit Japan und 1904 beziehungsweise 1907 erreichte es einen kolonialen Ausgleich mit Frankreich und Russland. Damit konnte es seine Stellung außerhalb Europas konsolidieren und sich flottenmäßig mehr und mehr auf die Auseinandersetzung in Europa konzentrieren. Der Ausgleich mit Frankreich wurde durch Absprachen zwischen den beiden Generalstäben für den Fall eines Krieges auf dem europäischen Kontinent komplettiert. Dies war nicht zuletzt einer der Gründe, weshalb Großbritannien in den beiden Marokkokrisen von 1905/06 und 1911 Partei für Frankreich ergriff. Mit der sich im Zeichen des Imperialismus herausbildenden Weltgesellschaft war die Voraussetzung für Weltkriege geschaffen worden. Dabei handelte es sich nun aber nicht mehr nur um weltweit geführte Kriege zwischen europäischen Mächten, sondern um eine globale Vernetzung von regionalen Konflikten, an welchen außereuropäische Mächte – primär aus Asien und Amerika – beteiligt waren. Ausgangspunkt für diese Konflikte blieb aber Europa. Dies zeigt sich nicht zuletzt auch in den Planungen für zukünftige Kriege, auf die nun eingegangen werden soll.

## 2.3. Kriegspläne

Wie bereits im vorangegangenen Kapitel betont, führte die Aufstellung von Millionenheeren in Europa im Verlauf des späten 19. und
zu Beginn des 20. Jahrhunderts dazu, dass die jeweilige militärische
Führung sich gezwungen sah, konkrete Planungen an die Hand zu
nehmen, um Fragen der Ausrüstung, des Transports und der Ernährung von solchen Verbänden zu klären. Zudem musste sich die
militärische Führung klar werden, welche Ziele mit diesen Verbänden mit welchen Mitteln in jeweils unterschiedlichen Situationen
erreicht werden sollten. Neben der Planung für kleinere regionale
Konflikte bildete für die Militärführung der meisten Staaten ein
Konflikt zwischen dem Deutschen Reich und seinen Verbündeten
einerseits sowie Frankreich und seinen Verbündeten andererseits
weiterhin die grundsätzliche Ausgangsdisposition.

Unter diesen Voraussetzungen trat im Jahre 1891 der neue preu-
ßische Generalstabchef Alfred Graf Schlieffen sein Amt als Nachfolger des glücklosen Grafen Waldersee an. Die politische Situation
hatte sich dabei grundlegend verändert. 1890 war der Rückversicherungsvertrag des Deutschen Reiches mit Russland ausgelaufen und
1892 hatte letzteres ein Militärbündnis mit Frankreich geschlossen.
Schlieffen machte deshalb deutlich, dass die militärtechnischen und
bündnispolitischen Veränderungen es für das Deutsche Reich unmöglich machten, eine "Ermattungsstrategie„ zu verfolgen. Dieser
Erkenntnis versuchte Schlieffen in seinen Planungen so weit als ihm
möglich schien Rechnung zu tragen. Obwohl der Generalstab sehr
wohl wusste, dass die Chance für einen kurzen und rasch erfolgreichen Krieg nicht groß war, blieb ihm angesichts der fehlenden
Bereitschaft zur langfristigen und umfassenden Vorbereitung eines
totalen Krieges und der Unmöglichkeit, das eigene Scheitern einzugestehen (Förster 1995) nur der Entscheid, die Planung eines
möglichst kurzen Feldzuges weiterzuverfolgen. Das Ziel bestand
darin, aus einem Krieg an zwei Fronten, zwei Kriege an je einer
Front zu machen, wobei an der einen Front (im Westen) ein Ver-

nichtungssieg nach dem Vorbild der Schlacht von Cannae ange-
strebt werden sollte. Dies hätte dann dazu geführt, dass der Krieg
an der anderen Front erheblich einfacher geworden oder gar hätte
vermieden werden können. Die grundsätzliche Stoßrichtung war
für Schlieffen klar, in der konkreten Umsetzung gab es allerdings
Unsicherheiten. Auf einer großen Zahl von Generalstabsreisen und
Kriegsspielen wurden einzelne Aspekte der operativen Idee immer
wieder thematisiert und angepasst, ohne dass an der grundsätzli-
chen Stoßrichtung etwas geändert wurde (Ehlert et al. 2007, 9-10).
Gerade diese Tatsache führte vor, während und nach dem Ersten
Weltkrieg immer wieder dazu, dass Schlieffens ‚Plan' heftig disku-
tiert wurde und ihm, respektive seinem Nachfolger Helmuth von
Moltke dem Jüngeren, die Schuld für das Scheitern der deutschen
Operationen zu Beginn des Ersten Weltkrieges zugeschoben wurde.
Die Tatsache, dass der Große Generalstab gemäß den Planungen
Schlieffens, die von dessen Nachfolger Moltke mit einigen klei-
nen Änderungen übernommen wurden, den Einsatz der deutschen
Streitkräfte primär im Westen vorsah, führte dazu, dass Russland
in den militärischen Planungen Österreich-Ungarns eine größere
Bedeutung eingeräumt werden musste. Hatte der dortige Generalstabschef Franz Conrad von Hötzendorf in den Jahren vor 1909
Pläne für Kriege gegen Italien und auf dem Balkan geschmiedet, so
kam es 1909 zu einer Absprache, gemäß welcher die K.u.K. Armee
primär an der Grenze zu Russland in Galizien aufmarschieren sollte. Dieser grundsätzlichen Vereinbarung folgten allerdings danach
keine weiteren Absprachen hinsichtlich der Operationsräume, was
dazu führte, dass auf beiden Seiten Erwartungen an die jeweils
andere bestanden, die nicht explizit ausgesprochen wurden und auf
welche die Planung der Partner daher nicht in ausreichendem Maß
Bezug nahm. Dies sollte sich im Herbst 1914 noch bitter rächen.

Im Gegensatz zum deutschen Schlieffen-Plan stießen andere
Kriegspläne von größeren und kleineren Mächten vor 1914 in
der Forschung wie der Öffentlichkeit nur auf mäßiges Interesse.
Die größte Aufmerksamkeit erweckte sicherlich der Plan XVII der

französischen Streitkräfte, welche am direktesten vom Vorhaben
Schlieffens betroffen waren. Ein Blick auf die damit verbundene
Planung macht rasch klar, dass der französische Generalstab zwar
vor 1914 durchaus damit rechnete, dass sein Land zum ersten Ziel
eines deutschen Angriffs werden würde, dass er aber über keine de-
taillierten Kenntnisse über die genaue Kriegsplanung des Gegners
verfügte. Die eigene Planung basierte daher auf einer Untersuchung
des Ausbaus des deutschen Eisenbaunetzes und der Festungswerke
in Lothringen. Im Rahmen seiner Analysen kam der französische
Generalstab dabei zum Schluss, dass die militärische Infrastruktur
vor allem im Raum Aachen-Trier und Metz-Thionville ausgebaut
wurde, was nur vor dem Hintergrund einer Planung Sinn machte, die eine Invasion belgischen Territoriums miteinbezog. Der aus
dem Jahr 1907/08 stammende Plan XVI wurde daher in Form
von Plan XVII insofern modifiziert, als die französischen Truppen schwergewichtig stärker im Norden konzentriert und der linke Flügel gestärkt wurden. Der französische Generalstab rechnete
allerdings nicht damit, dass die deutschen Truppen in Belgien die
Maas überschreiten würde, da die dazu notwendigen Einheiten
nicht zur Verfügung stünden. Diese Fehleinschätzung sollte eine
nicht unwichtige Rolle bei der weiteren Neukonzeption der strategischen Planung des französischen Generalstabes spielen. Er be-
günstigte nämlich die vom neuen Generalstabchef Joseph Joffre
forcierte Umstellung der französischen Kriegsplanung von einer
primär defensiv ausgerichteten auf eine von der Überzeugung ge-
tragenen Auffassung, wonach Frankreich in Fragen der Offensive
nicht allein auf seine Bündnispartner (vor allem Russland) setzen
dürfe, sondern selber in dieser Richtung aktiv werden müsse. Sich
nur defensiv zu verhalten, wurde von vielen französischen Offizieren in den höheren Rängen mit dem Eingeständnis der eigenen
Schwäche gleichgesetzt. Angesichts der Tatsache, dass Frankreich
aber alleine trotz der Ausweitung der allgemeinen Wehrpflicht nicht
über eine zahlenmäßig bedeutsame Überlegenheit gegenüber dem
Deutschen Reich verfügte, musste der französische Generalstab in

seinen Planungen auf diejenigen seiner Bündnispartner Rücksicht nehmen. Von zentraler Bedeutung war dabei die Weigerung der britischen Regierung, sich in jedem Kriegsfall zu einer Entsendung britischer Truppen zu verpflichten. Der französische Generalstab konnte so nur auf die Entsendung britischer Soldaten hoffen, falls die britische Öffentlichkeit von der Rechtmäßigkeit eines Krieges überzeugt werden konnte. Das aber war unmöglich, falls Frankreich gleich bei Kriegsbeginn die Neutralität Belgiens oder Luxemburgs verletzen würde. Diese innerhalb der französischen Militärführung in internen Studien durchaus als Erfolg versprechend betrachtete Option musste deshalb fallengelassen werden. Der französische Generalstab musste jedoch nicht nur auf Großbritannien Rücksicht nehmen. Auch die militärischen Planungen Russlands beeinflussten das französische Vorgehen erheblich. Auch hier zeigte sich, dass der Bündnispartner keineswegs die gleichen Ziele verfolgte und seine Stoßkraft primär nicht gegen das Deutsche Reich, sondern gegen die Habsburgermonarchie zu richten gedachte. Frankreichs Kriegsplanung war daher im Jahre 1914 nicht im gleichen Ausmaß detailliert wie diejenige seines Kriegsgegners. Es bestand sowohl die allerdings mit politischen Vorbehalten versehene Option einer Offensive via Belgien und Luxemburg als auch diejenige eines Vorstoßes nach Lothringen oder eine Kombination dieser beiden Pläne. Klar waren dabei nur zwei Dinge: Die französische Militärführung unter Joseph Joffe war nicht bereit, die eigenen Truppen in der Defensive zu belassen und sie rechnete auch im Gegensatz zu maßgeblichen deutschen und britischen Militärs nicht mit einem langem Krieg (Ehlert et al. 2007, 221-256).

Großbritanniens Kriegsplanung vor 1914 spielte für Frankreich also eine große Rolle. Sie beschränkte sich allerdings in dieser Zeit keineswegs allein auf die Frage der Entsendung britischer Truppen auf den Kontinent für den Fall eines Krieges zwischen Frankreich und dem Deutschen Reich. Anders als für Frankreich, bei welchem Fragen der Verteidigung seines Imperiums außerhalb Europas im Generalstab nur eine untergeordnete Rolle spielten und außereuro-

päische Aspekte nur hinsichtlich der Mobilisierbarkeit kolonialer
Einheiten für einen Krieg in Europa beachtet wurden (Michel
2003), war die Sicherung der Seewege und der Besitzungen sowie
des Einflusses des Empires in allen Teilen der Welt für Großbritannien von zentraler Bedeutung. Nicht zuletzt zu diesem Zweck waren 1905 das Committee of Imperial Defence gegründet und 1907
die Umwandlung des britischen Generalstabes des Heeres in einen
Imperial General Staff beschlossen worden. Ziel dieser Veränderungen war es keineswegs, das britische Militär zu einem Gefangenen
seines Empires zu machen, doch sollten die Interessen außer- und
innerhalb Europas in den neugeschaffenen Gremien nicht zu letzt
vor dem Hintergrund der sich verändernden politischen, strategischen und wirtschaftlichen Bedeutung Großbritanniens in der
Welt gegeneinander abgewogen werden. Tendenziell legten die in
Großbritannien stationierten Vertreter des Heeres dabei mehr Gewicht auf die Situation in Europa, während die Vertreter der Marine – vor allem während der Amtszeit von Sir John Fisher als First
Sea Lord von 1905 bis 1910 – den britischen Interessen außerhalb
Europas mehr Gewicht einräumten. Dies bedeutete jedoch nicht,
dass die britische Marine glaubte, keinen Beitrag in einem europ-
päischen Krieg leisten zu können. Vielmehr versprach sie, durch
eine Blockade der Seewege den deutschen Außenhandel zu lähmen
– was im französischen Generalstab für sehr realistisch gehalten
wurde (Ehlert et al. 2007, 245) – um damit rasch eine Kapitulation
des Deutschen Reiches herbeizuführen, falls sich dieses dazu ent-
scheiden sollte, Frankreich anzugreifen. Sollte dies nicht ausreichen,
könne die Marine auch den Schutz von Landungsoperationen an
der deutschen Küste sicherstellen (Offer 1989). Zentrale Aufgabe
der britischen Marine blieb es allerdings immer, die Hoheit über
das Meer gegen jede Macht, welche sie herauszufordern gedachte,
zu verteidigen. In den Jahren vor Beginn des Ersten Weltkrieges
wurde das mit einem großen Propagandaaufwand betriebene Flottenprogramm des deutschen Admirals von Tirpitz als die größte
Gefahr für die Royal Navy gesehen. Deshalb konzentrierte das als

Admiralität bezeichnete britische Marineministerium einen Groß-teil der eigenen Großkampfschiffe in der Nordsee, während andere Flottenbasen auf der Welt mit Schlachtkreuzern oder älteren Schlachtschiffen vorlieb nehmen mussten. Die einzige Ausnahme bildete dabei Australien, doch darauf wird später noch eingegangen.

Innerhalb des britischen Heeres kam es in den Jahren vor dem Ersten Weltkrieg zu großen Diskussionen über den Sinn oder Unsinn eines Engagements auf dem europäischen Kontinent. Zu den Befürwortern eines solchen Vorgehens gehörten mit James M. Grierson und Henry Wilson zwei Offiziere, die zwischen 1904 und 1914 in der wichtigen Funktion des Directors of Military Operations dienten, sowie mit George Roberston und Douglas Haig zwei weitere Offiziere, die im Verlauf des Ersten Weltkrieges eine wichtige Rolle spielten. Zu den vehementesten Gegnern eines Continental Comitment gehörten hingegen Offiziere, die längere Zeit in der Indian Army gedient hatten, so Herbert Horatio Kitchener, der von 1902 bis 1909 Oberkommandierender der Indian Army gewesen war, oder Ian Hamilton, lange Jahre Generaladjutant und später Inspector-General of Overseas Forces. Auch der indischen Regierung lag viel daran, primär die Kompatibilität von Indian Army und British Regular Army zu erhalten und die dazugehörige innere Struktur nicht dem Einsatz britischer Einheiten auf dem europäischen Kontinent zu opfern. Zudem galt die Indian Army als wichtiger Garant für die innere Ordnung und Stabilität des eigenen Landes und namhafte Exponenten der britischen Kolonialverwaltung trauten der Ruhe an der Nordwestgrenze nach dem Kolonialausgleich zwischen Russland und Großbritannien im Jahre 1907 nicht wirklich. Auch unter Offizieren der in Großbritannien befindlichen Regular Army gab es aber Gegner eines Continental Comitment, so Sir William Nicholson, von 1908 bis 1912 Chief of the Imperial General Staff. Bis 1914 wurde keine endgültige Entscheidung für oder wider einen Einsatz britischer Soldaten auf dem europäischen Kontinent getroffen, auch wenn Wilson später das Jahr 1911 als entscheidend für die kurz nach

Kriegsbeginn erfolgte Entsendung der British Expeditionary Force bezeichnete.

Die militärischen Vorbereitungen und Kriegspläne des russischen Zarenreiches gehören nicht zu den besterforschten Aspekten der Geschichte des Ersten Weltkrieges, dies nicht zuletzt deshalb, weil sie lange von sowjetischen Bewertung des Weltkrieges als einer Auseinandersetzung unter Imperialisten, in welcher sich die russischen Soldaten und Offiziere tapfer und ehrenvoll geschlagen hätten, bestimmt wurde. Erst in jüngster Zeit wurde auch wieder die Frage gestellt, mit welchen Strategien das Zarenreich in einen europäischen Großkrieg einzutreten gedachte. Dabei zeigte sich, dass sowohl die beteiligten Politiker als auch die russische Militärführung gravierende Kommunikations- und Entscheidungsfindungsprobleme hatten. Diese lagen einerseits in der Struktur der obersten Führung der russischen Streitkräfte begründet, andererseits aber auch in den denkbar ungünstigen Umständen, unter welchen Russland sich nach 1905 auf einen europäischen Großkrieg vorbereiten musste. Im Russisch-Japanischen Krieg hatte Russland nämlich nicht nur eine empfindliche Niederlage erlitten, es hatte auch den größten Teil seiner baltischen wie seiner fernöstlichen Flotte verloren. Zudem hatte die 1905 niedergeschlagene Revolution besonders bei den russischen Großfürsten, die einen Großteil der Führungsränge in den russischen Streitkräften besetzten, dazu geführt, dass sich ihre Reformbereitschaft in engen Grenzen bewegte. Der reformorientierte Verteidigungsminister Aleksandr Rödiger (1905-1909) scheiterte deshalb in seinen Bemühungen, eine Reorganisation der Generalität und des Offizierskorps zu erreichen und dauerhaft einen Reichsvertreidigungsrat zur Diskussion über strategische Fragen einzurichten. Rödigers Nachfolger Suchomlinov konzentrierte sich deshalb in der Folge weitgehend auf die Verbesserung der Ausrüstung und die Steigerung der Effizienz im Bereich der Mobilisierung der Streitkräfte. Bei seinen Bemühungen standen Suchomlinow allerdings wesentlich weniger Mittel zur Verfügung als der Marine, die die großen Verluste des Russisch-Japanischen

Krieges wettmachen musste und daher über Ressourcen verfügte, die 1913 und 1914 sogar diejenigen der deutschen Flottenrüstung übertrafen. Innerhalb der russischen Generalität war trotz warnender anders lautender Stimmen die Überzeugung ähnlich wie in Frankreich weit verbreitet, dass auch ein moderner europäischer Großkrieg nicht lange dauern könne und dass die Mittelmächte rasch eine Entscheidung suchen würden. Die noch in den letzten Jahren vor dem Krieg mit neuer Artillerie ausgerüsteten Festungswerke in Polen und Weissrussland sollten daher dazu dienen, einen feindlichen Vormarsch zu stoppen und damit die Mobilisierung der restlichen Teile des russischen Heeres zu ermöglichen. Demzufolge blieben bis 1910 die russischen Operationspläne auf die Defensive ausgerichtet. Auf Grund von Forderungen der eigenen politischen Führung im Gefolge der Annexionskrise in Bosnien 1908 und von solchen des französischen Allianzpartners wurden die russischen Operationspläne im Jahre 1910 angepasst. Nun sollte auch die russische Armee früher als bisher geplant zur Offensive übergehen. Ermöglicht werden sollte dies durch eine neue Form der Mobilisierung, in welcher weniger Wert auf die ethnische Durchmischung der einzelnen Verbände gelegt werden sollte. Widerstand seitens wichtiger Offiziere führte jedoch dazu, dass dieser Plan nicht vollständig umgesetzt werden konnte. Dies hatte im Juli 1914 zur Folge, dass die russische Militärführung nicht nur eine Teilmobilmachung im Westen des Landes anordnen konnte, sondern die Generalmobilmachung beschließen musste, um über ausreichend Truppen zu verfügen. Die Frage gegen wen die schließlich im Westen des Reiches mobilisierten Einheiten eingesetzt werden sollten, wurde von der russischen Militärführung vor 1914 nicht entschieden. Der 1912 modifizierte Plan 19 beinhaltete sowohl eine gegen die Habsburgermonarchie gerichtete Variante A (Avstrija) wie auch eine gegen das Deutsche Reich gerichtete Variante G (Germanija). In Manövern und Kriegsspielen wurde dieser Plan zwar 1913 und 1914 noch erprobt. Ob die vorgesehene Dauer für eine Mobilisierung realistisch sei und inwiefern die Armee über die

notwendigen Kommunikationsmittel verfüge, um planmäßig die
Operationen durchzuführen, wurde dabei allerdings weder getestet
noch überprüft. Die russische Militärführung verfügte zwar 1914
über Mobilisierungs- und Aufmarschpläne sowie über Vorstellungen zu möglichen Operationsräumen, die Frage, welcher Gegner
zuerst angegriffen werden sollte und ob die dazu notwendigen Ressourcen auch wirklich zur Verfügung stehen würden, war allerdings
nicht geklärt worden. Zudem war der Informationsstand über die
Pläne des Gegners dürftig.

Außerhalb Europas war das konkrete Interesse für die Kriegspläne
der Mittelmächte wie der Entente nicht besonders groß. Die Pläne
der amerikanischen Militärführung waren nicht auf eine Beteiligung an einem europäischen Krieg ausgerichtet, sondern konzentrierten sich vor 1914 weitgehend auf Einsätze in Lateinamerika und
der Karibik sowie auf die Philippinen und den Pazifik. Im Jahre
1905 hatte der damalige Präsident Roosevelt seine Ambitionen im
letztgenannten Raum durch die Entsendung der Great White Fleet
demonstriert, deren Reise durch den Pazifik von den Regierungen
Australiens und Neuseelands explizit begrüßt worden war. In Japan war die Heeresführung primär damit beschäftigt, die eigenen
Positionen in Korea und China zu konsolidieren und eine mögliche
Ausweitung des eigenen Einflusses in der Mandschurei ins Auge zu
fassen. Die japanische Marineführung verfolgte ihr eigenes Konzept
einer Expansion nach Süden (Nan'yo), ohne dabei allerdings kon-
kretere Vorstellungen zu haben, wie dies geschehen sollte. Gerade
die relative Unbestimmtheit dieser Pläne löste in den beiden pazifischen Dominions Australien und Neuseeland große Befürchtungen
aus und führte dazu, dass vor allem in Australien, in geringerem
Ausmaß aber auch in Neuseeland, Anstrengungen unternommen
wurden, um die eigene militärische Sicherheit zu verbessern. Dazu
gehörten die Schaffung der Royal Australian Navy – an deren Spitze
mit der HMAS Australia auch ein Großkampfschiff der neuesten
Generation stand – die Einführung der allgemeinen Wehrpflicht
für den Dienst in Australien respektive in Neuseeland, der Auf-

bau von ersten einfachen Rüstungsbetrieben und ganz generell eine massive Erhöhung der Rüstungsausgaben. In Australien kam es – nicht zuletzt angesichts der Herausforderung durch Japan – schon relativ früh zu Diskussionen unter den wenigen höheren Offizieren des Landes, wie die vorhandenen militärischen Ressourcen in einem Kriegsfall eingesetzt werden sollten. Dabei standen die Beteiligten vor dem Problem, dass es einerseits der Loyalität eines großen Teils der Bevölkerung zum Empire, aber auch den eigenen Sicherheitsbedürfnissen Rechnung zu tragen galt. Den australischen und neuseeländischen Politikern und Offizieren war bekannt, dass das Mutterland Großbritannien mit der Entsendung von Soldaten rechnete, falls es darum bat. Gleichzeitig bestand aber auch die Befürchtung, dass in London den Sicherheitsbedürfnissen der pazifischen Dominions nicht ausreichend Rechnung getragen wurde. Während die neuseeländischen Politiker und Offiziere dabei tendenziell der Hilfestellung für das Mutterland den Vorrang einräumten und daher auch der Stationierung der HMS New Zealand in Europa zustimmten, waren ihre australischen Gegenüber eher darauf bedacht, die eigenen Bedürfnisse stärker zu gewichten. Ähnlich wie Großbritannien gegenüber Frankreich versprachen die beiden pazifischen Dominions daher dem Mutterland für den Fall eines Krieges in Europa oder anderswo in der Welt ihre militärische Unterstützung, ohne allerdings im Detail festzulegen, in welcher Form diese Unterstützung konkret erfolgen sollte.

# 3. Julikrise und Kriegsschuldfrage

Nicht zuletzt angesichts der Tatsache, dass sich in den Jahren vor 1914 nur wenige das Ausmaß der Zerstörungen und der Verluste an Menschenleben hatten vorstellen können, die der Erste Weltkrieg forderte, wurde die Frage, wer für diese „Urkatastrophe des 20. Jahrhunderts" (George F. Kenan) die Verantwortung trage, nach Kriegsende außerordentlich heftig weitergeführt. Die Diskussion an sich war allerdings nicht neu. Ihren Anfang hatte sie schon vor dem Attentat von Sarajewo auf den österreichisch-ungarischen Thronfolger Franz-Ferdinand und dessen Frau am 28. Juni 1914 genommen. Während der Julikrise und während des gesamten Krieges war sie – mit zum Teil außerordentlich großem Propagandaaufwand – fortgesetzt worden. An der Pariser Friedenskonferenz hatte sie mit der Verabschiedung von Artikel 231, der die Alleinschuld des Deutschen Reiches postulierte, einen ersten Höhepunkt erreicht. In der Zwischenkriegszeit wurde die Debatte aus verschiedenen Gründen von Politikern, Historikern und Publizisten weitergeführt. Besonders für die deutsche Seite war der Kriegsschuldparagraph verständlicherweise von entscheidender Bedeutung. Nach dem Zweiten Weltkrieg folgte angesichts der nationalsozialistischen Verbrechen eine kurze Phase, in welcher nur noch am Rand über die Verantwortung für den Beginn des Ersten Weltkrieges diskutiert wurde. Neu lanciert wurde die Frage 1967 durch die Publikation von Fritz Fischers Studie „Griff nach der Weltmacht". Es folgte eine hitzige Debatte, die sich bis in die jüngste Zeit hinein fortgesetzt hat. Bei aller Unterschiedlichkeit in der Bewertung der Haltung der einzelnen Seiten sind sich die meisten Historikerinnen und Historiker heute darin einig, dass das Deutsche Reich durch seine bedingungslose Unterstützung der Habsburgermonarchie bei dessen Vorgehen gegen Serbien und durch seine Sturheit in den Verhandlungen mit Großbritannien, Frankreich und Russland einen wesentlichen Teil der Verantwortung für den Beginn des Ersten Weltkrieges trägt (Hirschfeld et al.

2003, 661-662). Diese Staaten taten ihrerseits aber zu wenig, um einen Krieg zu verhindern.

Der Fokus der Kriegsschuldfrage lag dabei auf zwei Aspekten, den längerfristigen und damit tiefer liegenden Ursachen einerseits und dem Verhalten von Politikern, Militärs und weiteren Verantwortlichen während der so genannten Julikrise andererseits. Wie bei den meisten großen historischen Ereignissen ist es der Geschichtswissenschaft dabei nicht gelungen, ein eindeutiges Bild der Ursachen und Verantwortlichkeiten zu zeichnen, denn das Gewicht, welches einzelnen Aspekten eingeräumt werden soll, ist umstritten. Dies gilt in noch stärkerem Ausmaß für die längerfristige Entwicklung und die Bedeutung der in Kapitel 2 beschriebenen Ausgangslage. Außenpolitische Konstellationen in Europa, die Expansion der europäischen Mächte in den außereuropäischen Raum und innenpolitische Verwerfungen in einzelnen Ländern waren sicherlich strukturelle Voraussetzungen für die Auslösung eines globalen Krieges. Dennoch gilt es zu bedenken, dass es wohl nie zum Krieg gekommen wäre, wenn nicht einzelne Akteure bewusst oder unbewusst Entscheidungen getroffen hätten, die zum Krieg führten oder die nicht darauf ausgerichtet waren, einen Krieg zu verhindern. Dies gilt in besonderem Ausmaß für die politisch und militärisch Verantwortlichen in Berlin und Wien. Unter dem Eindruck, dass sich die eigene Position in Europa, aber auch in der Welt stetig verschlechtere und auch innenpolitisch der Bestand der eigenen Gesellschaftsordnung aufs Äußerste gefährdet sei, waren sowohl die beiden Kaiser Wilhelm II und Franz-Joseph als auch ihre engsten militärischen Berater davon überzeugt, dass es galt, die unausweichliche militärische Konfrontation lieber früher als später zu suchen. Der deutsche Generalstabschef Moltke äußerte sich dazu nach einer Unterredung mit seinem österreichisch-ungarischen Kollegen Conrad von Hötzendorf im Frühjahr 1914. Staatssekretär von Jagow hielt diese Aussagen wie folgt fest: „In zwei bis drei Jahren werde Russland seine Rüstungen beendet haben. Die militärische Überlegenheit unserer Feinde wäre dann so groß, dass er nicht wüsste, wie wir ihrer Herr werden könnten. Jetzt wären wir ihnen noch einigermaßen gewachsen. Es blieb seiner Ansicht nach nichts übrig, als einen Präventivkrieg zu führen, um den Gegner zu schlagen, solange wir den Kampf noch bestehen könnten. Der Generalstabschef stellte mir demgemäß anheim, unsere Politik auf die baldige Herbeiführung eines Krieges einzustellen." (Berghahn 2003, 29).

Nur kurze Zeit nach diesen Ausführungen wurde der österreichisch-ungarische Thronfolger Franz-Ferdinand vom serbischen Nationalisten Gavrilo Princip in den Straßen Sarajewos ermordet. Für die Militärführung in Wien war von Anbeginn klar, dass kein Einzeltäter für dieses Verbrechen verantwortlich sein konnte. Vielmehr müssten dahinter der serbische Geheimdienst und die serbische Regierung als Ganzes stehen. Die österreichische Militärführung schlug deshalb schon von Beginn an einen Krieg vor. Auch innerhalb der deutschen Regierung gab es Stimmen, die der Auffassung waren, dass der Moment günstig sei, um die serbischen Ambitionen zu unterbinden und gleichzeitig herauszufinden, ob Russland bereit sei, eine entsprechende Demütigung Serbiens hinzunehmen. Der österreichische Kaiser Franz-Joseph war zunächst unschlüssig, ob er dem Drängen seiner Militärs nachgeben sollte oder nicht. Seine beiden Ministerpräsidenten Stefan Graf von Tisza in Ungarn und Karl Graf Stürgkh rieten nämlich von einem solchen Vorgehen ab und forderten den Monarchen auf, trotz des unbestrittenermaßen nicht hinnehmbaren Verbrechens in Sarajewo kühlen Kopf zu bewahren. Vorerst unterblieb daher eine Entscheidung für den Krieg gegen Serbien. Der Kaiser wollte sich vorher absichern, ob das Deutsche Reich ihn im Kriegsfalle auch wirklich unterstützen werde. Gleichzeitig sollte geklärt werden, wie sich die anderen Balkanstaaten und vor allem Rumänien im Fall eines österreichischen Angriffs auf Serbien verhalten würden. Franz-Joseph entsandte deshalb Alexander Graf von Hoyos mit einem persönlichen Schreiben an den deutschen Kaiser Wilhelm II nach Berlin. Dort kam es in der Folge zu Verhandlungen, im Verlaufe derer sich zeigte, dass die deutsche Militärführung mit ihren Kriegsplänen nicht auf die volle Unterstützung der Regierung zählen könnte. Reichskanzler Theobald Bethmann Hollweg lehnte nicht prinzipiell einen Krieg ab. Er war jedoch bestrebt zu betonen, dass es wichtig sei, den Krieg auf eine Strafexpedition gegen Serbien zu begrenzen. Er überredete Wilhelm II dazu, der österreichischen Regierung am 6. Juli einen „Blankoscheck" für eine begrenzte Aktion auf dem Balkan auszustellen, allerdings ohne sich abgesichert zu haben, ob die übrigen europäischen Mächte ein Vorgehen Österreich-Ungarns gegen Serbien einfach hinnehmen würden.

Auf Grund der Unterstützung, welche sie von der deutschen Regierung erhalten hatte und im Glauben daran, dass keine europäische Macht die Tatsache in Frage stellen würde, dass der Habsburgermonarchie Genugtuung für den Mord von Sarajewo zustand, stellte die österreichisch-ungarische Regierung ihrem serbischen Gegenüber deshalb am 23. Juli 1914 ein Ultimatum, welches zehn Punkte enthielt. Dass es über zwei Wochen dauerte, um sich über den genauen Wortlaut zu verständigen, hing mit dem Widerstand des ungarischen Ministerpräsidenten Tisza gegen zu extreme Forderungen sowie mit der Tatsache zusammen, dass wichtige Einheiten der eigenen Armee in ihre Heimatregionen verlegt worden waren, um bei der Ernte zu helfen. Diese vorzeitig zurückzurufen, wurde als ungeschickt erachtet, wenn versucht werden sollte, den Konflikt, wie mit der deutschen Regierung vereinbart, zu lokalisieren. Zu weiteren Verzögerungen führte ein von der österreichisch-ungarischen Führung nicht beachteter Staatsbesuch des französischen Staatspräsidenten Raymond Poincaré in Russland zwischen dem 20. und 22. Juli. Um zu verhindern, dass sich die beiden Entente-Mächte bei dieser Gelegenheit auf höchster Ebene absprechen konnten, wurde die Überbringung des Ultimatums um zwei weitere Tage hinausgeschoben. Serbien zeigte sich nach Eingang des Ultimatums bereit, Österreich-Ungarn, soweit dies möglich war, entgegenzukommen. Neun Punkte wurden akzeptiert, nicht aber der zehnte, welcher vorsah, dass österreichisch-ungarische Beamte auf dem Territorium Serbiens eigenständig Untersuchungen zum

Zwecke der Aufklärung des Mordes von Sarajewo durchführen sollten. Besagter letzter Punkt wurde als Missachtung der serbischen
Souveränität betrachtet und in aller Form zurückgewiesen. Serbien
mobilisierte deshalb am 25. Juli seine Armee und Russland erklärte
schon am folgenden Tag, dass es sich auf einen Krieg einstelle und
deshalb eine Teilmobilmachung der Streitkräfte vornehme. Damit
war klar, dass die ursprünglich von den Regierungen in Berlin und
Wien angestrebte Lokalisierung des Konfliktes wohl nicht mehr
möglich sein werde. Am selben Tag erklärte die Habsburgermonarchie ihre Mobilmachung und am 28. Juli erfolgte der Angriff auf
Serbien. Da Russland seine militärischen Vorbereitungen unver-
mindert fortsetzte, forderte die deutsche Regierung – nicht zuletzt
vor dem Hintergrund der Tatsache, dass die militärische Führung
unter Kriegsminister Falkenhayn und Generalstabschef Moltke auf
Krieg drängte – am 29. Juli von Russland eine Rücknahme jeg-
licher Mobilisierungsmaßnahmen. Diese Forderung beantwortete
die russische Regierung im Bewusstsein der eigenen Mobilisie-
rungsprobleme, von denen in Kapitel 2 die Rede war, mit der Ausrufung der Generalmobilmachung. Im Deutschen Reich führten
diese Maßnahmen zur Proklamation des Kriegsgefahrzustandes und
zu einem weiteren Ultimatum an Russland. Nachdem auch dieses
nicht akzeptiert worden war, erklärte das Deutsche Reich am 1.
August Russland den Krieg, was wiederum Frankreich dazu bewog,
die Generalmobilmachung auszurufen. Am 2. August 1914 stellte
die deutsche Regierung Belgien ein Ultimatum, den Durchmarsch
durch belgisches Territorium zu erlauben. Die belgische Regierung
wies dieses Ansinnen schroff zurück, worauf am 4. August der Einmarsch in Belgien begann, was wiederum Großbritannien zu einem
Ultimatum an das Deutsche Reich veranlasste. Nachdem auch dieses wirkungslos geblieben war, trat Großbritannien am 4. August
ebenfalls in den Krieg ein.

Für die weitere Debatte über die Verantwortung für die Auslösung des Krieges von großer Bedeutung war die Tatsache, dass
alle beteiligten Regierungen sich bemühten, ihr eigenes Handeln

als berechtigtes Vorgehen zur Wahrung der eigenen Interessen darzustellen. Die österreichisch-ungarische Seite verwies dabei immer
darauf, dass Serbien nicht bedingungslos bereit gewesen sei, seinen
Beitrag zur Aufklärung des Mordes am österreichischen Thronfolger zu leisten. Die Regierung des Deutschen Reiches bemühte sich darum, sowohl nach innen wie nach außen die russische
Mobilmachung als den eigentlichen Kriegsgrund darzustellen und
Russland damit zum Aggressor zu stempeln. Dazu dienten unter
anderem auch von Reichskanzler Bethmann Hollweg angeregte Gespräche des Staatssekretärs des Innern Clemens von Delbrück mit
Führern des rechten Flügels der SPD sowie der Verzicht darauf,
den Befehl zur Mobilmachung der eigenen Truppen zu erlassen,
bevor dies der russische Zar getan hatte. Auch Frankreich verhielt
sich sehr zurückhaltend und reagierte erst mit der Mobilmachung,
als die Kriegserklärung des Deutschen Reiches an Russland erfolgt
war. Auch hier geschah dies nicht zuletzt aus Rücksicht auf die
innenpolitische Situation und den Widerstand maßgeblicher so-
zialistischer Politiker gegen einen Krieg an der Seite des autoritär
regierten Russlands. In Großbritannien war die Bereitschaft, in
einen Krieg einzutreten, im Sommer 1914 nicht besonders groß.
Zu groß schienen die Probleme in Irland im Zusammenhang mit
der Fortführung der ab 1906 verstärkt betriebenen Sozialpolitik.
Für Außenminister Grey war allerdings klar, dass Großbritannien
sich im Falle eines europäischen Großkrieges nicht werde heraus-
halten können. Er plädierte deshalb für ein Eingreifen seines Landes
an der Seite Frankreichs und Russlands, da er sonst die Gefahr sah,
dass ein vom Deutschen Reich dominiertes Kontinentaleuropa zu
einem späteren Zeitpunkt zu einer ernsthaften Bedrohung für die
britische Weltmachtstellung werden könnte. Mit dieser Haltung
konnte er sich allerdings erst durchsetzen, nachdem deutsche Truppen in Belgien einmarschiert waren.

Außerhalb Europas gab es zwar durchaus heftige Reaktionen in
der Öffentlichkeit auf den Mord am österreichisch-ungarischen
Thronfolger, die Hektik wich aber schon bald wieder den jeweili-

gen Gegebenheiten vor Ort. In den USA bemühten sich Präsident Woodrow Wilson und sein Außenminister William Jennings Bryan primär darum, die USA aus einem möglichen Krieg in Europa herauszuhalten, indem sie die Neutralität des eigenen Landes proklamierten und auf die Aufrechterhaltung des offenen Zuganges zum Meer pochten. Japan und China waren primär mit der Entwicklung im eigenen geographischen Raum sowie im eigenen Land beschäftigt. In Japan war es im März 1914 wegen Bestechungsvorwürfen zur Einsetzung einer neuen Regierung gekommen und in China regierte Präsident Yuan Shi-Kai nach der Auflösung des Parlamentes im Januar desselben Jahres mittels Notverordnungen. Die Situation in Ostasien war daher nicht besonders stabil, als die führenden Politiker und Militärs die Frage eines Krieges erörterten. Für Japan stellte sich während der Julikrise konkret die Frage, welche Rolle es angesichts seiner Verpflichtungen im Rahmen des 1911 erneuerten britisch-japanischen Bündnisvertrages zu spielen gedachte. Angesichts der Tatsache, dass Großbritannien vom Deutschen Reich nicht direkt angegriffen worden war, bestand keine automatische Verpflichtung, an der Seite des Bündnispartners in den Krieg einzutreten. Die politische Führung Japans erklärte deshalb vorerst die Neutralität ihres Landes, sie erkannte allerdings auch rasch, dass die Kriegshandlungen in Europa für Japan eine große Chance im Hinblick auf die Verbesserung der eigenen Position sowohl in China wie auch im Pazifik bildete. In Australien und Neuseeland wurde die politische Entwicklung in Europa zwar mit Interesse verfolgt, doch dominierten schon bald andere Ereignisse die Schlagzeilen. In Australien hatte die liberale Regierung von Joseph Cook angesichts der knappen Mehrheitsverhältnisse im Parlament dessen Auflösung durchgesetzt, so dass sich das Land während der Julikrise mitten im Wahlkampf befand. Trotz der Aufregung, für welche die Ermordung des österreichisch-ungarischen Thronfolgers auch in Australien führte, rechnete niemand im Ernst damit, dass dieser Mord Konsequenzen für das eigene Land haben würde. Außen- und sicherheitspolitische Fragen wurden im Wahlkampf kaum diskutiert. Es dominierten ähnliche Themen wie in den Wahlen von 1913, auch wenn natürlich die Frage des Wahlrechtes für das Parlament angesichts der blockierten Situation, die während dieses Jahres geherrscht hatte, zusätzlich für Diskussionen sorgte. Ähnlich waren die Einschätzungen in Neuseeland und Kanada, auch wenn dort die politischen Verhältnisse stabiler waren als in Australien. An der Loyalität der Dominions für den Fall, dass Großbritannien in einen Krieg in Europa verwickelt würde, ließen die Politiker und Publizisten jedoch keinen Zweifel aufkommen. In Afrika war das Interesse für die Entwicklungen in Europa mit wenigen Ausnahmen klein. Einzig einige koloniale Behörden begannen sich Gedanken über die Folgen eines Krieges in Europa für ihre jeweilige Situation zu machen.

# 4. Der Verlauf des Krieges

## 4.1. Westfront

Auch wenn die ersten Schüsse des Ersten Weltkrieges in Europa nicht an der Westfront erfolgten (vgl. 4.4), war diese – nicht zuletzt auf Grund der militärischen Planungen der verschiedenen Kriegsparteien – von Beginn an die zentrale. Die Kriegshandlungen begannen dort, nachdem Belgien am 2. August 1914 das deutsche Ultimatum, Teile des Landes für den Vormarsch nach Frankreich zur Verfügung zu stellen, zurückgewiesen hatte. Am frühen Morgen des 4. Augusts überschritten die ersten deutschen Truppen die belgische Grenze. Erstes Ziel war das die Eroberung von Lüttich, welches von 12 Forts umgeben war. Schon bald zeigte sich, dass die Widerstandskraft der belgischen Armee in den deutschen Kriegsplanungen unterschätzt worden war. Erste Einheiten wurden aufgehalten und mussten sich teilweise zurückziehen, was in einigen Fällen dazu führte, dass nachrückende deutsche Einheiten die zurückflutenden Kameraden fälschlicherweise für feindliche Truppen hielten, und dazu führte, dass es auf deutscher Seite namhafte Verluste durch Beschuss aus den eigenen Reihen gab. Unmöglich, diesen Fehler zuzugeben, wurden bereits früh im Krieg unbekannte belgische Freischärler, so genannte Franktireurs, dafür verantwortlich gemacht, was im weiteren Verlauf des Krieges in Belgien und Nordfrankreich fatale Folgen haben sollte (vgl. 6). Auf belgischer Seite bestand zu Beginn des Krieges keineswegs Einigkeit über die zu verfolgende Strategie. Während König Albert sich an der Maas zwischen Lüttich und Namur den Invasionstruppen in den Weg stellen wollte, war sein Generalstabschef Selliers de Moranville der Meinung, dass die belgischen Truppen primär die Hauptstadt Brüssel schützen und sich im Notfall nach Antwerpen zurückziehen sollten.

Obwohl die belgischen Truppen zahlenmäßig auf Grund der divergierenden Pläne ihrer Entscheidungsträger weit unterlegen waren, gelang es ihnen, die deutschen Angriffspläne erheblich ins

Stocken zu bringen. General Ludendorff riss daher das Kommando über die im Zentrum stehenden deutschen Verbände an sich und erreichte mit einem kühnen Vorstoß, dass sich ihm die Zitadelle von Lüttich am 7. August ergab. In den Außenbezirken der Stadt und besonders um die Forts wurde allerdings weiter gekämpft, bis die deutschen Truppen durch den Einsatz von großen Geschützen am 12. August die Kapitulation der Besatzungen der Forts erzwangen. Die übrigen belgischen Truppen zogen sich in der Folge nach Westen zurück, dies nicht zuletzt, da sie keine direkte militärische Unterstützung von Seiten Frankreichs oder Großbritanniens erfahren hatten. Bereits am 20. August gelang in der Folge die Einnahme von Brüssel, am 23. diejenige von Namur. Angesichts der Tatsache, dass die deutschen Truppen zahlenmäßig nicht in der Lage waren, das Hinterland der Front mit eigenen Einheiten zu kontrollieren, gelang es der belgischen Armee, teilweise nun mit Unterstützung französischer Truppen, immer wieder in von deutscher Seite bereits als erobert betrachtete Teile des Landes vorzudringen. Dies verstärkte auf deutscher Seite die Überzeugung, dass sich die Zivilbevölkerung unberechtigterweise gegen die Besatzungsmacht erhoben habe und als Franktireurs hinter der Front einen illegalen Krieg führe. Als Konsequenz wurde eine Politik der "Schrecklichkeit„ in Kraft gesetzt, die in zahlreichen Städten und Dörfern Belgiens zu Übergriffen gegen die Zivilbevölkerung – vor allem gegen Beamte, Politiker und Kirchenvertreter, teilweise aber auch gegen Frauen und Kinder – führte. Das bekannteste Beispiel war in diesem Zusammenhang die Brandschatzung der Universitätsstadt Löwen, in deren Verlauf auch viele wertvolle mittelalterliche Manuskripte verloren gingen.

Auf französischer Seite wurden zu Beginn des Krieges zwar Versuche unternommen, die in Plan XVII vorgesehene Offensive nach Elsass-Lothringen voranzutreiben, da das Ausmaß des deutschen Vorstoßes durch Belgien zu Beginn unterschätzt wurde. Die Erfolge blieben allerdings bescheiden und beschränkten sich auf kleinere territoriale Gewinne im Südelsass und die Eroberung der Stadt

Mulhouse. Als klar wurde, dass das Gros der deutschen Truppen über Belgien nach Nordfrankreich einfiel, zog der französische Oberkommandierende Joseph Joffre einige seiner Truppen an seinem rechten Flügel zurück, um sie in Form einer neuen Armee im Norden von Paris erneut zum Einsatz zu bringen. Britische Truppen hatten Frankreich zwischen dem 9. und 14. August erreicht und kamen unter dem Kommando von General John French im belgisch-französischen Grenzgebiet bei Cateau, Maubeuge und Mons erstmals zum Einsatz. Am 23. August stießen Teile der deutschen Truppen erstmals auf ihr britisches Gegenüber. Letzteren gelang es dabei zwar kurzzeitig den deutschen Vormarsch aufzuhalten, dies allerdings angesichts der zahlenmäßigen Unterlegenheit nur für kurze Zeit. Wie ihre französischen Bündnispartner mussten sich auch die britischen Truppen zurückziehen. Angesichts von Verlusten und der von ihm als unzuverlässig eingeschätzten französischen Generalität wollte General French seine Truppen von der Front abziehen, was allerdings durch eine Intervention von Kriegsminister Kitchener verhindert wurde. Zusammen mit der Umgruppierung der französischen Streitkräfte, die bereits erwähnt wurden, und angesichts eines rascheren Vorstoßes russischer Truppen im Osten, von dem noch zu sprechen sein wird (vgl. 4.2), führte diese Konstellation schließlich dazu, dass der deutsche Generalstabschef Helmuth von Moltke seinen Truppenführern den Befehl gab, den weiteren Vormarsch zu stoppen, um eine Überdehnung der deutschen Front zu vermeiden. Am 12. September zogen sich die deutschen Truppen schließlich über den Fluss Aisne zurück und begannen damit, sich einzugraben. Die Alliierten hatten somit die Schlacht an der Marne – die in Frankreich auch als das Wunder an der Marne wahrgenommen wurde – gewonnen und die Pläne der deutschen Seite für einen raschen Sieg an der Westfront zunichte gemacht. Besonders für die deutsche Seite war diese Erkenntnis bitter, denn nun war klar: Es war das eingetreten, womit eigentlich alle vor dem Krieg gerechnet hatten, was aber nicht sein durfte. Der schnelle Sieg von 1870/71 hatte sich nicht wiederholen lassen und die deutsche Militärführung musste sich nun auf einen langen Krieg einstellen, den sie nicht gewollt hatte. Symbolisiert wurde dieser erzwungene Wechsel dadurch, dass Helmuth von Moltke am 14. September die Verantwortung für die weitere Kriegsführung dem bisherigen preußischen Kriegsminister Erich von Falkenhayn überlassen musste.

In der Folge kam es östlich von Soissons zu einer Stabilisierung der Fronten. Westlich davon sahen beide Seiten noch eine Möglichkeit, die jeweilige Flanke des Gegners zu umgehen und damit vielleicht doch noch eine militärische Entscheidung an der Westfront zu erzwingen. Auf Drängen des britischen Oberkommandierenden French spielte dabei die mit nur unzureichender Artillerie ausgerüstete, aber über namhafte Kavallerieverbände verfügende British Expeditionary Force eine wichtige Rolle. Auf deutscher Seite vermochte der neue Verantwortliche, General Falkenhayn, dank eines effizienten Einsatzes der Eisenbahn, rasch Truppen nach Westen zu verschieben. Keiner der beiden Seiten gelang es jedoch, den Feind einzuschließen. Deutsche Truppen erzwangen allerdings die Kapitulation der belgischen Festung Antwerpen, aus welcher bis zu diesem Zeitpunkt eine allerdings kaum noch effiziente belgische Armee operiert hatte. Die verbliebenen Soldaten zogen sich mit noch als Verstärkung eingetroffenen britischen Verbänden weiter nach Westen zurück. Schließlich wurde Ende Oktober der Vormarsch der deutschen Truppen an der Yser zwischen Nieuport und Dixmude durch die Überflutung der unter dem Meeresspiegel liegenden Gebiete gestoppt. Am 11. November scheiterten die letzten Versuche der deutschen Militärführung, an der Westfront bei Ypern einen Durchbruch zu erzielen. Damit war der unerwünschte langwierige Zweifrontenkrieg für die deutsche Militärführung nun endgültig Realität geworden.

Mit dem Beginn des Winters 1914 stabilisierten sich die Fronten im Westen. Beide Seiten hatten sich eingegraben und begannen mit dem Aufbau eines ausgeklügelten Systems von gestaffelten Gräben, aus welchen der Feind durch vereinzelte Stoßtruppak-

tionen, durch Maschinengewehrfeuer sowie durch Mörser- und
Artilleriefeuer so häufig wie möglich unter Beschuss genommen
wurde. Die deutschen Truppen waren auf diese Form der Kriegführung wesentlich besser vorbereitet als die Alliierten, verfügten
sie doch schon seit Kriegsbeginn im Hinblick auf mögliche Bela-
gerungsoperationen über die für den Grabenkampf notwendigen
Ausrüstungsgegenstände und Waffen. Auf alliierter Seite musste
hingegen improvisiert werden, bis die Rüstungsindustrie die notwendigen Instrumente liefern konnte. Auf beiden Seiten machte
sich allerdings schon bald ein Munitionsengpass bemerkbar, so
dass die Truppen zeitweise dazu angehalten werden mussten, nicht
mehr als eine maximal festgelegte Menge an Munition pro Tag
zu verbrauchen. Dies führte dazu, dass es neben Frontabschnitten
mit heftigen Kämpfen auch solche gab, an welchen es relativ ruhig
blieb. Die Verluste waren dennoch hoch. Dies führte besonders für
die British Expeditionary Force, die ausschließlich aus Freiwilligen
bestand, zu einer prekären Situation. Sie verlor dadurch einen großen Teil von vor 1914 ausgebildeten Offizieren und Soldaten, die
nicht sofort durch im gleichen Maß ausgebildete Männer ersetzt
werden konnten. Die Verstärkungen durch Truppen, welche besonders aus Indien, aber auch aus anderen Teilen des Empires heran-
geführt wurden, waren deshalb auf britischer Seite außerordentlich
wichtig. Die Alliierten profitierten im Winter 1914-15 aber auch
davon, dass die deutschen Truppen sich primär auf defensive Operationen beschränkten, da der Ostfront sowie der Unterstützung
der Habsburgermonarchie vorläufig Priorität eingeräumt wurde, in
der Hoffnung, im Westen nach Erfolgen in diesen Kriegsgebieten
wieder zur Offensive übergehen zu können. Auf diese Weise konnte sich die British Expeditionary Force reorganisieren und Joffres
französische Truppen konzentrierten sich unter dem Grundsatz „Je
les grignote" (Ich knabbere an ihnen) darauf, das Terrain für eine
erhoffte Großoffensive vorzubereiten.

Nachdem es an Weihnachten 1914 gar an verschiedenen Teilen
der Front zu einer vorübergehenden und inoffiziellen Waffenruhe

mit Verbrüderungsszenen und Fußballspielen im Niemandsland gekommen war, wurden größere Offensiven im Westen für das Frühjahr 1915 vorbereitet. Als erstes ging dabei die British Expeditionary Force zwischen dem 10. und 12. März 1915 in der Nähe von Neuve Chapelle zum Angriff über. Hier zeigte sich eine für die weiteren Kämpfe des Jahres typische Entwicklung: Nach anfänglichen raschen Erfolgen blieben die britischen Truppen bald stecken, da die notwendigen Reserven für einen Durchbruch nicht zur Verfügung standen und sich die Kommunikation zwischen den kommandierenden Offizieren und den Truppen in den ersten Frontlinien im zerstörten Gelände als sehr schwierig erwies. Die deutschen Verteidiger konnten demzufolge die Front schließen und teilweise verlorenes Territorium wieder zurückerobern. Schon nach zwei Tagen wurden die Offensivoperationen wieder eingestellt. Am 22. April 1915 ergriffen auch die deutschen Truppen die Offensive. Ziel war dabei die Eroberung der letzten noch in alliierter Hand befindlichen größeren belgischen Stadt Ypern. Der Angriff erfolgte von Norden her bei Langemarck und war zunächst erfolgreich. Eine wichtige Rolle spielte dabei der erstmalige Einsatz von Giftgas in Form von Chlorwolken, die aus Gaszylindern abgelassen wurden (vgl. 5.2). Die der neuen Waffe schutzlos ausgelieferten französischen Truppen verließen ihre Gräben in Panik, so dass die deutschen Truppen praktisch ungehindert auf Ypern vorrücken konnten. Erneut fehlten jedoch Reserven, mit welchen der anfänglich erzielte Durchbruch hätte ausgenutzt werden können. In Langemarck war dies einerseits eine Folge des Faktums, dass der deutsche Oberkommandierende Falkenhayn seinen Schwerpunkt weiterhin an der Ostfront setzte, andererseits aber auch eine Konsequenz aus der Anlage des Angriffs mit der neuen Waffe Giftgas. Die mit dieser Kampfform nicht vertrauten deutschen Offiziere und Soldaten sahen im Einsatz der neuen Waffe vorerst einen Versuch und waren nicht bereit, den Vormarsch zu nahe auf die Gaswolken folgen zu lassen. Dies erlaubte es britischen und kanadischen Truppen, die Front wieder zu stabilisieren und den deutschen Vormarsch zu stoppen. Als am 24. April ein neuerlicher Gasangriff von deutscher Seite erfolgte, trafen die nun betroffenen kanadischen Einheiten erste Vorkehrungen durch in Wasser oder Urin getränkte Tücher, um sich so vor dem Chlor zu schützen suchten. Ein weiterer deutscher Durchbruch konnte so bei Ypern verhindert werden. Im Mai lancierte das französische Oberkommando in der Artois eine Offensive, deren Ziel es nicht zuletzt war, die russischen Streitkräfte in ihrem Kampf an der Ostfront im Gefolge der Offensive bei Gorlice-Tarnow (vgl. 4.2) zu unterstützen. Marokkanischen Einheiten gelang dabei die Eroberung einer strategischen Anhöhe bei Vimy, was jedoch nicht mehr als einen kurzzeitigen taktischen Erfolg darstellte.

Weitere alliierte Offensiven in der Champagne und bei Loos im Herbst 1915 brachten auch keine signifikanten Veränderungen der strategischen Situation. Es wurde hingegen deutlich, dass rasche Durchbrüche im Stellungskrieg an der Westfront nicht zu erreichen waren. Offensiven, so zeigte sich nach Auffassung vieler Militärs auf alliierter Seite, könnten nur noch nach sorgfältiger und langwieriger Vorbereitung erfolgen. Kurzfristig sei es zwar möglich, mit einer Offensive Erfolge zu erzielen, es sei jedoch nur schwer möglich, diese dann auch auszunutzen und einen wirklichen Durchbruch zu erzielen. Auch auf deutscher Seite wurde den Erfahrungen des Jahres 1915 Rechnung getragen. An die Stelle großflächiger Offensiven traten kleinere Vorstöße von so genannten Sturmtruppen, die, ausgerüstet mit Flammenwerfern, Handgranaten und leichten Minenwerfern unabhängig voneinander vorstießen, um feindliche Stellungen einzeln auszuschalten und eine möglichst hohe Zahl feindlicher Soldaten zu töten. Angesichts des faktischen Stillstandes auf beiden Seiten stellte sich die Frage nach dem weiteren Vorgehen. Auf alliierter Seite trafen sich zu diesem Zweck die alliierten Oberkommandierenden zwischen dem 6. und 8. Dezember in Chantilly. Dort kamen sie übereinstimmend zu der Auffassung, dass es angesichts der kurzen inneren Verbindungslinien der Mittelmächte, die diesen ein rasches Verschieben ihrer

Truppen ermöglichten, notwendig sei, zukünftige Angriffe an den verschiedenen Fronten im Westen, im Osten und in Italien enger zu koordinieren. Die beiden Oberkommandierenden im Westen, Joffre und Haig – letzterer hatte nach der Offensive bei Loos John French abgelöst – entschieden sich dabei für einen Angriff an der Somme im April/Mai 1916. Dessen Hauptlast sollten zumindest anfänglich und nach Auffassung der französischen Militärführung britische Truppen sowie solche aus dem Empire tragen, da diese nun erheblich verstärkt worden waren. Die französischen Truppen sollten hingegen entlastet werden. Auf deutscher Seite plante General Falkenhayn für das Jahr 1916 ebenfalls eine Offensive im Westen. Eine solche wurde als möglich erachtet, da im Osten keine Gefahr mehr zu drohen schien und es angesichts der wachsenden materiellen Überlegenheit der Alliierten notwendig wurde, Großbritannien und Frankreich durch einen militärischen Sieg von der Aussichtslosigkeit der Weiterführung des Krieges zu überzeugen. Falkenhayn war sich zudem bewusst, dass die Ausrufung des uneingeschränkten U-Bootkrieges (vgl. 4.4) dazu führen könnte, dass die USA auf Seiten der Alliierten in den Krieg eingreifen würden. Ziel der Offensive sollte die bisher umgangene französische Festung von Verdun sein, wobei Falkenhayn und der Oberkommandierende der deutschen Truppen vor Ort, Kronprinz Wilhelm, sich nicht einig waren, ob die Stadt wirklich eingenommen werden sollte oder ob es primär darum gehen sollte, den französischen Verteidigern so große Verluste wie nur irgend möglich beizubringen.

Der deutsche Angriff auf Verdun begann am 21. Februar 1916 nach einem eintägigen Artilleriebeschuss der französischen Stellungen und der Stadt selbst. Erneut gelang es relativ rasch, die erste Frontlinie des Feindes zu erobern, doch schon an der zweiten bissen sich die deutschen Angriffe fest. Es kam zu erbitterten Gefechten, doch wurden Geländegewinne vorerst kaum erzielt. Einen größeren Erfolg konnten die deutschen Truppen allerdings am 25. Februar erzielen, als es ihnen gelang, die wichtige Festung Douaumont im Handstreich zu nehmen. Diese ließ sich zwar nicht zum Angriff auf

die Stadt Verdun und die übrigen französischen Festungen einsetzen, sie bot allerdings den deutschen Truppen bei Erholungspausen
immer wieder Schutz. Auf französischer Seite hingegen führte der
Verlust von Douaumont zu großen Diskussionen. Während einige
in Verdun im Einsatz stehende führende Offiziere einen Rückzug
nach Westen und damit die Aufgabe der Stadt forderten, lehnten
das Oberkommando und vor allem die Politiker eine solche Forderung kategorisch ab. Verdun wurde von dieser Seite materiell
wie symbolisch zum Eckpunkt der Verteidigung Frankreichs erklärt. Angesichts der durch deutsche Angriffe weitgehend zerstörten
Verbindungslinien in die Stadt wurde eine Straße – die später als
*voie sacrée* bekannt wurde – zu einem der Kernelemente der Verteidigung. Über diese Straße wurden Tag und Nacht in kürzesten
Abständen mit militärischen und zivilen Fahrzeugen Versorgungs-
güter und Munition zu den nun von General Pétain kommandierten französischen Streitkräften an der Front gebracht. Ab dem 4.
März konnte der deutsche Vorstoß von den französischen Verteidigern schließlich zum Stehen gebracht werden. Es kam zu heftigen
Kämpfen rund um die Stadt, ohne dass eine der beiden Kriegsparteien große Geländegewinne erzielen konnte. Die enormen Verluste
auf beiden Seiten führten dazu, dass auch von der „Blutmühle von
Verdun" gesprochen wurde. Ab Mitte Mai sah sich Falkenhayn angesichts neuer alliierter Offensiven im Osten und an der Somme
schließlich dazu gezwungen, mehr und mehr Truppen aus Verdun
abzuziehen, so dass der deutsche Angriff zum Erliegen kam. Dies
war in der Folge mit ein Grund dafür, dass auf deutscher Seite
General Falkenhayn sein Kommando an die Generäle Hindenburg
und Ludendorff abtreten musste. Die französischen Truppen konnten letztendlich auch das zu Beginn der Offensive verlorene Fort
Douaumont wieder einnehmen. Dabei spielten erneut Soldaten aus
Nordafrika eine wichtige Rolle. Nach ihrem erfolgreichen Ausgang
wurde die Schlacht von Verdun endgültig zum Mythos. Die Tatsache, dass General Pétain die einzelnen Truppenteile immer nur
kurzzeitig in der Frontlinie beließ und dementsprechend immer

wieder neue Soldaten zum Einsatz kamen, hatte Wirkung gezeigt. Zum Ende des Krieges konnten so die meisten Überlebenden davon erzählen, dass auch sie einen Beitrag zur Verteidigung der Stadt geleistet hatten. Der französische Oberkommandierende, General Pétain, erlangte durch seinen Erfolg große Berühmtheit, was nicht zuletzt 1940 dazu führte, dass viele Franzosen ihm ihr Vertrauen schenkten, als er erklärte, dass ein weiterer Widerstand gegen die Truppen der deutschen Wehrmacht keinen Sinn mehr mache. Wer, wenn nicht der Verteidiger von Verdun könne beurteilen, wann eine Sache aussichtslos war.

Ebenso bedeutend für den Erfolg der französischen Truppen bei Verdun war die alliierte Offensive an der Somme, die bereits Ende 1915 von den alliierten Oberbefehlshabern beschlossen worden war. Diese begann Ende Juni 1916 mit einem wochenlangen Artilleriebombardement. Am 1. Juli traten schließlich Soldaten aus australischen, britischen, indischen, kanadischen, neuseeländischen, neufundländischen und südafrikanischen Einheiten zum Angriff an. Bei diesen Soldaten handelte es sich fast ausschließlich um Freiwillige, denn mit Ausnahme der Regular Army Großbritanniens und der Indian Army gab es im britischen Empire vor 1914 keine Berufsarmeen. Viele der Berufssoldaten waren zudem bei den Einsätzen ihrer Einheiten zu Beginn des Krieges ums Leben gekommen, so dass auch die britischen und indischen Einheiten zu größeren Teilen aus Soldaten bestanden, die ihren Dienst nach dem Beginn des Krieges angetreten hatten. Für viele war der Kampf an der Westfront daher neu. Bis 1916 hatten die australischen und neuseeländischen Verbände primär im Nahen Osten (vgl. 4.3) und die südafrikanischen einzig auf dem afrikanischen Kontinent (vgl. 4.5) gekämpft. Dies sollte am 1. Juli ebenso fatale Konsequenzen haben wie die Fehleinschätzung des britischen Oberkommandos, dass das Artilleriebombardement vor Beginn der Infanterieangriffe einen großen Teil der deutschen Truppen in der ersten Frontlinie unschädlich gemacht habe. Dass dies nicht gelang, hing einerseits damit zusammen, dass nicht ausreichend Artillerie zur Verfügung

stand und dass andererseits Schrapnellmunition statt Explosivge-
schossen eingesetzt wurden, was gegen die gut eingegrabenen deutschen Stellungen nur ungenügende Wirkung zeigte. Die Verluste
der Truppen des Empires waren daher am 1. Juli 1916 immens.
19 240 Soldaten und Offiziere wurden allein an diesem Tag getötet.
Dazu kamen noch 35 470 Verwundete, so dass fast 60 000 Mann
nach den Angriffswellen des ersten Tages nicht mehr einsatzfähig
waren. Psychologisch war dies für die britische Öffentlichkeit ein
Schock, auch wenn die Militärzensur das Ausmaß des Desasters
vorerst zu verheimlichen suchte. Auch taktisch waren die Erfolge
trotz einiger kleinerer Geländegewinne gering. Bis zum Ende der
Offensive konnten trotz Panzereinsätzen (vgl. 5.2) nur rudimentäre
weitere Geländegewinne erzielt werden. Weder Baupaume noch
Péronne konnten im Verlauf der Offensive, die im November 1916
eingestellt wurde, erobert werden.

Als der Misserfolg der Offensive an der Somme schon ersichtlich
war, trafen sich am 15. und 16. Oktober 1916 die politischen und
militärischen Führer der Alliierten erneut in Chantilly und Paris,
um über das weitere Vorgehen im Jahre 1917 zu beraten. Dabei
vereinbarten die beiden Oberkommandierenden Joffre und Haig
neuerlich, dass zukünftige offensive Operationen nur noch in enger Koordination erfolgen sollten. Im Vordergrund standen dabei
Offensiven in Flandern, zwischen Oise und Somme sowie in geringerem Ausmaß an der Aisne und im Oberelsass. Schon bald sollten
diese Pläne allerdings in Frage gestellt werden, denn im Dezember
1916 wurde Joseph Joffre als französischer Oberkommandierender
durch General Robert Nivelle abgelöst. In Großbritannien übernahm der bisherige Kriegsminister David Lloyd George, der Haig
keineswegs zugetan war, von Henry Herbert Asquith das Amt des
Premierministers. Die Ernennung von Nivelle sollte für die alliierten Pläne zu großen Änderungen führen. Statt zwischen Oise und
Somme sollte der französische Hauptangriff nämlich an der Aisne
erfolgen, während die britischen Truppen nur deutsche Truppen
zwischen Arras und der Oise binden sollten, um den französischen

Vorstoß subsidiär zu unterstützen. Die politischen Führer akzeptierten diesen Plan schließlich, auch wenn sie nicht sicher waren, dass er gelingen werde. Lloyd George sah für sich nur Vorteile. Gelang der französische Plan, konnte er sich damit brüsten, ihn unterstützt zu haben. Scheiterte er, dann würde dies ihm neue Argumente liefern, um eine alternative Strategie durchzusetzen. Gleichzeitig versuchte er erfolglos, die prominente Stellung Nivelles dazu zu nutzen, die Stellung des ihm unangenehmen Haig zu untergraben.

Auch im Deutschen Reich kam es Ende des Jahres 1916 und Anfang des Jahres 1917 zu Diskussionen über die weiter zu verfolgende Strategie. Reichskanzler Bethmann-Hollweg war mehr und mehr davon überzeugt, dass es an der Zeit sei, einen Kompromissfrieden zu suchen. Hindenburg und Ludendorff lehnten eine solche Lösung allerdings ab und plädierten für einen Kampf bis zum Sieg. Mit dieser Position konnten sie sich durchsetzen. Sie erlangten auch zunehmend Einfluss auf das zivile Leben in Deutschland, indem sie das so genannte Hindenburgprogramm zur Steigerung der Rüstungsgüterproduktion sowie das Hilfsdienstgesetz durchsetzten (vgl. 5.3). Hindenburg und Ludendorff unterstützten aber auch die Ausrufung des uneingeschränkten U-Bootkrieges am 1. Februar 1917 (vgl. 4.4), und zwar mit dem Ziel, Großbritannien zur Aufgabe des Krieges zu zwingen. An der Westfront sollten die deutschen Truppen demzufolge zumindest vorläufig in defensiven Positionen verharren; eine Haltung, die ihren Ausdruck auch im Bau der so genannten Siegfriedstellung fand, die auf alliierter Seite als Hindenburglinie bekannt wurde. Zwischen dem 16. und 20. März 1917 zogen sich die deutschen Truppen nach eingehender Vorbereitung zwischen Arras und Soissons zurück und zerstörten im Rahmen der nach einem boshaften Zwerg aus der Nibelungensaga bezeichneten Operation Alberich systematisch alle Einrichtungen, welche ihres Erachtens den Alliierten von Nutzen sein konnten. Dabei wurden unter anderem Brunnen unbrauchbar gemacht, aber auch Minenfelder und Sprengfallen gelegt. Für die Alliierten veränderte dieser Rückzug die strategische Situation, waren doch genau in diesem

Gebiet Angriffe vorgesehen gewesen, welche die deutschen Truppen zur Entlastung der Offensive von General Robert Nivelle binden sollten. Letzterer hielt dennoch an seinen Plänen fest, so dass die britischen Truppen ihren Angriff bei Arras planmäßig am 9. April begannen. Eine Woche später startete die Nivelleoffensive an der Aisne trotz der Vorbehalte seitens der Untergebenen und des neuen Kriegsministers Paul Painlevé. Ungeachtet einiger Erfolge in der Region von Condé, wurde bald deutlich, dass auch diese Offensive nicht von Erfolg gekrönt sein würde. Der versprochene Durchbruch konnte nicht erzielt werden und Nivelles Einfluss auf die politische Führung, aber auch unter seinen Offizierskollegen sank massiv. Obwohl die Verluste im Vergleich zu den Operationen bei Verdun oder an der Somme gering waren und die Erfolge größer, wurde Nivelle am 15. Mai von seinem Posten entbunden. Zum Verhängnis wurde ihm, dass er zu viel versprochen hatte. An seine Stelle trat nun der Verteidiger von Verdun, General Philippe Pétain, der sich schon bald mit neuartigen Problemen in Form von Meutereien und Protesten seiner Soldaten konfrontiert sah (vgl. 7.2).

Angesichts der Absehbarkeit des Scheiterns der Nivelleoffensive, aber auch vor dem Hintergrund der Unruhen innerhalb der französischen Armee, brachte der britische Oberkommandierende, der nun zum Feldmarschall beförderte General Haig seine Idee einer neuerlichen Offensive bei Ypern wieder auf. Obwohl Premierminister Lloyd George einen solchen Angriff nur im Zusammenhang mit einer zeitgleichen weiteren französischen Offensive für sinnvoll hielt, konnte Haig sich mit dem Argument durchsetzen, dass momentan nur die britischen Truppen zu aktiven Operationen gegen den Feind in der Lage seien. Die Armeen Russlands und Frankreichs seien dazu auf Grund der Revolution und der Meutereien außerstande und die amerikanischen Truppen stünden noch nicht zur Verfügung. Ziel seiner Operationen sollte gemäß Haig sein, den Frontbogen um Ypern zu erweitern und gleichzeitig die belgische Küste zurückzuerobern, ein Punkt, der Haig die Unterstützung des Oberkommandierenden der britischen Marine, Admiral Jellicoe in den Diskussio-

nen der politischen und militärischen Führung in London sicherte.
Die Offensive begann am 31. Juli 1917. Trotz einiger Erfolge bei
Wyschaete, Messines und Passchendaele, wurden die Ziele Haigs
nicht erreicht und somit am 10. November die offensiven Operationen der britischen Truppen eingestellt. Ein letzter angriff erfolgte
am 20. November 1917 bei Cambrai, wo zum ersten Mal massiv
Panzer eingesetzt wurden. Ziel dieser Operation war kein wirklicher
Durchbruch, sondern nur der Durchstoß der Hindenburglinie zur
Eroberung neuer Ausgangspositionen. Trotz anfänglicher Erfolge
gelang es auch dieses Mal nicht, die gesteckten Ziele zu erreichen
und nach einer deutschen Gegenoffensive Ende November fanden
sich die Kriegsgegner praktisch wieder in ihren Ausgangspositionen.

Zum Jahresende 1917 wurde klar, dass die Alliierten ihre Ziele
nicht erreicht hatten. Alle bergriffe waren waren gescheitert. Zudem führte die Revolution in Russland (vgl. 7.1) dazu, dass die
militärischen Führer damit rechneten, dass die deutschen Truppen zu Beginn des Jahres 1918 auch im Westen wieder zu einem
Ansturm übergehen würden. In den letzten Monaten des Jahres
1917 und Anfang 1918 konnte die deutsche Heeresführung dank
der militärischen Erfolge an der Ostfront (vgl. 4.2) massive Trup-
penverlegungen nach Westen vornehmen. Auf alliierter Seite sah
die Situation gerade umgekehrt aus. Weder in Frankreich noch in
Großbritannien oder dessen Empire war es gelungen, die erlittenen
Verluste sowie die Verschiebung von Truppen an andere Fronten
(v.a. nach Italien) durch die Rekrutierung und Entsendung neuer
Soldaten vollständig auszugleichen. Erste amerikanische Einheiten
waren zwar auf dem europäischen Kontinent eingetroffen, doch
diese waren letztendlich noch nicht einsatzbereit. Vor allem dieser
Aspekt war auch General Ludendorff nicht entgangen. Er plante
deshalb eine Folge von entscheidenden Schlägen gegen die Alliierten, die er unter dem Namen ‚*Kaiserschlacht*‘ zusammenfasste.
Damit sollte nicht einfach ein Durchbruch erzielt werden, Ludendorff ging es vielmehr darum, die gesamte militärische Struktur der
Alliierten entscheidend empfindlich zu stören (siehe Kapitel 7.3).

## 4.2. Ostfront

In den Plänen der deutschen Militärführung vor 1914 hatte die
Ostfront nur eine sekundäre Rolle gespielt. Für Schlieffen wie für
Moltke war klar gewesen, dass die Habsburgermonarchie zu Beginn
eines Krieges die Hauptlast an dieser Front tragen sollte und dass
nur kleinere deutsche Verbände zum Schutz Ostpreußens dort stationiert werden sollten. Auch das französische Oberkommando war
sich bewusst, dass im Fall eines Angriffs auf das eigene Land Unterstützung von russischer Seite erst mit einer gewissen Verzögerung zu
erwarten war. Dennoch drängte der französische Botschafter in St.
Petersburg die Regierung des Zaren schon bald nach der Eröffnung
der Feindseligkeiten im Westen zu einem Angriff auf Ostpreußen.
Nicht zuletzt um die Erwartungen des Verbündeten nicht zu ent-
täuschen, befahl das russische Oberkommando, die Stavka, einen
entsprechenden Angriff durch die noch nicht vollständig einsatzbe-
reiten Armeen der Generäle Samsonov und Tennenkampf. Diesen
standen 10 Divisionen der 8. deutschen Armee unter General von
Prittwitz gegenüber – das entsprach einer zahlenmäßigen Überlegenheit der russischen Truppen von 2:1. Angesichts dieser Situation
war von Prittwitz der Meinung, dass seine Verbände nichts anderes
tun könnten, als den Feind mit Rückzugsgefechten so lange als
möglich aufzuhalten und sich hinter die stark befestigte Weichsel
zurückzuziehen. Dort sollte dann das Eintreffen der nach dem erwarteten Sieg aus Frankreich eintreffenden Verstärkungen abge-
wartet werden.

Der russische Angriff begann am 12. August 1914. Erste Gefechte im Grenzgebiet bei Stallupönen und Gumbinnen konnten die
russischen Truppen dabei am 17. und 20. August für sich entschei-
den, was dazu führte, dass die Truppen von General Rennenkampf
in Richtung Königsberg hätten vorrücken können, ohne auf großen
weiteren Widerstand zu treffen. Prittwitz zeigte sich dieser Situation
nicht gewachsen. Deshalb wurde er am 22. August durch den aus
dem Ruhestand zurückgekehrten General von Hindenburg abge-

löst, dem als Stabschef der Eroberer der Zitadelle von Lüttich (vgl.
4.1) beigeordnet wurde. Die Situation war für den neuen deutschen
Kommandeur zwar schwierig, aber keineswegs hoffnungslos, da die
russischen Truppen unter Nachschubproblemen litten und die russischen Eisenbahnwagen wegen der unterschiedlichen Spurweiten
auf den Geleisen in Ostpreußen nicht eingesetzt werden konnten.
Rennenkampf und Sazonov verzichteten zudem darauf, ihre Operationen aufeinander abzustimmen, was die Arbeit von Hindenburg
und Ludendorff erheblich erleichterte und es ihnen ermöglichte,
sich zuerst der Armee von Sazonov im südlichen Ostpreußen entgegenzustellen. In der später berühmt gewordenen Schlacht von
Tannenberg zwischen dem 26. und 31. August konnten Hindenburg und Ludendorff die Truppen Sazonovs praktisch aufreiben.
18 000 russische Soldaten und Offiziere fielen – darunter auch Sazonov selbst, der Selbstmord beging – und 92 000 gerieten in deutsche Kriegsgefangenschaft. Danach stellten die deutschen Truppen
auch diejenigen von General Rennenkampf und gewannen auch
die Schlacht bei den Masurischen Seen. Rennenkampf konnte zwar
vermeiden, dass seine Truppen das gleiche Schicksal erlitten wie diejenigen von Sazonov, doch gerieten auch in dieser Schlacht 45 000
russische Soldaten und Offiziere in deutsche Kriegsgefangenschaft.
Die russischen Truppen mussten sich danach endgültig aus Ostpreußen zurückziehen. Die russischen Operationen endeten so in
einem Desaster, waren für die Entwicklung im Westen aber nicht
ohne Bedeutung. Auf Grund von Prittwitzens panikartigen Berichten entschied sich Generalstabchef Moltke nämlich zur Verlegung
von fünf Divisionen aus Frankreich nach Ostpreußen. Diese trafen
allerdings erst dort ein, als die Schlacht bei Tannenberg bereits geschlagen war. Umgehend wurden sie wieder nach Westen verlegt,
trafen aber auch dort zu spät ein, um noch in die Schlacht an der
Marne einzugreifen.

Noch während die Kämpfe in Ostpreußen im Gang waren, setzte
das russische Oberkommando Operationen in Ostgalizien in Gang
und besetzte Ende August und Anfang September große Teile dieses

Gebietes. Nicht zuletzt auf Bitten Ludendorffs stimmte der neue
deutsche Generalstabchef Falkenhayn der Entsendung deutscher
Truppen aus Ostpreußen nach Süden zu. In Schlesien wurde dort
unter Hindenburg eine neue neunte Armee gebildet, deren Ziel es
sein sollte, die russischen Truppen in Polen anzugreifen, um dem
österreichisch-ungarischen Bündnispartner die benötigte Atem-
pause zu verschaffen. Zu Beginn verlief die Offensive der neun-
ten deutschen Armee, die neu unter dem Kommando von General
von Mackensen stand, erfolgreich, da das russische Oberkommando beabsichtigte, diese Truppen in eine Falle zu locken. Es schien
als ob Mackensen in der Lage sein würde, Warschau ohne große
Schwierigkeiten zu erobern. Am 10. Oktober gelangten die deutschen Truppen allerdings in den Besitz des russischen Planes, worauf
Ludendorff den sofortigen Rückzug der deutschen Truppen anord-
nete, da der österreichisch-ungarische Generalstabchef Conrad sich
weigerte, eine Offensive seiner Truppen am San zu lancieren, um
die neunte deutsche Armee zu entlasten. Nach seinem Sieg in der
ersten Schlacht um Warschau suchte das russische Oberkommando
die Offensive in Richtung Berlin wieder aufzunehmen, die nach
den anfänglichen Niederlagen in Ostpreußen aufgegeben worden
war. Angesichts der Tatsache, dass die deutschen Truppen auf ihrem
Rückzug weite Teile der Infrastruktur zerstört hatten, litten die russischen Truppen bei ihrem Vormarsch nach Westen erneut unter
Versorgungsproblemen. Der eigentliche Angriff konnte daher nicht
vor dem 14. November 1914 beginnen. Hindenburg, der unterdessen zum Oberkommandierenden Ost (Oberost) befördert worden war, erhielt schon bald Wind von den Absichten der russischen
Streitkräfte und entschied sich daher für die Umgruppierung seiner
Verbände. Die neunte Armee unter dem Befehl Mackensens wurde
aus Schlesien nach Posen und Thorn verlegt, um den russischen Verbänden in die Flanke zu fallen. Diese Operationen begannen bereits
vor dem Angriffstermin der russischen Truppen am 11. November.
Bis zum Dezember gelang es den deutschen Truppen, weite Teile
um die Stadt Lodz zu erobern und den erneuten Angriffsversuch

russischer Einheiten nach Westen zu verhindern. Derweil hielten die österreichisch-ungarischen Truppen südlich dieser Frontweitere russische Angriffe auf.

Am 1. Januar 1915 trafen sich die deutschen Generäle Falkenhayn und Ludendorff in Berlin mit dem österreichisch-ungarischen Generalstabschef Conrad, um über weitere Operationen an der Ostfront zu diskutieren. Nach weiteren Gesprächen mit Hindenburg und unter Druck des Kaisers sowie von Reichskanzler Bethmann-Hollweg musste Falkenhayn dem Transfer weiterer Einheiten an die Ostfront zustimmen, um die schwächelnden österreichisch-ungarischen Truppen zu stützen. Die Kämpfe gingen unterdessen weiter, doch vermochte zunächst keine Seite größere Geländegewinne zu erzielen. Sie konzentrierten sich einerseits erneut auf Ostpreußen, andererseits auf die östlichen Karpaten. Zu größeren Verschiebungen sollte erst die Offensive der Mittelmächte bei Gorlice-Tarnow in der ersten Hälfte des Monats Mai führen. War es den russischen Truppen noch im März gelungen, die seit September 1914 belagerte Festung von Przemysl zu erobern, so waren sie nach dem Durchbruch bei Gorlice-Tarnov gezwungen, sich nicht nur von dort wieder zurückziehen, sie mussten auch aus den zu Kriegsbeginn eroberten Teilen Galiziens fast vollständig weichen. Russische Gegenoffensiven blieben erfolglos und auch der Kriegseintritt Italiens am 25. Mai 1915 (vgl. 4.3) brachte den russischen Truppen keine Erleichterung. Allein im Mai verlor das russische Heer fast eine halbe Millionen Soldaten. Schließlich fiel die galizische Hauptstadt Lemberg, auch an der Weichsel mussten die russischen Truppen den Rückzug antreten. Am 5. August eroberten schließlich deutsche Truppen Warschau.

Großfürst Nikolaus, der russische Oberkommandierende, befahl daraufhin einen allgemeinen Rückzug nach dem Vorbild des Jahres 1812. Durch eine Politik der verbrannten Erde sollte dem Feind die Möglichkeit zum raschen Vormarsch genommen werden. Während der Rückzug der Truppen dabei noch einigermaßen geordnet verlief, geriet die zum Teil zwangsweise erfolgende Evakuierung der

Zivilbevölkerung zum Desaster. Nicht zu Unrecht spricht Peter Gatrell (1999) in diesem Zusammenhang davon, dass sich ein ganzes
Reich in Bewegung befunden habe. Viele der Evakuierten wurden
in Zügen nach Osten geschafft und dort weitgehend sich selbst
überlassen, was sowohl bei den Truppen im Hinterland als auch
bei der Zivilbevölkerung den Eindruck einer größeren Katastrophe hinterließ. Großfürst Nikolaus ergriff harte Maßnahmen, um
die Situation wieder in den Griff zu bekommen, verschärfte damit
aber gleichzeitig den Eindruck der Krise. Am 7. August 1915, zwei
Tage nach dem Fall Warschaus, wurde er deshalb vom Zaren seines Amtes enthoben. Nikolaus II übernahm nun persönlich den
Oberbefehl, was in Großbritannien und Frankreich als Zeichen
dafür interpretiert wurde, dass Russland den Krieg trotz der ver-
heerenden Niederlagen des Jahres 1915 fortzusetzen gedachte. Für
die Mittelmächte schien das Jahr 1915 sehr erfolgreich gewesen zu
sein. Bei näherem Hinsehen zeigte sich jedoch, dass der Zustand
der österreichisch-ungarischen Truppen schlecht war. Die Erfolge
waren weitgehend deutschen Offizieren und Soldaten zu verdan-
ken gewesen. Nichts zeigte dies deutlicher als die Tatsache, dass
eine Offensive österreichisch-ungarischer Truppen bei Rowno im
September 1915 trotz der erwähnten Probleme auf russischer Seite
kläglich scheiterte.

Auf Grund der eigenen Erfolge und der Misserfolge der russischen Armeen rechnete das deutsche Oberkommando für das
Jahr 1916 kaum mit größeren feindlichen Offensiven an der
Ostfront. Im Hinblick auf die geplante Verdunoffensive wurden
daher Truppen nach Westen verschoben. Frankreich und Großbritannien drängten die russische Militärführung demgegenüber im
Hinblick auf ihre geplante Offensive an der Somme dazu, Pläne
zu entwickeln, um die Offensive an der Westfront zu unterstützen.
Innerhalb des russischen Oberkommandos führte die Situation
zu großen Diskussionen. Auf der einen Seite wurde vorgeschla-
gen, weiterhin am bestehenden Konzept festzuhalten und eine
Durchbruchoffensive zu planen. Dabei sollten Truppen, Waffen

und Versorgungsmaterial an einem Punkt der Front konzentriert zum Einsatz gebracht werden. General Alexej Brussilow plädierte demgegenüber dafür, dem Feind den Ort der nächsten Offensive nicht durch eine solche Konzentration zu verraten, sondern entlang der gesamten Frontbreite die Truppen mit Vorbereitungsarbeiten für eine Offensive zu beauftragen, um so den Feind über das genaue Vorgehen im Unklaren zu lassen. Auch wenn dies bedeutete, dass die russischen Kräfte damit nicht im gleichen Ausmaß konzentriert werden konnten, bestand die Möglichkeit, den Feind zu überraschen und somit trotzdem erfolgreich zu sein. Auch für Brussilow war klar, dass eine Offensive an der von ihm kommandierten Südwestfront nur dann möglich sein könne, wenn seine Truppen durch kleinere Offensivoperationen im Norden der Front unterstützt würden. Generalstabschef Alexejew und der Zar sagten diese zu, es sollte sich jedoch zeigen, dass die Kommandeure vor Ort immer wieder Gründe fanden, um eine entsprechende Unterstützung zu versagen. Am 4. Juni 1916 begann schließlich die Offensive von Brussilows Truppen zwischen Pinsk und der rumänischen Grenze. Rasch gelang die Überwindung der vordersten Linien der österreichisch-ungarischen Truppen. Besonders in der Bukowina wurden größere Gebiete erobert und fast 200 000 Kriegsgefangene gemacht. Auch bei Dubno konnten die feindlichen Linien durchstoßen werden. Der strategisch wichtige Bahnknotenpunkt Kowel konnte allerdings nicht eingenommen werden. Wie schon andere Offensiven geriet dann aber auch diejenige Brussilows ins Stocken, da es zu lange dauerte, bis Reserveeinheiten nachrücken konnten. Zudem wurden die Versorgungslinien der eigenen Truppen immer länger und waren demnach immer schwieriger zu verteidigen. Brussilow erhielt aber auch nicht die notwendige Unterstützung seines Kollegen Evert und eine wichtige Rolle spielte auch die Tatsache, dass die österreichisch-ungarische Militärführung sich entschloss, die offensiven Operationen in Tirol einzustellen, um weitere Truppen nach Osten verlegen zu können. Einzig in Galizien drangen

Truppen von Brussilow bis an die Karpartenpässe vor; allerdings kamen die russischen Streitkräfte im gebirgigen Gelände nicht im gewünschten Ausmaß voran.

Neue Unterstützung schienen an der Ostfront im August 1916 der Abschluss einer rumänisch-russischen Militärkonvention sowie der am 27. des Monats erfolgte Kriegseintritt Rumäniens mit sich zu bringen. Noch 1914 hatte sich das Land weder dem Druck beider Seiten gebeugt noch für eine Politik der Neutralität entschieden. Der Kriegseintritt Bulgariens im Oktober 1915 (vgl. 4.3) veränderte die Situation aber erheblich, lief das Land nun doch Gefahr, die territorialen Gewinne der Balkankriege in der Dobrudscha im Fall eines Sieges der Mittelmächte wieder zu verlieren. Langsam näherte sich Rumänien deshalb der Entente an, doch erst die scheinbaren Erfolge der Brussilowoffensive und das absehbare Scheitern der Mittelmächte bei Verdun ließen es für die rumänische Führung sinnvoll erscheinen, sich auch offiziell auf die Seite der Entente zu schlagen, um die erhofften territorialen Gewinne zulasten Ungarns in Siebenbürgen und dem Banat zu realisieren. Schon bald sollte sich allerdings zeigen, dass die rumänische Führung mit dieser Entscheidung ein zu großes Risiko eingegangen war. Nachdem es ihren Truppen anfänglich trotz der schlechten Ausrüstung und der mangelhaften Infrastruktur noch gelungen war, weit ins ungarische Siebenbürgen vorzudringen, konnte der nach seiner Absetzung als Generalstabchef an diesen Kriegsschauplatz versetzte deutsche General Erich von Falkenhayn die rumänischen Truppen zurückdrängen, und zwar in Zusammenarbeit mit aus Bulgarien vordringenden Einheiten der Mittelmächte unter dem Kommando seines Kollegen von Mackensen. Trotz russischer Unterstützung fiel die rumänische Hauptstadt Bukarest am 6. Dezember 1916. Im Sommer 1917 stabilisierten die rumänischen Truppen kurzzeitig die Front. Die rumänische Regierung musste nach dem Zusammenbruch Russlands am 20. November 1917 dennoch einem Waffenstillstand zustimmen, dem am 7. Mai 1918 ein formeller Friedensvertrag folgte.

An der Südostfront musste Brussilow seine Offensive im September 1916 nicht zuletzt auf Grund der prekären Lage in Rumänien einstellen. Er hatte zwar einige territoriale Erfolge erzielt, so besonders in der Bukowina und es waren zudem fast 380 000 Soldaten und Offiziere der Mittelmächte in russische Kriegsgefangenschaft geraten. Die eigenen Verluste waren mit 550 000 Gefallenen und Verwundeten allerdings sehr hoch und Russland verfügte von nun an kaum noch über weitere Reserven. Zudem galt es nun auch das am 27. August 1916 in den Krieg eingetretene Rumänien mit Truppen zu unterstützen. Zu eigenen offensiven Operationen war Russland nach dem Ende der Brussilowoffensive nicht mehr in der Lage. Ein letzter Versuch wurde zwar im Januar/Februar 1917 in der Bukowina gemacht, doch schon kurz nach Beginn der Offensive gewannen die deutschen und österreichisch-ungarischen Einheiten das verlorene Territorium wieder zurück. Nach Februar 1917 waren es nicht mehr die Ereignisse an der Front, die im Osten von entscheidender Bedeutung waren, sondern vielmehr die innenpolitischen Unruhen und der Ausbruch der russischen Revolution (vgl. 7.1).

## 4.3. Weitere Fronten in Europa und dem Nahen Osten

Die ersten Schüsse des Ersten Weltkrieges in Europa wurden auf dem Balkan abgegeben. Obwohl die österreichisch-ungarische Militärführung im Juli 1914 feststellen musste, dass sie Teile der für Operationen gegen Serbien vorgesehenen Einheiten nach Galizien verlegen musste, um der Bedrohung durch Russland zu begegnen, erklärte die Donaumonarchie am 28. Juli 1914 Serbien den Krieg. Schon am kommenden Tag bombardierten Kriegsschiffe von der Donau aus die serbische Hauptstadt Belgrad. Der eigentliche Angriff durch die Truppen von General Oskar Potiorek erfolgte jedoch erst nach längeren Vorbereitungen am 12. August. Piotioreks Antipode, Marschall Radomir Putnik, gab dies die Zeit, seine Truppen entsprechend zu positionieren und die erste österreichisch-ungarische Angriffswelle, die von Disziplinarproblemen und Übergriffen gegen die Zivilbevölkerung gekennzeichnet war (vgl. 6), zurückzuschlagen. Die serbischen Truppen stießen in der Folge sogar für kurze Zeit nach Bosnien vor, wurden von dort allerdings bereits Anfang September wieder vertrieben. Es folgten weitere Offensivoperationen der österreichischen Truppen, die am 29. November kurzzeitig die serbische Hauptstadt besetzten. Nach einem Gegenschlag, der am 3. Dezember begann, gelang es den serbischen Truppen Belgrad schon am 15. Dezember wieder zurückzuerobern. In der Folge musste das österreichisch-ungarische Oberkommando die Offensivoperationen in Serbien vorläufig einstellen, um sich auf die Verteidigung gegen Russland zu konzentrieren. Aufgrund dessen konnte die serbische Militärführung die eigenen Stellungen ausbauen, und zwar mit Hilfe der britischen Marine, die Serbien für die Verteidigung seiner Hauptstadt acht große Marinegeschütze mitsamt den zugehörigen Mannschaften zur Verfügung stellte.

Bis zum Herbst 1915 tat sich an der Front in Serbien nicht mehr viel. Die deutsche Reichsregierung wünschte zwar die schnellstmögliche Wiedereröffnung der Eisenbahnverbindung nach Konstantinopel, doch war die österreichisch-ungarische Militärführung angesichts der Verluste in den Offensiven von 1914 nicht bereit, es nochmals allein zu versuchen. Bulgarien wurde deshalb sowohl von der Entente wie von den Mittelmächten umworben. Die Regierung in Sofia war nicht abgeneigt, auf der einen oder anderen Seite in den Krieg einzutreten. Sie stellte dazu allerdings territoriale Forderungen in Mazedonien, welche die Mittelmächte eher zu erfüllen bereit waren als die Entente. Am 6. September 1915 wurde zwischen Bulgarien und den Mittelmächten schließlich eine Konvention unterzeichnet, welche die militärische Situation Serbiens deshalb unhaltbar werden ließ, weil es der Entente nicht gelungen war, Griechenland voll für sich zu gewinnen. König Konstantin war einem Kriegseintritt auf Seiten der Entente nicht abgeneigt, sein Premierminister Venizelos versuchte jedoch alles, um Griechenland aus dem Krieg herauszuhalten. Mit Zustimmung des Königs, aber ohne diejenige der griechischen Regierung landeten schließlich britische und französische Truppen zur Unterstützung Serbiens in Saloniki. Diese Unterstützung kam allerdings zu spät. Nach schweren Artilleriebombardements war Belgrad am 5. Oktober gefallen und am 23. November kapitulierte auch die Festung Mitrovica im Kosovo. Bulgarische Truppen schnitten den serbischen zudem den Rückzug an die serbisch-griechische Grenze ab, so dass der Großteil der serbischen Armee sich über die Pässe nach Albanien zurückziehen musste, wo sie schließlich von britischen und französischen Schiffen nach Korfu evakuiert wurden. Die französischen Truppen, die versucht hatten, ihren serbischen Waffenbrüdern im Vardartal zu Hilfe zu eilen, wurden von bulgarischen Einheiten im Dezember 1915 in die Nähe von Saloniki zurückgedrängt und gruben sich dort ein. Im September 1916 rückten französische und serbische Truppen in das serbisch-griechische Grenzgebiet vor und konnten bis Wintereinbruch die südserbische Stadt Monastir erobern, bevor sie sich wieder eingraben mussten. Zu offensiven Operationen gegen Bulgarien, um das bedrängte Rumänien zu unterstützen (vgl. 4.2), waren die Truppen nicht in der Lage und bis 1918 kam es in diesem Kriegsgebiet zu keinen weiteren Vorstößen der Alliierten.

Angesichts der spätestens ab Ende 1914 ersichtlichen Probleme an den Fronten im Westen wie im Osten war neben Bulgarien sicherlich Italien das neutrale europäische Land, dessen Unterstützung sich sowohl die Entente als auch die Mittelmächte zu sichern suchten. Strategisch war Italien für beide Seiten wichtig, sei es für die Kontrolle des Mittelmeers, zur Sicherung der Südflanke der Habsburgermonarchie oder als weitere Front gegen die Mittelmächte im Süden. Im April 1915 zog die Entente Italien mit dem Londoner Vertrag Italien auf ihre Seite. Die innenpolitische Entwicklung in Italien spielte dabei eine wichtige Rolle, war doch erst 1913 der langjährige Premierminister Giovanni Giolitti gestürzt worden, der sich für eine Anlehnung an das Deutsche Reich

und die Habsburgermonarchie eingesetzt hatte. Die neue politische
Konstellation führte dazu, dass verschiedene Parteien ihren Einfluss zu stärken versuchten, indem sie Angebote zur Kooperation
an die neue Regierung machten. In dieser Situation war es den
zahlenmäßig eigentlich in der Minderheit befindlichen Interven-
tionisten möglich, die öffentliche Meinung so zu steuern, dass die
verschiedenen Parteien in ihrer Bereitschaft zur Kooperation mit
der Regierung früher oder später auf die Seite der Kriegspartei
stellten, deren Hoffnung nicht zuletzt in der Befreiung der letzten
italienischsprachigen Gebiete der Habsburgermonarchie bestand.

Die strategische Situation war für die italienischen Truppen
ungünstig, denn auf Grund der von Bismarck nach 1866 fest-
gesetzten Grenzen mussten sie die österreichischen Truppen mit
Ausnahme des Gebietes um den Isonzo weitgehend im Gebirge
angreifen, was für die Verteidiger Vorteile bot. Auch hinsichtlich
ihrer Ausrüstung waren die italienischen Truppen ihrem Gegner zu
Kriegsbeginn nicht gewachsen. Zwar hatte der italienische Generalstabschef Luigi Cardona nach seinem Amtsantritt im Jahre 1914
versucht, in diesem Bereich Fortschritte zu erzielen und damit den
Rückstand, der wegen des Krieges in Libyen von 1911 und des
anschließenden Widerstandes linker Parteien gegen Rüstungspro-
gramme entstanden war, wettzumachen, doch war er damit nur
bedingt erfolgreich gewesen. Trotz all dieser Nachteile erzielten
die italienischen Truppen in den ersten Wochen des Krieges Erfolge und eroberten besonders östlich von Trento, am Gardasee,
bei Cortina und am Isonzo Gelände. Die Eroberung der Festung
Gorizia gelang allerdings nicht und so erlitten die italienischen
Truppen bei ihren unzähligen Frontalangriffen erhebliche Verluste. Im Mai 1916 schritten die österreichischen Truppen im Tren-
tino zum Gegenangriff. Generalstabschef Conrad von Hötzendorff
erhoffte sich dadurch einen entscheidenden Schlag und die Einnahme einer Reihe von wichtigen norditalienischen Städten. Seine
Truppen drangen zwar anfänglich dank einer Überlegenheit der
Artillerie bis in die Nähe von Vicenza vor, doch sie wurden dort

gestoppt und bis in ihre Ausgangspositionen zurückgedrängt. Der deutsche Generalstabchef Falkenhayn war ob des Vorgehens der österreichisch-ungarischen Militärführung nicht erbaut. Er machte diese für die Erfolge des russischen Generals Brussilow an der Ostfront (vgl. 4.2) verantwortlich und war zudem der Auffassung, dass diese Operation den Abzug weiterer deutscher Truppen aus dem Osten und Süden zugunsten der Verdun-Offensive verhindert habe.

Angesichts der relativen Stabilität der Front und der ersten Anzeichen einer zusammenbrechenden Moral unter den nicht deutschsprachigen Einheiten der österreichisch-ungarischen Armee in Italien, suchten sowohl die italienische als auch die deutsche Militärführung 1917 die Entscheidung. Im Januar diesen Jahres erhielt Cardona von Großbritannien und Frankreich zusätzliche Artilleriegeschütze, dies allerdings ohne Infanterieunterstützung und nur für drei Monate. Auf der Gegenseite verschob General Ludendorff einige kampferprobte deutsche Einheiten an den Isonzo. Mit diesen gelang es der österreichisch-ungarischen Militärführung, bei Caporetto den entscheidenden Durchbruch zu erzielen, bis an den Fluss Piave vorzudringen und unter italienischen Einheiten einen chaotischen Rückzug zu provozieren, den der Schriftsteller Ernest Hemigway in seinem bekannten Buch *A Farewell to Arms* (1929) festhielt. Am 7. November 1917 hielten die italienischen Truppen den deutsch-österreichischen Vormarsch knapp 30 Kilometer vor Venedig auf. Bis zum Herbst 1918 blieb die Front stabil, da der neue italienische Generalstabchef Armando Diaz seinen Truppen nach der Katastrophe von Caporetto im Unterschied zu seinem Vorgänger Cardona keine weiteren offensiven Operationen zumuten wollte.

Im Kaukasus begann der Krieg im November 1914 als Folge der Kriegserklärung des Osmanischen Reiches an die Entente. Eine erste russische Offensive Anfang November wurde von osmanischen Truppen unter Izzet Pascha zurückgeschlagen und irreguläre osmanische Einheiten eroberten sogar einige russische Garnisonen

im Grenzgebiet. Angesichts der Kämpfe an der Ostfront (vgl. 4.2)
verzichteten die russischen Truppen in der Folge auf größere offensive Operationen. Auf osmanischer Seite war Kriegsminister Enver
Pascha hingegen überzeugt, dass es gelingen könne, die russischen
Truppen im Kaukasus zu zerschlagen und die dortigen Turkvölker
zu einem allgemeinen Aufstand gegen das Regime des Zaren zu
bewegen. Envers deutsche Berater zeigten sich skeptisch und Izzet
Pascha versuchte seinen Vorgesetzten sogar von seinem Unterfangen abzubringen, was seine Entlassung zur Folge hatte. Am 22.
Dezember lancierte Enver seine Offensive und verlor schon früh auf
Grund eines Wintersturmes große Teile seiner Soldaten. Dennoch
rückte er bis nach Sarikamis vor, wo zwischen dem 29. Dezember
1914 und dem 17. Januar 1915 von den 95 000 türkischen Soldaten und Offizieren 75 000 fielen, verwundet wurden oder in russische Kriegsgefangenschaft gerieten, während von den russischen
Truppen „nur" 28 000 von 65 000 Mann nach den Kämpfen nicht
mehr einsatzfähig waren.

Ein knappes Jahr herrschte dann an der Front im Kaukasus eine
relative Ruhe. Weder die Truppen des Osmanischen Reiches noch
diejenigen Russlands zeigten an offensiven Operationen Interesse,
weil beide Seiten anderen Frontabschnitten Priorität einräumten.
Dies erleichterte der Regierung des Sultans das Vorgehen gegen
potentielle innere Feinde, wie die armenischen und griechischen
Minderheiten, erheblich (vgl. 6). Der Kriegseintritt Bulgariens, die
damit verbundene Niederlage Serbiens und der Rückzug der Alliierten aus Gallipoli, aber auch die Ernennung von Großfürst Nikolai zum Vizekönig im Kaukasus und Oberkommandierenden der
dortigen Truppen, brachten wieder Bewegung in die Front. Für das
russische Oberkommando war klar, dass nun die letzte Möglichkeit für den Sieg über diese osmanischen Truppen gekommen war,
bevor Verstärkung von anderen nicht mehr benötigten Verbänden
eintraf. Zudem wünschte das britische Oberkommando eine Offensive zur Entlastung der eigenen Operationen in Mesopotamien.
Am 10. Januar 1916 griffen die russischen Truppen in Ostanatolien

an und eroberten am 15. Februar die befestigte Stadt Erzerum. Von dort aus und entlang der Küste des Schwarzen Meeres drangen die russischen Truppen im Februar und März 1916 in Richtung Van, Bitlis und Trabzon vor. Letzteres fiel am 18. April und bedeutete den Endpunkt des russischen Vormarsches in Anatolien. Die Front stabilisierte sich in der Folge wieder und blieb bis zum Februar 1918 weitgehend unverändert.

Das Osmanische Reich sah sich allerdings nicht nur im Kaukasus herausgefordert. Einerseits stellte sich die Frage, inwiefern der Krieg auch dazu genutzt werden sollte, das seit 1882 bestehende Protektorat Großbritanniens über Ägypten zu beenden und auch die 1911 verlorene Provinz Libyen wieder zurückzuerobern. Für die Entente stellte sich andererseits das Problem des nunmehr gesperrten Zugangs zum Schwarzen Meer, was die Versorgung Russlands mit Kriegsgütern erschwerte. Vor allem aber musste der Suezkanal gesichert werden. Dieser bildete nämlich die kürzeste Verbindung nach Indien, nach Südostasien und zu den beiden pazifischen Dominions Australien und Neuseeland, von wo sich Großbritannien erhebliche Unterstützung für den Krieg erhoffte. Am Rand des Osmanischen Reiches war für Großbritannien und Frankreich zudem die Sicherung der Ölfelder des persischen Golfes von bedeutsam, denn Erdöl hatte in den letzten Jahren vor Kriegsbeginn Kohle als Treibstoff für die neuesten Kriegsschiffe ersetzt. Nicht zuletzt auf Drängen der deutschen Reichsregierung und ihrer Militärführung versuchte der osmanische Kriegsminister Enver Pascha deshalb die Tatsache zu nutzen, dass Großbritannien im Nahen Osten sowie in Indien über eine große Anzahl muslimischer Untertanen herrschte. Er nutzte daher den Titel des Kalifen, den der osmanische Sultan ebenfalls innehatte, um die Muslime zum Heiligen Krieg gegen Großbritannien aufzurufen. Mit ganz wenigen Ausnahmen – so eines gescheiterten Aufstandes der Ghadr Partei in Indien und kleineren Meutereien in indisch-muslimischen Einheiten – war Enver damit allerdings nur mäßig erfolgreich. Weder in Ägypten noch in Indien oder anderen britischen Besitzungen kam es zu größeren

Aufständen von Muslimen. Das osmanische Oberkommando sah sich daher im Januar 1915 gezwungen, militärisch gegen Ägypten vorzurücken, wenn es die strategisch wichtige Verbindung des Suezkanals unterbrechen wollte. Dieser Angriff scheiterte allerdings ebenso wie der bereits beschriebene Vorstoß von Enver nach Zentralasien. Die osmanischen Truppen waren zwar in der Lage die Sinaihalbinsel, die zu Kriegsbeginn von Großbritannien geräumt worden war, zu halten, eine ernsthafte Störung des alliierten Schiffsverkehrs auf dem Suezkanal – Schiffen der Mittelmächte hatte Großbritannien bei Kriegsbeginn die Nutzung des Kanals untersagt – gelang ihnen allerdings auch im Rahmen einer zweiten, von deutscher Seite namhaft unterstützten Offensive nicht.

Das britische Oberkommando in Ägypten war sich seiner Situation allerdings nicht so sicher und unterstützte daher die Idee eines Vorstoßes durch die Dardanellen mit dem Ziel, das Osmanische Reich zur Kapitulation zu zwingen. Der britische Marineminister Winston Churchill war der Überzeugung, dass eine solche Operation von der Royal Navy erfolgreich durchgeführt werden könne und dies ohne Unterstützung des in Frankreich hart geprüften Heeres. Churchill konnte den britischen War Council von seiner Strategie überzeugen, indem er darauf verwies, dass nur ältere Schlachtschiffe für diese Operation notwendig seien. Wie die deutschen Truppen die belgische Verteidigungsbereitschaft 1914 unterschätzt hatten, so unterschätzte Churchill – auch auf Grund seines rassisch motivierten Überlegenheitsgefühls – die Schwierigkeiten des Unternehmens. Die osmanischen Befestigungen entlang der Dardanellen, die von den Verteidigern verlegten Minenfelder und die unruhigen Gewässer führten im Februar 1915 zum Scheitern des Unterfangens. Churchill musste deshalb einer Landungsoperation auf der Halbinsel Gallipoli zustimmen, deren Ziel die Niederkämpfung der osmanischen Befestigungen sein sollte. Erst danach sollte der Vorstoß der Flotte wieder aufgenommen werden. Am 25. April 1915 landeten so britische, französische, indische, australische und neuseeländische Truppen an drei Punkten entlang der Dar-

danellen. Während britische, indische und französische Truppen
die osmanischen Befestigungen entlang der Meerenge angreifen
sollten, bestand das Ziel der Landung der australischen und neuseeländischen Einheiten in der Verhinderung des Vorrückens der
von General Liman von Sanders geführten osmanischen Truppen,
bis an die Spitze der Halbinsel Gallipoli. Zu Beginn stürmten die
entfesselten australischen und neuseeländischen Soldaten rasch vor
und vermochten die osmanischen Einheiten an der Küste zu über-
rennen. Auf den Höhenzügen von Sari Bair stellten sich ihnen jedoch die Truppen von Mustafa Kemal entgegen und warfen sie an
deren Rand zurück. Dort stabilisierte sich die Front anschließend
wieder. Auch am Cap Helles, wo britische Soldaten gelandet waren,
konnten die anvisierten Ziele nur begrenzt erreicht werden. Weder
das Dorf Krithia noch die Höhen von Achi Baba konnten genommen werden. Keine Seite vermochte im Verlauf der Offensiven des
Sommers größere Geländegewinne zu erzielen. Angesichts der Tatsache, dass der Westfront und den Operationen um Saloniki von
der alliierten Militärführung Priorität eingeräumt wurden, standen
den alliierten Truppen in Gallipoli kaum neue Truppen zur Verfügung, so dass ihre Lage unhaltbar wurde. In der Nacht des 19.
Dezembers 1915 und des 8. Januars 1916 räumten die alliierten
Truppen schließlich ihre Stellungen in einer Operation, die deshalb
berühmt wurde, weil sie so gut geplant war, dass in ihrem Verlauf
kein einziger alliierter Soldat ums Leben kam. Die Verluste der
Operation waren allerdings hoch. Von den 480 000 Mann, die in
Gallipoli auf alliierter Seite an Land gingen, wurden 252 000 getötet, verwundet oder wegen Krankheit evakuiert, während die Verluste auf osmanischer Seite gemäß Schätzungen zwischen 218 000
und 400 000 Mann betrugen.

Nach dem Scheitern der Operation stellte sich sowohl für die
Führung der Alliierten als auch für diejenige des Osmanischen Reiches die Frage nach dem weiteren Vorgehen in den drei Regionen,
nämlich in Mesopotamien, auf der arabischen Halbinsel und in
Ägypten. In Mesopotamien hatte Großbritannien gleich zu Kriegs-

beginn Teile der Indian Army zum Schutz der dortigen Ölfelder der Anglo-Persian Oil Company am Shatt-El-Arab zum Einsatz gebracht. Rasch brachten indische Truppen die wichtigen Städte Abadan und Basra unter Kontrolle. Dies war nicht zuletzt darauf zurückzuführen, dass die osmanischen Truppen für ihren Nachschub auf die ungenügend ausgebauten Verbindungslinien nach Bagdad angewiesen waren. Angesichts der raschen Erfolge drängte der britische Oberkommandierende in der Region, Sir John Nixon auf einen Vormarsch in Richtung Bagdad. Dieser erfolgte unter dem Kommando von General Townshend und erreichte im September die Stadt Ctesiphon, nur 22 Meilen von Bagdad entfernt. Dort erlitten die Briten große Verluste, weil sie Probleme mit der Nachschubversorgung hatten. Townshend zog sich nach Kut-el-Amara zurück, wo er sich verbarrikadierte. Unter dem Kommando des deutschen Generals Colmar von der Goltz umgingen die osmanischen Truppen die befestigte Stellung Townshends und schnitten ihn südlich der Stadt von seiner Versorgungslinie über den Tigris ab. Am 16. April 1916 musste Townshend schließlich bedingungslos kapitulieren. Trotz dieser Niederlage hielten die britisch-indischen Truppen ihre Positionen im südlichen Mesopotamien. Unter ihrem neuen Oberbefehlshaber, General Frederick Maude, wurde zunächst die Logistik ausgebaut, bevor sie Ende 1916 die Offensive wieder aufnahmen und am 11. März 1917 in Bagdad einmarschieren konnten.

Nachdem die Offensiven der osmanischen Truppen gegen Ägypten im Sommer 1916 endgültig gescheitert waren, räumten diese zu Beginn des Jahres 1917 auch die Sinaihalbinsel und bauten eine neue Defensivposition auf der Linie zwischen Gaza und Beerscheba auf. Dort vermochten die osmanischen Einheiten dem Angriff der Egyptian Expeditionary Force, der neben britischen auch australische, neuseeländische und indische Truppen angehörten, bis zum Oktober/November 1917 zu widerstehen, obwohl die Alliierten schwere Geschütze, Panzer und zeitweise auch Giftgas einsetzten. Erst die dritte Schlacht um Gaza ermöglichte den Alliierten unter dem Kommando des britischen Generals Edmund Allenby den Durchbruch durch die osmanischen Stellungen und am 9. Dezember 1917 die Eroberung von Jerusalem.

Die Misserfolge der Alliierten beeinflussten natürlich auch die Entwicklung auf der arabischen Halbinsel. Dort hatte Emir Hussein, der Scherif von Mekka, Interesse an einer Kooperation mit den Alliierten gezeigt, da er in Erfahrung gebracht hatte, dass die jungtürkischen Politiker des Osmanischen Reiches schon vor Beginn des Ersten Weltkrieges entschieden hatten, ihn abzusetzen. Die Ereignisse auf diesem Schauplatz wurden der Nachwelt vor allem durch den britischen Geheimdienstoffizier Thomas Edward Lawrence bekannt, der mit seinem literarischen Werk *Seven Pillars of Wisdom* nicht nur Husain und dessen Sohn Feisal ein Denkmal zu setzen versuchte, sondern vor allem sich selbst. Dies ist ihm nicht zuletzt dank des 1962 gedrehten und oscargekrönten Spielfilms *Lawrence of Arabia* mit Peter O'Toole, Anthony Quinn und Omar Sharif auch weitgehend gelungen. Den Schilderungen von Lawrence gilt es jedoch mit der notwendigen Skepsis zu begegnen, denn er neigte in seinen Darstellungen immer wieder dazu, die eigene Leistung in den Vordergrund zu rücken und den Kontext seines Handelns auszublenden. Doch gerade letzterer war wichtig, denn die Interessen der lokalen Herrscher auf der arabischen Halbinsel rückten erst dann in das Blickfeld der europäischen Mächte, als der Sultan in seiner Funktion als Kalif zum Heiligen Krieg aufrief. Dieser Proklamation versuchten die britischen Behörden in Ägypten dadurch zu begegnen, dass sie dem Sherifen von Mekka vorschlugen, das Kalifat wieder ‚in arabische Hände' zu legen. Husain nahm diesen Vorschlag von britischer Seite nicht zuletzt deshalb bereitwillig auf, weil er darin auch die Möglichkeit sah, die vakante Führungsposition auf der arabischen Halbinsel zu übernehmen und alle arabischen Stämme unter seiner Führung zu vereinen. Husain führte entsprechend ab Juli 1915 einen lebhaften Briefwechsel mit dem britischen Hochkommissar in Ägypten, Henry McMahon. Darin wurde dem Sherifen die

Schaffung eines arabischen Staates für die Zeit nach der Niederlage des Osmanischen Reiches versprochen, falls er sich zu einem
offenen Aufstand gegen das Osmanische Reich entschließe. Als
Emissär McMahons wurde dabei der bereits erwähnte T. E. Lawrence zu Husain entsandt, der dem Sherifen allerdings verschwieg,
dass Großbritannien und Frankreich sich im Sykes-Picot-Abkom-
men schon über die Aufteilung von Syrien, Libanon und Palästina
verständigt hatten.

Der eigentliche Aufstand wurde am 5. Juni 1916 verfrüht ausgelöst, vor allem deshalb, weil Husain meinte, dass ein osmanisches
Truppenkontingent, welches in dieser Zeit in Medina für Operationen gegen Jemen zusammengezogen wurde, gegen ihn zum
Einsatz kommen sollte. Die verfrühte Auslösung des Aufstandes
hatte zur Folge, dass die ersten Operationen unkoordiniert erfolgten. Dennoch wurde bereits am 16. Juni mit Unterstützung der
britischen Kriegsmarine die Hafenstadt Jidda erobert und am 9.
Juli konnte Mekka genommen werden. Die Eroberung von Medina
gelang allerdings nicht. Es folgte ein Kleinkrieg gegen die Hedschasbahn, die als wichtigstes Versorgungsinstrument für die auf
der arabischen Halbinsel stationierten osmanischen Truppen diente. Am 6. Juli 1917 wurde die Hafenstadt Akaba erobert. Weitere
Operationen der arabischen Nordarmee unter Feisal in Jordanien
scheiterten allerdings in der Folge, trotz der nun verstärkt erfolgenden militärischen Kooperation mit den Truppen Allenbys. Die
Zusammenarbeit wurde im weiteren Verlauf der Operationen in
Palästina fortgesetzt, die Verbände Feisals hatten dabei allerdings
nur noch eine untergeordnete Bedeutung. Der arabische Aufstand
endete schließlich mit dem Befehl Allenbys vom 25. September
1918, die Angriffe auf die Hedschasbahn einzustellen, da diese nun
für eigene Transporte benötigt werde. Symbolisch fand der Aufstand seinen Abschluss mit dem Einmarsch von Feisals Truppen in
Damaskus am 1. Oktober desselben Jahres. Dabei handelte es sich
aber nicht um einen militärischen Erfolg, sondern vielmehr um
ein Zugeständnis Allenbys, der beabsichtigte, den im Sykes-Picot

Abkommen festgeschriebenen französischen Ansprüchen auf Syrien damit besser entgegentreten zu können.

## 4.4. Seekrieg

Vor Beginn des Ersten Weltkrieges hatte die Marineführung Großbritanniens ihrer Regierung versprochen, sowohl in der Lage zu sein, die Seewege des Empires zu schützen, als auch einen Beitrag zum Landkrieg in Form von Unterstützung von Landungsoperationen an der deutschen Küste leisten zu können. Auf deutscher Seite hatte Admiral Tirpitz in Aussicht gestellt, dass es der deutschen Marine gelingen könnte, die Seeherrschaft der Royal Navy nachhaltig zu stören. In den letzten zwei Jahren vor dem Krieg hatte sich allerdings abgezeichnet, dass die Regierungen auf allen Seiten keine allzu großen Hoffnungen mehr hatten, dass die Marine in einem kommenden Krieg eine zentrale Rolle spielen würde. Dass diese Einschätzung nicht vollständig verfehlt war, sollte sich während des Krieges zeigen und der Anteil der Royal Navy am letztendlichen Sieg der Entente über die Mittelmächte wird nicht als entscheidend eingeschätzt. Dies gilt in besonderem Maß für die großen Kriegsschiffe, deren Bau in den Jahren vor dem Krieg in vielen Ländern große Euphorie, aber auch Ängste ausgelöst hatten. Als der Krieg begann, erlegten sich die Marineführungen der beiden Seiten große Zurückhaltung auf. Beide Seiten sandten zwar Patrouillien aus, zu welchen auch immer wieder U-Boote gehörten; mit einer Ausnahme wurden größere Auseinandersetzungen vermieden. Diese Ausnahme bildete ein Angriff britischer Verbände in der Nähe von Helgoland, bei der drei deutsche Kreuzer versenkt wurden. Die nächste größere Auseinandersetzung in der Nordsee erfolgte danach erst am 24. Januar 1915 bei der Doggerbank.

In der Zwischenzeit konzentrierte sich der Seekrieg auf andere Gewässer vor allem außerhalb Europas. Dabei waren die Verbände der Royal Navy primär damit beschäftigt, die deutschen Kriegs-

schiffe außerhalb Europas aufzubringen und deutsche Handelsschiffe an der Rückkehr nach Deutschland zu hindern. Zu den
wichtigsten Operationen gehörten in diesem Zusammenhang diejenigen gegen das Ostasiengeschwader vonVizeadmiral Graf Spee.
Dieser hatte seine Basis in Tsingtao verlassen und versuchte, vor
allem durch seine Präsenz für Unruhe im britischen Marinestab
und besonders bei den beiden pazifischen Dominions Australien
und Neuseeland zu sorgen. Sein Verhalten war jedoch nur von
mäßigem Erfolg, denn seine Einheiten vermochten die Landung
neuseeländischer Truppen in Samoa sowie australischer Truppen
auf dem Bismarckarchipel und in Neuguinea nicht zu verhindern.
Dies war nicht zuletzt darauf zurückzuführen, dass die Royal Australian Navy auf Betreiben der australischen Regierung auch über
einen den Schiffen Spees überlegenen Schlachtkreuzer, die HMAS
Australia, verfügte. Diese schützte nicht nur die Truppentranspor-
te der beiden Dominions, sondern begann danach auch mit der
Suche nach den Einheiten Spees. Nach der Kriegserklärung Japans
an das Deutsche Reich am 23. August 1914 entschloss sich Spee
dazu, sein Geschwader an die Küste Südamerikas zu verlegen und
die Operationen entweder dort fortzusetzen oder später über die
Magellanstraße in den Atlantik zu gelangen. Mittels geschickter
Täuschungsmanöver vor allem vor Samoa vermochte er die feindlichen Verbände zu überlisten, so dass die Royal Australian Navy
die deutschen Schiffe nicht stellen konnte. Ein letztes Mal beeinflussten Spee und seine Schiffe das Kriegsgeschehen, indem sie den
neuseeländischen Generalgouverneur Lord Liverpool dazu zu be-
wegten, den bereits ausgelaufenen Schiffen des neuseeländischen
Expeditionskorps die sofortige Rückkehr in ihre Ausgangshäfen zu
befehlen, um einem möglichen Angriff durch das deutsche Ostasiengeschwader zu entgehen.

Spees Einheiten – darunter besonders der SMS Emden – vermochten auch in der Folge den Handel im Pazifik und im Indischen Ozean für eine gewisse Zeit zu stören und insgesamt 23
Schiffe zu versenken, bevor die HMAS Sydney die Emden am 11.

November 1914 aufbrachte. Der Großteil der übrigen Schiffe wurde in der Schlacht bei den Falklandinseln am 8. Dezember 1914 vernichtet und die im Südwestpazifik aktive Cormoran am 14. Dezember 1914 in Guam interniert. Von da an konnte der Überwasserkreuzerkrieg von deutscher Seite allenfalls mit umgebauten zivilen Dampfern oder Segelschiffen fortgesetzt werden. Der Erfolg dieser Schiffe blieb materiell gesehen mit wenigen Ausnahmen sehr bescheiden. Die meisten der in den ersten Kriegsmonaten eingesetzten Schiffe wurden entweder von alliierten Kriegsschiffen versenkt oder mussten in neutralen Staaten Zuflucht suchen und wurden interniert. Einzig die beiden Hilfskreuzer Möwe und Wolf (II) waren während längerer Zeit in der Lage, mit gewissem Erfolg ihren Auftrag zu erfüllen. Die von Hilfskreuzern versenkte Tonnage an Handelsschiffen blieb aber gering. Nicht unterschätzt werden darf jedoch die psychologische Wirkung des deutschen Kreuzerkrieges. Wie im Falle des Ostasiengeschwaders von Spees führte die tatsächliche oder auch nur vermutete Präsenz feindlicher Schiffe zu großer Verwirrung im internationalen Seehandel. Ein gutes Beispiel dafür ist das deutsche Kriegsschiff Leipzig, das, vor dem Hafen von San Francisco liegend, 25 britischen Schiffen während einer Woche das Auslaufen aus dem Hafen unmöglich machte, was sogar in Yokohama und anderen asiatischen Häfen Verzögerungen verursachte. Noch im Jahre 1917 betonte zudem das australische Naval Board, dass verdeckt operierende feindliche Schiffe eine Bedrohung für den eigenen Handel darstellten und deshalb auch weiterhin Marineeinheiten zur Sicherung der Seewege im Pazifik eingesetzt werden müssten. Die 1914 erzeugte Verunsicherung hielt zumindest in Teilen des Pazifiks noch lange an, auch wenn der materielle Schaden, den deutsche Marineeinheiten anrichteten, in diesem Teil der Welt gering war.

Ab Ende 1914 verlagerte sich der Seekrieg fast vollständig in die Gewässer um Großbritannien und die Nordsee. Zwar gab es maritime Operationen an den Dardanellen (vgl. 4.3), in der Adria und im Schwarzen Meer, diese waren für den Kriegsverlauf nur von unter-

geordnete Bedeutung. Angesichts der begrenzten Erfolge im Kampf
mit Überwasserschiffen – in der Schlacht bei der Doggerbank am
24. Januar 1915 hatte die Reichskriegsmarine die SMS Blücher
verloren und keine nennenswerte Erfolge erzielt – rückte der Einsatz von U-Booten mehr und mehr ins Zentrum der Überlegungen der deutschen Seekriegsführung. Vor dem Krieg war dem Bau
solcher Schiffe in Deutschland – wie in den meisten anderen Ländern – nur geringe Aufmerksamkeit zuteil geworden. Eine wichtige
Wende brachte in diesem Zusammenhang die Versenkung dreier
britischer Kriegsschiffe durch ein U-Boot am 22. September 1914.
Den Fachleuten in der deutschen Marineführung wurde rasch klar,
dass nicht einem Einsatz gegen Kriegsschiffe Priorität eingeräumt
werden musste. Es galt vielmehr, Großbritannien, zum Teil aber
auch Frankreich, vom Nachschub an Gütern, Soldaten und Kriegsarbeitern aus den Kolonien und anderen außereuropäischen Staaten abzuschneiden, um zu verhindern, dass das Übergewicht an
Ressourcen im weiteren Verlauf des Krieges voll zum Tragen kam.
Es stellte sich auch die Frage, inwiefern sich mit U-Booten ein Seekrieg gemäß der geltenden Prisenordnung führen ließ. Innerhalb
des Marinestabes war dieses Problem sehr umstritten. Die Tatsache,
dass es im Winter 1914/15 allerdings mehrfach gelang feindliche
Handelsschiffe zu versenken, nachdem der Besatzung erlaubt worden war in die Rettungsboote zu steigen, führte zur Prüfung eines
systematischen U-Bootkrieges. Daraufhin legte am 4. Februar 1915
eine Kriegszone rund um die britischen Inseln. Als Datum für den
Beginn von U-Bootangriffen nach Prisenordnung in diesem Gebiet
wurde der 18. Februar festgelegt.

   Da bis zu diesem Zeitpunkt dem U-Bootbau keine große Aufmerksamkeit geschenkt worden war, konnte die Reichskriegsmarine
im Rahmen dieser Operationen allerdings nur 24 U-Boote einsetzen, so dass insgesamt bis Ende April 1915 nur 67 Schiffe versenkt
werden konnten. Im Mai waren es zwar bereits 52, doch führte die
Versenkung des Passagierdampfers Lusitania vor der Küste Irlands
am 7. Mai zu einer großen Verstimmung in den Beziehungen des

Deutschen Reiches zu den USA und zu einem Propagandakrieg zwischen den beiden Krieg führenden Parteien, in welchem der deutschen Marineführung auch Kriegsverbrechen vorgeworfen wurden (vgl. 6). Bis heute gibt es Diskussionen, ob das Schiff wegen einer Kohlestaubexplosion oder wegen an Bord befindlicher Munition so rasch sank, dass dabei über 1 000 Menschen ums Leben kamen. Heute wird diese Explosion als Auslöser angesehen. Nach einem scharfen Notenwechsel zwischen den Regierungen des Deutschen Reiches und der USA gab Kaiser Wilhelm persönlich den Befehl, auf weiteren Beschuss von Passagierschiffen zu verzichten. Dennoch kam es im August 1915 erneut zu einem Zwischenfall, als bei der Versenkung der Arabic 44 amerikanische Staatsbürger ums Leben kamen. Am 18. September erging deshalb der Befehl zur Einstellung des U-Bootkrieges, dem bis zu diesem Zeitpunkt 379 Schiffe mit 669 000 Bruttoregistertonnen zum Opfer gefallen waren.

Der Seekrieg verlagerte sich in der Folge in der Nordsee erneut zu einer Auseinandersetzung zwischen den Kriegsflotten, wobei konkrete Gefechte meist ausblieben. Im Vordergrund standen Einzeloperationen, wie der Beschuss der englischen Ostküste oder die Verlegung von Minen. Einer solchen fiel im Juni 1916 der britische Kriegsminister Herbert Horatio Kitchener zum Opfer, als das Kriegsschiff Hampshire, auf welchem er sich befand, durch eine Minenexplosion sank. Trotz dieses Verlustes sah die Führung der Royal Navy keinen Grund von der bisher verfolgten Strategie abzurücken, den deutschen Seehandel durch eine Blockade zwischen Schottland und Norwegen zu unterbrechen und im übrigen darauf zu warten, dass die deutsche Hochseeflotte versuchen würde, entweder die Blockade zu durchbrechen oder sich zur entscheidenden Schlacht zu stellen. Der Kommandeur der Royal Navy, Sir John Jellicoe betonte, dass er keine Möglichkeit für offensive Operationen sehe, solange die Hochseeflotte nicht aus ihren defensiven Positionen herauskomme. Deren im Januar 1916 neu ernannte Kommandeur, Vizeadmiral Scheer, war bereit, sich auf eine sol-

che Auseinandersetzung einzulassen, und zwar mit dem Ziel der
Schaffung eines neuen Kräftegleichgewichts. Auf diese Weise kam
es am 31. Mai 1916 zu der damals größten Seeschlacht, in welcher
71 britische Schlachtschiffe und Kreuzer auf 38 deutsche Schlachtschiffe und Kreuzer sowie eine große Zahl von Torpedobooten und
Zerstörern trafen. Die Schlacht dauerte fast 48 Stunden. In deren
Verlauf wurden 27 deutsche und 19 britische Schiffe beschädigt,
6 schwere britische Kreuzer und auf deutscher Seite ein Schlachtkreuzer sowie vier leichte Kreuzer sanken. Was auf den ersten Blick
wie ein Erfolg der deutschen Hochseeflotte erschien, erwies sich bei
näherem Hinsehen als Rückschlag, blieben der Royal Navy doch
immer noch genügend Schiffe, um die Nordsee zu kontrollieren,
während die deutsche Hochseeflotte längere Zeit handlungsunfähig
war.

Angesichts dieses Misserfolges rückte die U-Bootkriegführung
wiederum verstärkt ins Zentrum des Interesses. Bereits im März
hatte das deutsche Marinekommando die Wiederaufnahme des U-
Bootkrieges nach Prisenordnung befohlen. Dies führte zwar erneut
zu Spannungen mit den USA, doch spielten diese nun nicht mehr
den gemäßigten Politikern, sondern eher den Hardlinern unter
den Militärs, die ein Abgehen von der Seekriegsführung nach Prisenordnung forderten, in die Hände. Die politische Führung um
Reichskanzler Bethmann Hollweg konnte sich vorerst allerdings
noch einmal durchsetzen und im März 1916 die Entlassung von
Marineminister Tirpitz erreichen, der zu den vehementesten Befürwortern eines uneingeschränkten U-Bootkrieges gehört hatte.
Gegen Ende 1916 stieg der Druck auf die politische Führung allerdings massiv an. Das Scheitern der Offensive bei Verdun, die Unterstützung der neuen Heeresführung um Hindenburg und Ludendoff
für einen uneingeschränkten U-Bootkrieg (vgl. 4.1) sowie vor allem
Berechnungen des Admiralstabes, wonach Großbritannien bei einer
Versenkungsrate von mehr als 600 000 Bruttoregistertonnen pro
Monat innerhalb eines halben Jahres zur Aufgabe gezwungen werden könne, bevor ein eventueller Kriegseintritt der USA das Kräf-

teverhältnis auf dem europäischen Kontinent in entscheidender Weise zu beeinflussen möge, führten schließlich dazu, dass Kaiser Wilhelm am 9. Januar 1917 befahl, per 1. Februar den uneingeschränkten U-Bootkrieg aufzunehmen. Wie erwartet, führte dies zwei Tage später zum Abbruch der diplomatischen Beziehungen durch die USA und am 6. April zu deren Kriegseintritt auf Seiten der Entente (vgl. 7.1).

Im Verlauf des uneingeschränkten U-Bootkrieges kamen auf deutscher Seite insgesamt über 100 U-Boote zum Einsatz. Bis Ende 1917 konnten sie über 1 000 alliierte Schiffe versenken, doch nur in den Monaten April und Juni gelang es ihnen, die vom Admiralstab errechnete Marke von 600 000 Bruttoregistertonnen zu übertreffen. Dies lag zu einem großen Teil daran, dass die alliierten Verantwortlichen Gegenmaßnahmen trafen. Dazu gehörte in erster Linie das Konvoisystem. Zudem wurden die Zerstörer und andere Geleitschiffe mit neuen Horchgeräten zur Ortung feindlicher U-Boote ausgerüstet, es wurden spezielle Q-Ships – bewaffnete kleine Handelsschiffe und Trawler – als U-Bootfallen aufs Meer entsandt und große Minenfelder verlegt. Erstmals wurden auch Flugzeuge zur Bekämpfung von U-Booten eingesetzt, doch erwiesen sich diese höchstens zum Aufspüren des Feindes als effizient. Von großer Bedeutung für die Bekämpfung der U-Boote erwies sich die Tatsache, dass es der britischen Marineführung gelungen war, den Code der deutschen U-Bootflotte zu knacken. Sie war so in der Lage, die Konvois häufig um die U-Boote herumzuführen. Dies führte zu einer drastischen Minimierung der Verluste im Verlauf des weiteren Jahres 1917. Hinzu kam, dass es den Alliierten durch eine massive Ausweitung der Produktion von Handelsschiffen rasch gelang, die erlittenen Verluste wieder zu kompensieren, so dass auch der uneingeschränkte U-Bootkrieg die in ihn gesetzten Hoffnungen nicht zu erfüllen vermochte.

## 4.5. Der Krieg in Afrika

Als Ende Juli / Anfang August 1914 in Europa der Krieg begann, stellte sich speziell beim Kriegseintritt Großbritanniens auch die Frage, welche Rolle darin die Kolonien in Afrika spielen sollten. Während die Militärführung des Deutschen Reiches in dieser Hinsicht primär defensive Überlegungen angestellt hatte, war die Frage der Rolle der überseeischen Besitzungen in Großbritannien umfassender diskutiert worden. Seit 1902 existierte dort nämlich das Committee of Imperial Defence, innerhalb dessen sich eine Unterkommission – das Overseas Defence Committee – mit entsprechenden Fragen beschäftigte. Die afrikanischen Kolonien spielten dabei allerdings nur eine untergeordnete Rolle. Eine gewisse Bedeutung hatte aus strategischen Gründen allenfalls Ostafrika, lag es doch in der Nähe der für Großbritannien wichtigen Seeroute nach Indien. Auch für die französische Militärführung spielten die afrikanischen Kolonien in der Vorbereitung militärischer Operationen vor 1914 keine wichtige Rolle. Der französische Kriegsplan XVII enthielt mit einer einzigen Ausnahme keine Ausführungen über außereuropäische Kriegsaktionen. Dabei ging es um die Wiedergewinnung der 1911 im Rahmen der Agadirkrise an das Deutsche Reich abgetretenen Gebiete von Französisch-Äquatorialafrika. Pläne für den Einmarsch in die übrigen deutschen Kolonien existierten auf französischer Seite keine, so dass die Beteiligung Frankreichs an den Operationen gegen die deutschen Kolonien weitgehend eine Folge der britischen Kriegführung war.

Trotz der Tatsache, obwohl die afrikanischen Kolonien in der Kriegsplanung der europäischen Mächte nur eine untergeordnete Rolle spielten, kam es schon bald nach Beginn des Krieges in Europa auch auf dem schwarzen Kontinent zu militärischen Operationen. Die kürzeste davon war jene in der deutschen Kolonie Togo. Diese verfügte über keine eigentliche Schutztruppe, wie die deutschen Streitkräfte in den Kolonien genannt wurden. Die einzige bewaffnete Macht stellte somit eine Polizeitruppe dar, die aus zwei deutschen Offizieren, fünf deutschen Unteroffizieren und etwa 550 einheimischen Polizeikräften bestand. Diese wurde bei Kriegsbeginn noch durch die Mobilisierung einiger weniger im Land ansässiger deutscher Siedler verstärkt. Angesichts der strategischen Lage Togos, das vollständig von britischen und französischen Kolonien umgeben war, versuchte der stellvertretende deutsche Gouverneur von Döring zunächst, die Kolonie zu neutralisieren, um „den Afrikanern nicht das Schauspiel der miteinander kämpfenden Weißen zu bieten." (Krech 1999, 14). Mit seinem Angebot hatte der deutsche Vertreter in Togo allerdings keinen Erfolg, und das nicht deshalb, weil ein entsprechender Befehl aus London oder Paris britische oder französische Truppen in Marsch gesetzt hätte, sondern weil britische und französische Offiziere vor Ort aktiv wurden. In besonderem Maße galt dies für den britischen Hauptmann Bryant, der angesichts der Abwesenheit seiner Vorgesetzten das Kommando über das Gold Coast Regiment in Ghana innehatte. In einer Operation gegen das militärisch schwache Togo sah er die Chance, sich militärisch zu bewähren. Zudem galt es, allfälligen französischen Operationen von Dahomey zuvorzukommen. Zwar handelte Bryant damit primär aus eigener Initiative, er genoss jedoch die Rückendeckung des Overseas Defence Committee, hatte dieses doch am 5. August 1914 beschlossen, dass die deutschen Kolonien und besonders die dort bestehenden Funkanlagen mit lokalen Streitkräften vor Ort anzugreifen seien. Am 12. August 1914 besetzte das britische Gold Coast Regiment daher den in unmittelbarer Grenznähe gelegenen togolesischen Hauptort Lomé. Die deutschen Streitkräfte hatten diese Stadt ihrem britischen Gegenüber kampflos überlassen und sich an das Innere des Landes zurückgezogen, um die seit Juni 1914 in Kamina in Betrieb befindliche Funkstation zu schützen, die eine wichtige Relaisstation für den Funkverkehr der deutschen Kriegs- und Handelsschiffe im Südatlantik war.

Die britischen Truppen rückten in der Folge entlang der Straße und der Eisenbahnlinie nach Kamina vor. Einzig am Chra River stießen sie am 22. August kurzzeitig auf organisierten Widerstand.

Das Gold Coast Regiment erlitt dabei erhebliche Verluste, doch zogen sich die deutschen Verbände am Nordufer des Flusses schon in der darauf folgenden Nacht zurück. In der Nacht vom 24. auf den 25. August ließ von Doering, der nach dem Tod von Hauptmann Georg Pfähler am 16. August auch den militärischen Oberbefehl übernommen hatte, die Sendemasten sowie die übrigen Einrichtungen von Kamina zerstören. Am nächsten Tag kapitulierte er, weil weitere britische Truppen von Nordwesten und französische Verbände von Nordosten in Togo eindrangen. Die Reaktionen der Einheimischen waren unterschiedlich, doch begrüssten einige der dortigen Eliten die britischen Truppen als Befreier und ermöglichten im weiteren Verlauf des Krieges der britischen Besatzungsmacht die Rekrutierung von Soldaten und Trägern für die Kriege in anderen Teilen Afrikas.

Die Operationen gegen die deutsche Kolonie Kamerun erwiesen sich als schwieriger als diejenigen in Togo. Dies war primär eine Folge der geographischen Lage und des dichten tropischen Regenwaldes, die zusammen bessere Bedingungen für eine Verteidigung der Kolonie boten. Die dortige deutsche Schutztruppe war zwar etwas stärker als die Verbände in Togo, doch auch in Kamerun war sie den alliierten Streitkräften, die aus Nigeria und Französisch Äquatorialafrika angriffen, massiv unterlegen. Die deutschen Militärs profitierten allerdings davon, dass auf alliierter Seite keine koordinierten Pläne für einen Angriff bestanden und die britischen und französischen Streitkräfte sich bei ihren Operationen primär von ihren nationalen Zielen leiten ließen. Zur Sicherstellung der französischen Telegrafenleitung zwischen Bangui und Brazzaville wurde unter dem französischen Oberkommandierenden in Äquatorialafrika, Joseph Aymérich, zuerst die Stadt Singa südöstlich von Bangui besetzt. Auch die übrigen Teile der 1912 als Folge der zweiten Marokkokrise von Frankreich an das Deutsche Reich abgetretenen Teile Französisch Äquatorialafrikas wurden in der Folge wieder besetzt. Auf britischer Seite standen die Besetzung des Hafens von Douala und die Zerstörung der dortigen Funkstation im

Vordergrund. Angesichts ungünstiger geographischer Verhältnisse zwischen der Grenze Nigerias und Douala musste dafür allerdings eine Invasion von der See her vorbereitet werden, so dass sich die britischen Operationen in Kamerun verzögerten. Nach dem Ultimatum vom 27. September 1914 besetzten die britischen Streitkräfte die Stadt kampflos. Eine Kapitulation der gesamten Kolonie lehnte die deutsche Schutztruppe aber weiterhin ab, so dass die alliierten Truppen weiter vorrücken mussten. Neben Angriffen von der Küste und von Französisch Äquatorialafrika folgte nun eine weitere britische Offensive von Nigeria aus, in deren Verlauf auch schwarze Soldaten eingesetzt wurden. Angesichts der schlechten Verkehrswege und des dichten Tropenwaldes waren die alliierten Streitkräfte zudem auf eine große Anzahl schwarzer Träger angewiesen, die zu Tausenden an den Strapazen und diversen Krankheiten starben. Insbesondere im Süden Kameruns konnten die alliierten Streitkräfte von der Unterstützung durch wesentliche Teile der lokalen Bevölkerung profitieren, dies nicht zuletzt, weil einer ihrer Führer kurz vor Kriegsausbruch von den deutschen Behörden verhaftet worden war. Andere Teile der Bevölkerung Kameruns hingegen unterstützten die deutsche Schutztruppe, weshalb diese bis Ende 1914 weite Teile des Landes im Norden und Süden halten konnte. Einzig an der Küste und im Südosten war den alliierten Streitkräften die Besetzung einiger Teile der Kolonie gelungen.

Im Jahre 1915 gestaltete sich die Situation für die britischen und französischen Kommandeure vor Ort schwierig. Für den Nachschub an Material und Truppen waren sie auf die Kooperation der Kolonialbehörden in Nigeria sowie Französisch West- und Äquatorialafrikas angewiesen. Jedoch war der Gouverneur Nigerias, Sir Frederick Lugard nicht bereit, weitere Truppen aus seiner Kolonie für den Feldzug in Kamerun abzustellen. Er fürchtete nämlich um die innere Sicherheit in Nigeria und wurde in dieser Sorge durch einen Aufstand in der Provinz Warri bestärkt. Schließlich wurde dem britischen Kommandeur in Douala ein indisches Bataillon zugestanden. Die Regenzeit verzögerte die Operationen weiter, so

dass weitere Offensiven erst ab Mai 1915 erfolgten. Eine Gegenoffensive der deutschen Schutztruppe war nicht erfolgreich und als
die britischen Truppen schließlich mit dem massiven Einsatz von
Artillerie begannen, sank die Kampfmoral der bereits stark dezi-
mierten afrikanischen Teile der deutschen Schutztruppe erheblich.
Munitionsmangel auf deutscher Seite und Krankheiten auf beiden
Seiten sorgten für weitere hohe Verluste. Die Kämpfe wurden jedoch in der Region um Yaoundé bis zu Beginn des Jahres 1916
fortgesetzt. Vom 3. bis 14. Februar 1916 zogen sich die Reste der
deutschen Schutztruppe nach Süden zurück und überschritten die
Grenze zur spanischen Kolonie Muni, wo sie interniert wurden. Am
18. Februar 1916 kapitulierten die letzten deutschen Einheiten in
Kamerun bei Mora.

Auch die Eroberung der deutschen Kolonie in Südwestafrika sollte nach Auffassung des Overseas Defence Committee durch lokale
Streitkräfte erfolgen. Bei Kriegsbeginn wurde deshalb die Regierung
der südafrikanischen Union von ihrem britischen Gegenüber gebeten, diese Aufgabe zu übernehmen. Innerhalb Südafrikas führte dies
zu großen innenpolitischen Diskussionen, denn ranghohe südafrikanische Politiker und Militärs lehnten es ab, gegen das Deutsche
Reich ins Feld zu ziehen, welches sie während des Burenkrieges,
wenn auch in geringem Ausmaß, unterstützt hatte. Premierminister Louis Botha entschied sich deshalb dafür, die Operationen nur
mit Freiwilligen durchzuführen. Trotz dieser Konzession kam es
zu gewaltsamem Widerstand gegen das Vorhaben der Regierung,
was Botha zur Verhängung des Kriegsrechtes zwang. Schließlich
unterdrückte er die so genannte *Afrikaner Rebellion* gewaltsam. Ein
Angebot der britischen Regierung, ihm dafür auch australische und
neuseeländische Truppen zur Verfügung zu stellen, lehnte er mit
Rücksicht auf seine Anhänger unter den Buren ab.

Die eigentlichen Offensiven in Deutsch-Südwestafrika begannen
auf Grund der Probleme in Südafrika erst im Frühjahr 1915. Dabei rückte General Jacob van Deventer mit seinen Truppen vom
Oranjefluss im Süden her vor, während sein Kollege Jan Christiaan

Smuts von Lüderitz aus nach Osten vorstieß und Botha seine Truppen von Swakopmund in Richtung der Hauptstadt der Kolonie Windhuk führte. Die deutsche Schutztruppe war angesichts des massiven, mit einer Streitmacht von 67 000 Mann vorgetragenen Angriffs der südafrikanischen Truppen zu einer wirklichen Verteidigung der Kolonie nicht in der Lage. Am 20. April 1915 vereinigten sich die Truppen von van Deventer und Smuts bei Keetmanshoop und rückten in der Folge weiter nach Norden vor. Botha erreichte mit seinen Truppen die Hauptstadt zuerst und besetzte sie am 12. Mai. Die deutsche Schutztruppe zog sich weiter nach Norden zurück. Erste Verhandlungen zwischen Botha und dem deutschen Gouverneur Seitz, der auf einen Waffenstillstand hoffte, scheiterten am 21. Mai. Die Nutzung der Eisenbahnlinien und der erstmalige Einsatz von Lastkraftwagen ermöglichte es den südafrikanischen Truppen, in der Folge rasch weiter nach Norden vorzudringen, während die deutsche Schutztruppe mehr und mehr unter Versorgungsschwierigkeiten litt. In Khorab wurde sie von den südafrikanischen Streitkräften eingekesselt und zur Kapitulation gezwungen. Ein großer Teil der südafrikanischen Truppen wurde in der Folge abgezogen und zum Teil nach Ostafrika verlegt.

Dieser letzte Kriegsschauplatz in Afrika war derjenige, auf welchem die Kämpfe am längsten und intensivsten waren und wo sie vor allem einen Charakter annahmen wie ansonsten in keiner anderen Kolonie. Sie fanden ihren Abschluss erst, nachdem in Europa im November 1918 ein Waffenstillstand geschlossen worden war. Die Kolonie Deutsch-Ostafrika war bereits sehr früh im Krieg von militärischen Operationen betroffen. Da die Kommunikationsverbindungen der Kolonie weitgehend über Britisch-Ostafrika verliefen, waren die kolonialen Behörden mit Gouverneur Heinrich Schnee an der Spitze früh von der Kommunikation mit dem Mutterland abgeschnitten und auf sich allein gestellt. War es die Absicht des Gouverneurs, vor allem die Küstengebiete weitgehend kampflos zu räumen, um unnötige Zerstörungen der zivilen Infrastruktur zu vermeiden, so lehnte der Kommandeur der dortigen deutschen Schutztruppe ein solches Vorgehen ab. General Paul von Lettow-Vorbeck war hingegen der Auffassung, dass es seine Aufgabe sei, mit militärischen Operationen möglichst viele feindliche Truppen zu binden, damit diese nicht in Europa zum Einsatz kommen könnten. Zu einer ersten Machtprobe zwischen den beiden Männern kam es bereits am 8. August 1914, als der Kommandeur des britischen Kapgeschwaders vor der Küstenstadt Dar-es-Salam erschien und ultimativ die Zerstörung des dortigen Funkturms, die Entfernung jeglichen Kriegsmaterials sowie den Verzicht auf feindliche Akte verlangte. Geheimrat Wilhelm Methner, der vom Gouverneur dazu ermächtigt worden war, akzeptierte dieses Ultimatum unter der Bedingung, dass er auch weiterhin befugt sei, innerhalb der Stadt alle Maßnahmen zur Aufrechterhaltung der öffentlichen Ordnung zu treffen. Lettow-Vorbeck, der im nahe gelegenen Pugu Teile seiner Truppen versammelt hatte, schickte in der Folge sofort einen Hauptmann mit einem schriftlichen Befehl nach Dar-es-Salam, in welchem er Methner erklärte, dass er die vollziehende Gewalt in der Stadt übernehme und daher er, und nur er, zu Verhandlungen mit der britischen Marine befugt sei. Sofort setzte Methner Gouverneur Schnee davon telefonisch in Kenntnis, worauf dieser das militärische Vorgehen für ungültig erklärte und Lettow-Vorbeck telegraphisch rügte. Da die britischen Kriegsschiffe nach der Beschießung des Funkturmes und dessen präventiver Sprengung durch die Schutztruppe die Küste vor Dar-es-Salam wieder verließen, und weil Lettow-Vorbeck momentan an einer Zuspitzung des Konfliktes mit dem Gouverneur nicht interessiert war, kam es zu keinen weiteren Auseinandersetzungen. Lettow-Vorbeck hielt seine Truppen allerdings weiterhin in Bereitschaft, um eine Landung alliierter Truppen auf dem Boden Deutsch-Ostafrikas zu verhindern. Zu ähnlichen Vorfällen wie in Dar-es-Salam kam es auch in der Nähe weiterer Küstenstädte, doch hatten auch diese keine weiteren Konsequenzen, da die britischen Kriegsschiffe wieder abzogen und auf die Landung alliierter Truppen vorerst verzichtet wurde. Dies war nicht zuletzt eine Folge dessen, dass die dafür vorgesehenen Teile der Indian Army erst in Britisch Ostafrika eintreffen mussten.

Lettow-Vorbecks Einheiten nutzten in der Folge die ihnen gegebene Zeit für erste Angriffe entlang der Grenze zu Britisch-Ostafrika und in Uganda. Primäres Ziel war dabei die in der Nähe der Grenze verlaufende Ugandabahn, die die Lebensader Britisch Ostafrikas bildete. Auch hier handelten Lettow-Vorbeck und seine Untergebenen entgegen den Anweisungen von Gouverneur Schnee. Der abseits vom Kriegsgeschehen residierende Schnee wurde so immer wieder vor vollendete Tatsachen gestellt, worauf er einzig mit der hilflosen Wiederholung seiner Weisungen zu reagieren vermochte. Ende Oktober 1914 konnten Lettow-Vorbeck und seine Schutztruppe einer Reihe von erbeuteten britischen Zeitungen entnehmen, dass ein Angriff britisch-indischer Streitkräfte auf Deutsch-Ostafrika bevorstehe. Lettow-Vorbeck vermutete dabei richtig, dass der Angriff bei Tanga erfolgen würde. Daher zog er einen Großteil seiner Truppen dort zusammen. Wiederum setzte er sich über die Weisung von Schnee hinweg, die Stadt und den Hafen nicht zu verteidigen. Die dortigen Offiziere und Beamten überzeugte er mit einem Appell an die militärische Pflicht und Ehre. Als die britisch-indische Streitmacht vor Tanga erschien und die Übergabe der Stadt forderte, weigerte sich der dortige zivile Kommandeur in Übereinstimmung mit Lettow-Vorbeck und organisierte den Widerstand. Nicht zuletzt dank der schlechten Planung der Landung, einer dürftigen Kommunikation, dem Einsatz ungeübter indischer Streitkräfte und der Arroganz der britischen Kommandeure, die von den mehrheitlich schwarzen Soldaten der Schutztruppe keinen wirklichen Widerstand erwarteten, gelang es den deutschen Truppen, die britisch-indische Invasion zurückzuschlagen und die feindlichen Truppen zum Rückzug nach Mombasa zu zwingen.

Durch seinen militärischen Erfolg konnte sich Lettow-Vorbeck nun nicht nur seines Rückhalts in der Schutztruppe gewiss sein, auch seine Position gegenüber Gouverneur Schnee war gestärkt worden. Die gesamten kolonialen Anstrengungen wurden nun auf

den Krieg ausgerichtet. Im Zentrum stand dabei die Organisation
der Versorgung der Schutztruppe, die allein aus dem Land erfolgen
musste. Alle Pflanzer, die nicht ohnehin bereits für die Schutztruppe rekrutiert worden waren, stellten ihre Betriebe auf Truppenver-
pflegung um. Anstelle von Kautschuk und Sisal wurden Weizen,
Obst und Gemüse angebaut. Den größten Teil der Produktion
von Lebensmitteln übernahmen aber auch weiterhin einheimische
Bauern, wie dies bereits vor 1914 der Fall gewesen war. Auch für
den Transport der Lebensmittel waren primär afrikanische Träger
verantwortlich, denn abgesehen von einer Bahnlinie im Zentrum
des Landes war die Kolonie verkehrstechnisch kaum erschlossen.
Lettow-Vorbeck war also, wie die Offiziere anderer Kolonialmächte
in weiteren Teilen Afrikas auch hier auf die Kooperation lokaler
einheimischer Eliten angewiesen, ohne die seine Kriegführung gar
nicht möglich gewesen wäre. Angesichts dringenderer Probleme auf
alliierter Seite kam es im Jahre 1915 nur zu vereinzelter Scharmüt-
zeln in den Grenzregionen.

Erst im Februar 1916 begann mit der Ankunft südafrikanischer
Truppen die eigentliche Offensive der Alliierten. Diese erfolgte primär von Britisch-Ostafrika aus. Einige belgische Einheiten stießen
allerdings auch aus dem Kongo nach Burundi und Ruanda vor.
Auf alliierter Seite hatte unterdessen der südafrikanische Verteidigungsminister Jan Christiaan Smuts das Kommando übernommen.
Lettow-Vorbeck erkannte, dass es unter diesen Umständen für ihn
schwierig werden würde, das Gebiet der deutschen Kolonie zu halten. Er wich deshalb einer Entscheidungsschlacht immer wieder aus
und führte mit seiner primär aus afrikanischen Askaris bestehenden
Truppe eine Art Guerillakrieg. Erst als Smuts selbst großflächig be-
gann, schwarze Träger für seinen Kampf einzusetzen, gelang es ihm,
Lettow-Vorbeck Schritt für Schritt nach Süden zurückzudrängen.
Smuts selbst gab 1917 den Oberbefehl in Ostafrika an General
Hoskins ab, um innerhalb des britischen Kriegskabinetts zu wirken
und im Imperial War Cabinet die Interessen der südafrikanischen
Union zu vertreten. Auch unter Hoskins Nachfolger van Deventer

änderte sich am Charakter des Krieges in Deutsch-Ostafrika wenig. Lettow-Vorbeck, der unterdessen weitgehend auch die Befugnisse des zu seinem Tross zählenden Gouverneurs Heinrich Schnee übernommen hatte, musste ebenso wie seine britisch-südafrikanischen Gegner starke Verluste hinnehmen. Erneut setzte er sich in der Folge über die Vorstellungen von Schnee hinweg, als er Ende 1917 dessen Vorschlag ablehnte, sich im Gebirge des Makondehochlandes zu verschanzen. Bestärkt durch die Mitteilung, dass ihm 1916 der höchste deutsche Orden – Pour le Mérite – verliehen worden sei, entschied er sich schließlich am 25. November 1917 nach Portugiesisch Ostafrika auszuweichen und den Krieg dort fortzusetzen. Ende September 1918 kehrte Lettow-Vorbeck mit den ihm verbliebenen Truppen erneut auf das Gebiet von Deutsch-Ostafrika zurück, um von dort aus nach Nord-Rhodesien vorzudringen, wo er am 13. November 1918 vom Waffenstillstand erfuhr und die Waffen streckte.

Nach dem Krieg wurde Lettow-Vorbeck in Deutschland als Held gefeiert. Jedoch war er keineswegs so erfolgreich, wie es auf den ersten Blick schien und die Bilanz des Krieges in Ostafrika war katastrophal. Zwar gelang es Lettow-Vorbeck tatsächlich, eine größere Zahl feindlicher Truppen zu binden und eine Kapitulation der Kolonie zu verhindern, wie sie in anderen Teilen des deutschen Kolonialreiches früher oder später erfolgt war. Das deutsche Kolonialgebiet vermochte er jedoch nicht zu verteidigen. Großbritannien erreichte schon relativ früh sein vordringlichstes Ziel in Ostafrika, nämlich die Zerstörung der Funkanlagen und die Kontrolle über die Hafenanlagen. Eine kriegsentscheidende Bedeutung hatte auch die von Lettow-Vorbeck in Ostafrika gebundene Anzahl britischer, indischer und südafrikanischer Truppen nicht, besonders auch deshalb nicht, weil die südafrikanische Regierung zwar dem Einsatz ihrer Truppen in Ostafrika zustimmte, deren Einsatz in Europa allerdings kaum zugelassen hätte. Für Ostafrika selbst war der Krieg zudem ein einziges Desaster. Nicht nur war die Zahl der direkten Kriegsopfer mit 10 000 Soldaten und 100 000 Trägern so hoch wie in keinem anderen Teil Afrikas, auch wirtschaftlich wurden die Kolonie und die angrenzenden Gebiete schwer geschädigt. Besonders die einheimische Landwirtschaft litt massiv unter der hohen Anzahl von auf beiden Seiten zwangsrekrutierten Trägern. Hungersnöte über das Kriegsende hinaus, waren die Folge.

## 4.6. Operationen in Ostasien und dem Pazifik

In Ostasien und dem Pazifik wurde der Krieg durch Schüsse einer Batterie der australischen Artillerie eröffnet. Von Queenscliff bei Melbourne aus hinderte eine Salve das deutsche Frachtschiff Pfalz am Mittag des 5. August am Auslaufen aus dem Hafen. In der Folge konzentrierten sich die in den Krieg eingetretenen Dominions Australien und Neuseeland auf die Mobilisierung ihrer Truppen und auf die Aufstellung von Expeditionseinheiten für den Krieg in Europa. Gleichzeitig wurden Maßnahmen getroffen, um zu verhindern, dass deutsche Reservisten ausreisen konnten oder dass das Deutsche Reich in irgendeiner anderen Art aus Großbritannien und dem Empire Unterstützung erhalten könne. Die übrigen unabhängigen Staaten Ostasiens (Japan, China, Siam) sowie Niederländisch-Ostindien blieben vorerst neutral. Da Großbritannien nicht direkt vom Deutschen Reich angegriffen worden war, bestand für Japan auf Grund des 1911 erneuerten britisch-japanischen Bündnisvertrages keine Verpflichtung, in den Krieg einzutreten. Doch schon bald betonten wichtige Politiker wie Inoue Kaoru, dass der Krieg für Japan eine einzigartige Chance bilde (vgl. 2.1). Am 7. August 1914 erging ein britisches Hilfsersuchen an die japanische Regierung. Dabei ging es nicht um konkrete militärische Unterstützung für den Krieg in Europa, sondern vielmehr um die Entlastung britischer Einheiten in Ostasien. Im Zentrum standen der Schutz der beiden in China gelegenen britischen Häfen von Hong Kong und Weihaiwei sowie die Mithilfe bei der Beseitigung der Gefahr, die vom deutschen Ostasiengeschwader unter Vizeadmiral Graf von Spee ausging (vgl. 4.4). Schon an ihrer Kabinettssitzung vom 8.

August 1914 erklärte sich die japanische Regierung bereit, dem
Ersuchen Großbritanniens entgegenzukommen. Im Unterschied
zu den Vorstellungen der britischen Regierung, die sich primär auf
eine Mitwirkung Japans im Rahmen der alliierten Seekriegsführung
beschränkten, waren die Absichten der japanischen Regierung umfassender. Einerseits bestand durch einen Eintritt in den Krieg die
Möglichkeit, das deutsche Pachtgebiet auf der chinesischen Shandong-Halbinsel unter japanische Kontrolle zu bringen. Andererseits konnte somit auch die Politik des *Nan'yo*, der Expansion nach
Süden, wieder aufgenommen werden, die besonders unter führenden Offizieren der Marine sehr beliebt war. Am 15. August 1914
richtete die japanische Regierung entsprechend ein Ultimatum an
das Deutsche Reich, in welchem verlangt wurde, dass die deutsche
Regierung innerhalb einer Woche ihre Bereitschaft erkläre, alle
Soldaten und Schiffe aus japanischen und chinesischen Gewässern
abzuziehen und das deutsche Pachtgebiet um Tsingtao an Japan
zu übergeben. Nachdem das Ultimatum von deutscher Seite nicht
beantwortet wurde, erklärte Japan dem Deutschen Reich am 23.
August 1914 den Krieg.

Erstes Ziel der japanischen Operationen war das deutsche Pachtgebiet um Tsingtao auf der Halbinsel Shandong. Am 27. August
1914 blockierten japanische und britische Kriegsschiffe den Hafen
von Tsingtao und am 2. September landeten japanische Soldaten in
der Nähe der Stadt und begannen mit deren Belagerung. Daneben
wurde der restliche Teil des deutschen Pachtgebietes besetzt und
vor allem die Bergwerke und die Eisenbahnlinien von Japan übernommen. Als die Munitionsvorräte aufgebraucht waren, zerstörten die deutschen Truppen die bestehenden Verteidigungsanlagen
Tsingtaos und kapitulierten am 7. November. Noch während die
Kämpfe auf der Shandong-Halbinsel andauerten, begann die japanische Marine am 29. September unter dem Vorwand, das deutsche
Ostasiengeschwader von Spees zu suchen, mit ihrer Expansion im
Pazifik. Sie ging dabei behutsam vor, handelte aber rasch und entschieden, sobald sich die Möglichkeit dazu bot. Am 29. Septem-

ber erfolgte die japanische Landung in Jaluit, das am 3. Oktober
offiziell von Japan zum besetzten Territorium erklärt wurde. Erst
eine Woche später, wohl nachdem eine britische Reaktion auf diese
Besetzung ausgeblieben war, wurden dann Ponape Yap, Koror und
Angaur kurz nacheinander besetzt, später auch Saipan und Truk.
Die deutschen Behörden auf diesen Inseln leisteten keinen Widerstand und auch die Regierung Großbritanniens reagierte zunächst
nicht. Zumindest im Fall der beiden Inseln Yap und Angaur war
dies doch einigermaßen erstaunlich, handelte es sich bei ersterer
doch um einen wichtigen Knotenpunkt internationaler Kommuni-
kationslinien und bei letzterer um eine phosphatreiche Insel, die vor
dem Krieg vom Kolonialministerium als wichtiges Ziel bezeichnet
worden war.

Neben Japan wurden vor allem die Regierungen und Streitkräfte Australiens und Neuseelands zu Kriegsbeginn im Pazifik aktiv.
Schon während der Julikrise hatten die Politiker dort betont, dass,
falls es zum Krieg kommen werde, beide Dominions geschlossen
hinter dem Mutterland stünden und nötigenfalls auch Truppen
stellten. Für die britische Führung stand dies jedoch nicht im Vordergrund. Ihres Erachtens sollten Australien und Neuseeland einen
Beitrag dazu leisten, die deutschen Besitzungen im Pazifik zu neutralisieren und das deutsche Ostasiengeschwader unschädlich zu
machen (vgl. 4.4). Beide Forderungen stießen in den pazifischen
Dominions auf offene Ohren, konnten doch so alte Ansprüche auf
die deutschen Kolonien sowie die Existenz der Royal Australian
Navy neu legitimiert werden. Die Wünsche der britischen Führung ließen sich jedoch nicht rasch umsetzen, denn die Kriegspläne hatten sich angesichts der abnehmenden Bedrohung durch das
Deutsche Reich und der zunehmenden Bedrohung durch Japan in
den letzten Jahren vor 1914 eine andere Richtung angenommen.
Da die neuseeländische Operation rascher vorbereitet war als die
australische, wurde dieser schließlich Vorrang gewährt. Unter dem
Schutz der HMAS Australia entsandte Neuseeland einen Truppen-
konvoi nach Samoa. Am 29. August 1914 erreichten die neusee-

ländischen Truppen den dortige Hauptort Apia, der wie die übrige Insel kampflos besetzt werden konnte, da der deutsche Gouverneur und sein Beratungsgremium schon am 5. August beschlossen hatten, keinen Widerstand zu leisten.

Auch die australischen Truppen stießen bei ihrer Besetzung Neuguineas kaum auf Widerstand. Der dortige Gouverneur wollte seine Kolonie zwar nicht kampflos aufgeben, doch war auch er sich bewusst, dass die wenigen einheimischen Polizisten und die hastig rekrutierten deutschen Siedler mit ihren wenigen Gewehren nicht in der Lage sein würden, den australischen Truppen lange Paroli zu bieten. Die australische Militärführung war sich dessen zwar bewusst, innerhalb der Bevölkerung von Port Moresby, dem Zentrum der Verwaltung der australischen Kolonie Papua, war die Angst vor einer deutschen Invasion allerdings groß. Angesichts dieser Unsicherheit wurde zum Schutz der australischen Expedition in Neuguinea ein Großteil der Royal Australian Navy zusammengezogen. Nach Landung der australischen Truppen auf der Insel Rabaul kam es zu einem kurzen aber heftigen Gefecht. Der Oberkommandierende der Expedition, Oberst Holmes, der an der Verlässlichkeit der deutschen Marineverbände zweifelte, strebte deshalb eine rasche Kapitulation der deutschen Kolonie an. Diese erreichte er auch am 17. September, da er den deutschen Kolonisten in der Kapitulationsurkunde das Weiterführen ihrer Geschäfte gestattete und die deutschen Beamten in seine Verwaltung übernahm, sofern sie einen Neutralitätseid schworen. Er erklärte sich sogar bereit, diejenigen deutschen Beamten, die es wünschten, auf Kosten Australiens zurück nach Europa zu befördern. Generalgouverneur Munro-Ferguson und viele Leute in Australien hielten diese Zugeständnisse für übertrieben, so dass sich in Australien kaum jemand beschwerte, als sie später zurückgenommen wurden. Auf eine Besetzung der ebenfalls zur deutschen Kolonie Neuguinea zugehörigen Marschallinseln, Marianen und Karolinen wurde vorläufig verzichtet. Einzig die Funkstationen wurden von Schiffen der Royal und der Royal Australian Navy zerstört.

Die Verstimmung der australischen Regierung über die Besetzung dieser Inseln durch japanische Truppen im September und
Oktober 1914 war groß, war sie doch bisher davon ausgegangen,
dass ihr diese Inseln mit der Kapitulation des deutschen Gouverneurs auf New Guinea schon zugefallen waren. Sie ließ es aber bei
diplomatischen Protesten bewenden, so dass der japanische Außenminister Kato Taka'aki sein mit der Besetzung verfolgtes Ziel der
Verhinderung einer zweiten australischen Expedition erreichte. Auf
diese Weise gelang es ihm, sowohl die britische als auch die australische Regierung vor ein *fait accompli* zu stellen. Dem britischen
Kolonialminister Harcourt und dem australischen Generalgouverneur Munro-Ferguson fiel die undankbare Aufgabe zu, der dortigen
Regierung klar zu machen, dass an der bestehenden Situation wohl
kaum mehr etwas zu ändern sei. Mit Ausnahme der Bekämpfung
einiger weniger deutscher Kaperschiffe, die im Pazifik ihr Unwe-
sen trieben, kam es nach der Besetzung der deutschen Kolonien
und der Vertreibung des deutschen Ostasiengeschwaders zu keinen
weiteren militärischen Operationen im Pazifik. Allerdings gingen
die Streitigkeiten zwischen Japan und Australien einerseits sowie
Japan und China andererseits weiter. Die australische Regierung
pochte bis Februar 1917 darauf, dass die Aufteilung der deutschen
Kolonien erst an einer Friedenskonferenz definitiv geregelt werden
solle. Schon bald erkannte sie jedoch, dass es wohl schwierig werden
dürfte, die japanischen Ansprüche auf die nördlich des Äquators
gelegenen Teile des deutschen Kolonialimperiums zurückzuwei-
sen. Australien wie Neuseeland konzentrierten sich daher ab Ende
1914 primär auf die Rekrutierung von Soldaten für ihre Truppen
in Europa und dem Nahen Osten sowie auf die wirtschaftliche
Mobilisierung für den Krieg, was vor allem in Australien zu inneren
Auseinandersetzungen führen sollte (vgl. 7.2).

Der Erste Weltkrieg hatte aber auch nachhaltige Auswirkungen
auf China, vor allem deshalb, weil die chinesische Regierung keineswegs gewillt war, in diesem Krieg zu einem Spielball der Mächte
zu werden. Der Konflikt wurde dort als Herausforderung, Chance

und auch als Gefahr verstanden, was den chinesischen Historiker Xu Guoqi dazu veranlasste, die Situation mit dem chinesischen Wort *weiji* zu charakterisieren. Es besteht aus zwei chinesischen Schriftzeichen, *wei* bedeutet Gefahr, und *ji* beinhaltet die vorhandenen Chancen oder Möglichkeiten einer sich bietenden Gelegenheit. Gemäß Xu bildete der Krieg für China einerseits eine Gefahr, war es doch möglich, dass die imperialistische Unterjochung des Landes durch die europäischen Mächte, besonders durch das benachbarte Japan, verstärkt, und es zum Schauplatz kriegerischer Auseinandersetzung ausländischer Mächte werden würde. Andererseits bot der Krieg China auch Chancen und neue Möglichkeiten, um sich dieser Unterdrückung zu erwehren und die begonnenen inneren Reformen fortzusetzen (Xu 2005, 81-82). Die chinesische Regierung war deshalb immer wieder darum bemüht, selbst aktiv zu werden. Als erstes versuchte sie, die USA für einen gemeinsamen Mediationsversuch gemäß der Haager Konventionen zu gewinnen. Als dieses Anliegen nicht auf offene Ohren stieß, versuchte China die Krieg führenden Parteien dazu zu bewegen, auf Operationen zu verzichten. Dieses Bestreben blieb allerdings ebenso erfolglos, wie der Versuch, sich mit chinesischen Truppen an der Okkupation des deutschen Pachtgebietes Tsingtao zu beteiligen.

Im Januar 1915 verschlechterte sich die Situation Chinas. Der japanische Botschafter übergab der chinesischen Regierung in diesem Monat die so genannten 21 Forderungen, die feinsinnig auf Papier abgedruckt waren, dessen Wasserzeichen aus Kriegsschiffen und Maschinengewehren bestand. Japans Forderungen waren in fünf Teile gegliedert. Sie betrafen die Übergabe der ehemals deutschen Besitzungen und Rechte in der Provinz Shandong an Japan, die Genehmigung zum Bau einer Eisenbahnlinie, die Verlängerung der Pachtrechte für Lüshun (Port Arthur) und Dailan sowie für die Südmandschurische Eisenbahn auf weitere 99 Jahre. Im Übrigen ging es um die Übertragung der Rechte an Bodenschätzen und deren Abbau in der südlichen Mandschurei und im östlichen Teil der Inneren Mongolei, um die Errichtung einer gemeinsamen japanisch-chinesische Verwaltungen der im Bergbau tätigen und vorwiegend durch japanisches Kapital finanzierten Han-Ye-Ping Gesellschaft, um ein Verbot der Verleihung oder Übergabe weiterer chinesischer Häfen oder Inseln an der chinesischen Küste an ausländische Mächte sowie die Einstellung japanischer Regierungsberater für Fragen der Verwaltung, der Staatsfinanzen und des Militärs. Zudem sollte China dazu verpflichtet werden, Auslandskredite vor allem auf Japan zu beziehen. Die polizeiliche Sicherung der wichtigsten Teile Chinas sollte einer gemeinsamen japanisch-chinesischen Polizei übertragen werden. Zu guterletzt verlangte Japan Vorrechte in der Taiwan gegenüberliegenden Provinz Fujien.

Trotz anfänglichen Widerstandes musste die chinesische Regierung mit Ausnahme der Einstellung japanischer Beamter in den chinesischen Staatsdienst, die Forderungen akzeptieren. Chinas ohnehin schon schwache Position wurde durch innenpolitische Querelen um die Selbsterhebung von Präsident Yuan Shi-Kai zum Kaiser weiter geschwächt. Trotzdem versuchten das chinesische Außenministerium und seine Diplomaten immer wieder die Position des eigenen Landes auf dem internationalen Parkett zu verbessern. Dabei konnten sie unter anderem vom Mangel an Rüstungsgütern in Großbritannien oder Russland profitieren. Trotz der formal weiterbestehenden Neutralität lieferte China so den Alliierten Waffen- und Waffenbestandteile und erklärte sich auch bereit, die Tätigkeit deutscher Geschäftsleute und deutscher Unternehmen in China zu beschränken. In Japan wurden diese Bemühungen allerdings nicht gerne gesehen, zumal die dortige Regierung befürchtete, dass eine Beteiligung am Krieg nicht nur Chinas diplomatische Stellung stärken, sondern auch dazu führen könnte, dass es im Land selbst zu einer Art nationaler Erweckungsbewegung kommen würde. Japan nutzte deshalb Anstrengungen der deutschen Regierung um Verständigung dazu, seine Verbündeten in ihrer Politik gegenüber China unter Druck zu setzen, so dass auch der zweite Versuch der chinesischen Regierung für einen Kriegseintritt scheiterte. Japan gelang es sogar, die britische Regierung auf informeller Ebene dazu zu verpflichten, die japanischen Eroberungen in China auch für die Zeit nach Kriegsende anzuerkennen. Der 1917 schließlich doch noch erfolgte Kriegseintritt Chinas auf der Seite der Entente vermochte die Stellung des Landes daher nicht mehr nachhaltig zu beeinflussen (vgl. 8).

# 5. Front und Heimatfront

## 5.1. Frontalltag im Schützengaben

Während des Ersten Weltkrieges wurden von den Krieg führenden Mächten Millionen Männer mobilisiert und eingesetzt. Ein Großteil davon kam allerdings mit der Front an sich gar nicht in Kontakt. Organisation und Unterhalt von Millionenheeren erforderten den Einsatz von Hunderttausenden von Soldaten im Bereich des Nachschubwesens, in der militärischen Administration, zum Aushub von Gräben und der Befestigung von Stellungen. Weitere Soldaten waren besonders bei den Mittelmächten in den besetzten Gebieten für die Sicherheit im Hinterland verantwortlich. Für diese Männer war die Front im Alltag weit weg. Auch ein Großteil der direkt am Kriegsgeschehen beteiligten Artilleristen bekam vom eigentlichen Alltag in den Schützengräben nur selten etwas mit, da ihre Geschütze meist außerhalb der Frontlinien stationiert wurden. Für sie war der Feind selten wirklich sichtbar und die von ihnen verursachte Zerstörung bekamen sie kaum zu Gesicht. Victor Klemperer registrierte mit Erstaunen, dass es in den Stellungen der Artillerie häufig so ruhig zuging wie auf dem heimischen Übungsgelände auf dem bayrischen Lechfeld (Ziemann 2003, 157).

Nach dem Krieg war es jedoch nicht diese Erinnerung, die dominierte. Vielmehr war es der Alltag der Infanteristen in den Schützengräben, der bestimmend war. Deren Situation unterschied sich erheblich von derjenigen der Artilleristen oder der rückwärtigen Einheiten. Zu Beginn des Krieges, als sich die Fronten noch in Bewegung befanden, war das Risiko für die Soldaten, ihr Leben zu lassen, besonders hoch. So erlitten die deutschen Soldaten in den Monaten August und September des Jahres 1914 Verluste von 12,4 % bzw. 16,8 %, während die Verlustraten sich im Verlauf des Stellungskrieges an der Westfront durchschnittlich bei ca. 3,5 % einpendelten. Die meisten Soldaten kamen während des Stellungskrieges nicht wegen einer direkten Feindberührung ums Leben oder wurden verwundet. Der Großteil der Verluste war vielmehr auf Artilleriebeschuss zurückzuführen. Neue Waffen, wie Giftgas, machten unter 2 % und Stichwaffen, wie Säbel, Dolch oder Bajonett, unter 1 % der tödlichen wie schweren Verwundungen von Soldaten aus. Aber nicht nur die Waffengewalt stellte für die Soldaten eine Gefahr dar, sondern auch Krankheiten sorgten dafür, dass unzählige von ihnen temporär ausfielen. Bis zu 20 % der Todesfälle gingen auf Influenza, Magen-Darm-Erkrankungen, Typhus und andere Erreger zurück. Eine wichtige Rolle spielten in diesem Zusammenhang auch die Dauer der Kriegsteilnahme, die Witterungsverhältnisse (beispielsweise Nässe an der Westfront, Hitze und tropisches Klima in Afrika oder Mesopotamien) sowie die immer schwieriger werdende Ernährungslage der Mittelmächte und Russlands. Auch an der Front kann der Erste Weltkrieg daher in gewisser Hinsicht als ein Hungerkrieg bezeichnet werden (Ziemann 2003, 157; vgl. 5.4).

Den Tod vor Augen zu haben, ist Schicksal von Soldaten. Dennoch war es nicht so, dass der Tod in dieser Phase des Krieges omnipräsent war. So schrieb der 24jährige Jurastudent Walter Limmer aus Leipzig am 3. August 1914 an seine Eltern: „Hurra, endlich habe ich meine Beorderung: morgen Vormittag 11 Uhr in einem hiesigen Lokal. [...] ich gehöre nicht mehr ins friedliche Leipzig. [...] Wenn wir in diesen Zeiten an uns und unsere Angehörigen denken, werden wir klein und schwach. Denken wir an unser Volk, ans Vaterland, an Gott, an alles Umfassende, so werden wir mutig und stark." (Witkop 1928, 7). Solche patriotischen Gefühle wurden zwar auch immer wieder geäußert, sie waren aber bei Studierenden und Angehörigen der Mittel- und Oberschichten sehr viel verbreiteter als bei solchen aus Arbeiterfamilien. Letzteren waren Gedanken an die eigene Familie, an das bevorstehende Abenteuer, an die Möglichkeit, einem tristen Arbeitsalltag zu entfliehen oder im Fall von Soldaten aus fernen Ländern wie Australien oder Indien die Möglichkeit, endlich in die Ferne reisen zu können, viel wichtiger. Ganz verdrängen ließen sich Gedanken an den Tod jedoch nicht. So betonte Walter Limmer in einem weiteren Brief an seine

Eltern einige Tage später, dass es wohl besser sei, wenn diese nicht
damit rechneten, dass er zurückkehre. Wenn es dann doch der Fall
wäre, würden sie seine Rückkehr als ein noch viel größeres Geschenk annehmen (Witkop 1928, 7-8). Als die Soldaten schließlich
an die Front gelangten, schlug sich ihre Wahrnehmung häufig ins
Gegenteil um. Nun war von fürchterlichen Schlachten die Rede,
von einem Ort des Entsetzens, von zerfetzten Menschenleibern,
die in Stacheldrahtverhauen hingen sowie von einem Höllenlärm,
der durch die Geschütze und die einschlagenden Geschosse ver-
ursacht wurde. Der Jurastudent Hugo Müller schrieb dazu am 17.
Oktober 1915: „Der Krieg verroht Herz und Gemüt, macht den
Menschen kalt gegen alles, was ihn sonst ergriff und bewegte; und
doch sind diese Eigenschaften, Härte und Unbarmherzigkeit gegen
das Schicksal und den Tod notwendig für die heißen Kämpfe, zu
denen der Schützengrabenkrieg führt" (Witkop 1928, 238). Ein
ungenannter französischer Maler berichtete schon am 22. Februar
desselben Jahres in einem Brief an seine Mutter ähnliches, als er
schrieb: „Unsere Verluste sind entsetzlich, die des Feindes noch
schlimmer. Du kannst Dir nicht vorstellen, geliebte Mutter, was
der Mensch dem Menschen anzutun vermag." (Lemercier 1918,
152). Die Berichte aus dem weiteren Verlauf des Krieges an der
Westfront waren nicht wesentlich anders. Vor allem die Artilleriebombardements weckten bei den Soldaten in den Schützengräben
große Ängste, da sie nie wussten, ob eine Granate nun in ihren oder
den benachbarten Schützengraben fallen würde. Einige britische
Soldaten schrieben in diesem Zusammenhang auch davon, dass
„sie sofort erkennen würden, wenn eine Granate unterwegs war,
um uns zu begraben. Sobald wir ihren Ton wahrnehmen, schauen
wir uns an wie in einer Agonie. […] Unsere Helme drängen sich
aneinander und wir taumeln wie Betrunkene." „Nie zuvor, auch
wenn ich weiss, was Angst ist, habe ich mich so lange so im Griff
einer so absoluten Furcht befunden. Um uns herum gab es nichts
als die Gefahr eines plötzlichen Todes. Ich sah niemanden fallen.
Ich sah Männer weinen und hätte selbst geweint, hätte ich die Trä-

nen dazu gehabt. In dieser Nacht war unsere Kompanie von einer Art gemeinsamer Furcht erfasst, ungefähr hundert Männer rannten wie die Hasen. Ich habe gebetet, dass ich solches nie wieder erleben muss" (Terraine 1992, 206).

Unter diesen Umständen wird ersichtlich, dass die kommandierenden Offiziere ihre Soldaten nicht allzulange Zeit in den vordersten Linien der Schützengräben belassen konnten. Es kam daher auf allen Seiten in relativ rascher Abfolge zu einem Wechsel der dort eingesetzten Einheiten. Das Erlebte führte aber auch dazu, dass die Männer mehr und mehr abstumpften und in ihren Erholungsphasen hinter der Front vom Tod eines Soldaten nur noch am Rand Notiz nahmen, wenn nicht gerade einer ihrer engsten Kameraden betroffen war (Cecil/Liddle 2003, 223). Wenn sie nicht im Einsatz waren, spielten sie Karten, schrieben oder lasen Briefe, vergnügten sich bei Gelegenheit in einem der häufig hinter der Front befindlichen Bordelle, träumten von jungen Frauen, denen sie in den Dörfern hinter der Front begegnet waren oder lasen eine der vielen Grabenzeitungen, die in jener Zeit erschienen. Ab und zu wurde den Soldaten auch Urlaub gewährt. Die europäischen Soldaten verbrachten diesen häufig bei ihren Familien, mit welchen sie während ihrer Zeit an der Front in Briefen in Kontakt zu bleiben suchten. Das Interesse an Neuigkeiten von zuhause war dabei groß. Die Soldaten gaben ihren Angehörigen auch immer wieder Tipps und Anweisungen hinsichtlich zur Führung von Betrieben oder Erziehung der Kinder. Für Soldaten aus Außereuropa war die Möglichkeit zu ihren Familien zurückzukehren nicht gegeben. Sie mussten sich auf die Briefe beschränken, die sie erhielten oder schrieben. Darin ging es dann meist um die gleichen alltäglichen Fragen, die auch ihre europäischen Kameraden beschäftigten. Wurde außereuropäischen Soldaten Urlaub gewährt, so nutzten sie die Zeit häufig auch dazu, touristische Sehenswürdigkeiten in Frankreich oder Großbritannien zu besuchen, was mitunter auch dazu führen konnte, dass sie nicht mehr oder nicht mehr rechtzeitig zu ihren Einheiten zurückkehrten. Für die dunkelhäutigen Soldaten war die Situation dabei

nicht immer einfach, da sie von ihren europäischen „Landsleuten"
häufig ebenso als Fremdkörper wahrgenommen wurden wie von
Soldaten der Feindmächte. Rassistische Untertöne schwangen in
diesem Zusammenhang häufig mit. So schrieb ein deutscher Zahl-
meister schon am 19. Oktober 1914: „Denn es ist eine Masse Inder,
Bevölkerung vom Senegal usw. wie die ‚schwarzen Männer' alle heißen, auf dem Kampfplatz eingetroffen – England soll sich schämen,
in uns. Europa solche Teufel zu engaschiren. Na wir werden ihnen
ihr schwarzes Fell schon klopfen, dass ihnen die Freude an weißen
Skalps schon vergeht [...]." (Burgdorff/Wiegrefe 2008, 275).

Die Wahrnehmung des Feindes wurde an der Front immer feind-
seliger. Dies hing nicht zuletzt damit zusammen, dass die Nachrichten, die die Soldaten erhielten, zunehmend von einer Propaganda
durchsetzt waren, die die andere Seite dämonisierte. Nach dem
Krieg wollten dies nur wenige zugeben, doch während des Krieges
war der Hass auf die Soldaten auf der anderen Seite zumindest ab
dem zweiten Kriegsjahr sehr groß. Es erstaunt daher auch wenig,
dass es nur im Jahre 1914 an Weihnachten zu spontanen Feuerein-
stellungen und dem gemeinsamen Singen von Weihnachtsliedern
kam, in den folgenden Jahren jedoch nicht mehr. Der Feind war
der Feind und musste möglichst rücksichtslos bekämpft werden. So
schrieb ein französischer Soldat: „Du darfst nie Mitleid mit einem
*Boche*[1] haben, denn diese sind wirklich wilde Unmenschen. Was
mich betrifft, so habe ich einem *Boche* gegenüber nie Mitleid gezeigt, denn jeder, der das tut, tut es, weil er Angst hat, [...] der erste
der mir begegnet, kann sicher sein, dass ich ihn töten werde." Einer
seiner Kameraden schrieb schon im Februar 1915 an seine Eltern:
„Ich empfinde einen schrecklichen Hass auf diese barbarischen
Menschen. Es würde mich freuen, einer ganzen Gruppe davon zu
begegnen und ich garantiere, dass keiner davon lange überleben
würde. [...] Ich bin stolz, wenn ich sie auf dem Schlachtfeld fallen
sehe." (Cecil/Liddle 2003, 227). Trotz all dieser Feindseligkeit kam
es in der Praxis immer wieder zu stillschweigenden oder gar bewusst

---

1    Schimpfwort für die Deutschen unter französischen Soldaten.

eingefädelten Absprachen zwischen Soldaten und Offizieren in den vordersten Linien der beiden Seiten. Ziel solcher Absprachen war aber nicht die Schonung des Feindes, sondern vielmehr die Absicht, sich durch die zeitweise Einstellung des permanenten Beschusses der feindlichen Linien das Leben auf der eigenen Seite etwas leichter zu machen. In diesem Sinn waren es auch selten patriotische Überzeugungen, die die Soldaten in den Schützengräben weiterkämpfen ließ, sondern vielmehr die Gewissheit, dass der Sieg nicht ausbleiben würde und dass es daher die Pflicht eines Soldaten sei, auf seinem Posten zu verbleiben. Dies galt für eine Mehrheit der französischen Soldaten auch für die Zeit der Meutereien im Jahre 1917 (vgl. 7.2). Von Begeisterungsstürmen kann jedoch keine Rede sein.

## 5.2. Waffen und Technologien

Während des Ersten Weltkrieges wurden sowohl im Land- wie im Seekrieg immense Mengen von Waffen und Munition eingesetzt. Da die Kriegführung sich in wesentlichen Teilen auf Land abspielte, waren es die beiden traditionellen Waffengattungen der Infanterie und der Artillerie, die den wesentlichen Teil der Waffen zum Einsatz brachten. Handfeuerwaffen wie das Gewehr, das Maschinengewehr und die Pistole, aber auch Sprengkörper wie Handgranaten und Minen, die unterhalb der Stellungen des Feindes zum Einsatz gebracht wurden, spielten dabei eine ebenso wichtige Rolle wie die Geschütze der Artillerie, die 1914 noch primär auf den Bewegungskrieg ausgerichtet waren. Es kamen daher Kanonen zum Einsatz, deren Kaliber und ballistische Leistung dadurch begrenzt waren, dass sie der Infanterie im Gelände rasch folgen konnten. Besonders auf der Seite der Entente waren schwere Geschütze zu Beginn des Krieges Mangelware. Nur in diesem Bereich verfügten die Mittelmächte und besonders das Deutsche Reich gegenüber ihren Feinden über eine materielle Überlegenheit. Nachdem sich die Fronten im Westen wie im Osten Europas am Ende des Jahres 1914 stabilisiert hatten, bildete die Vergrößerung der Reichweite und die Verbesserung der Durchschlagskraft auf beiden Seiten das zentrale Anliegen im Bereich der technischen Neu- und Weiterentwicklung der Artilleriegeschütze. Die Produktionskapazitäten sowohl für neukonstruierte als auch die Modernisierung alter Geschütze wurden erhöht. Zudem wurden auch Geschütze aus den Beständen alter Festungen und veralteten Kriegsschiffen an der Front zum Einsatz gebracht. Besonders das französische Militär, welches vor dem Krieg nur über wenige mobile schwere Geschütze verfügt hatte, baute seine artilleristische Kapazität auf diesem Weg erheblich aus. Da schwere Artilleriegeschütze über eine große Reichweite verfügten, war es unmöglich, sich auf die bisherige Beschaffung von Informationen über die feindlichen Stellungen vom Boden aus zu verlassen. Es wurde nach neuen Methoden gesucht. Zum Beispiel prüfte man die Licht- und Schallemissionen der feindlichen Geschütze und auf diese Weise deren Standort zu bestimmen, um sie dann wirksam mit der eigenen Artillerie zu bekämpfen. Dazu kam die bereits seit dem 19. Jahrhundert bekannte Luftaufklärung mit Ballonen, die nun durch Flugzeuge ergänzt wurde. Dabei wurde auch die Fotografie eingesetzt, um anschließend feindliche Stellungen am Boden detailliert studieren zu können. Auf dieser Grundlage wurden Skizzen und Karten der feindlichen Stellungen erstellt, welche die Basis für den Einsatz der eigenen Artillerie bildeten. Besonders bedeutsam waren Flugzeuge in der Schlacht an der Somme, als es den britischen und französischen Militärfliegern gelang, fast die komplette Luftherrschaft über dieses Gebiet zu erringen und damit den Erfolg der eigenen Artillerie im Vergleich zu jener des Feindes erheblich zu steigern. Um dabei rascher handeln zu können, wurden die Leitstellen der Artillerie und die Flugzeuge mit Funkgeräten ausgerüstet. Zwischen Artillerie und Infanterie gelang es im Gegensatz dazu nie wirklich, stabile Kommunikationsverbindungen herzustellen, was eine effiziente Unterstützung angreifender Fronttruppen erschwerte und auch immer wieder zur dazu führte, dass die eigenen Truppen unter den Beschuss ihrer Artilleriekameraden gerieten.

Der massive Einsatz der Artillerie führte seit Kriegsbeginn zu einem großen Bedarf an Artilleriemunition. Dieser konnte von den Rüstungsfirmen nicht im gewünschten Ausmaß gedeckt werden. In Großbritannien führte dies im Mai 1915 zum so genannten *Shell Scandal*, an dessen Ende die liberale Regierung Asquith durch eine Koalitionsregierung abgelöst wurde, der nun auch die bisher oppositionellen Konservativen und einige Labour-Politiker angehörten. Der bisherige Finanzminister David Lloyd George übernahm in dieser Regierung das neu geschaffene Rüstungsministerium mit dem Ziel, die Rüstungsgüterproduktion in Großbritannien erheblich zu steigern. In verschiedenen Memoranda forderte Lloyd George zudem den vermehrten Einsatz von Schnellfeuerwaffen anstelle von verlustreichen Infanterieangriffen gegen Stacheldraht. Er konnte sich damit allerdings nicht gegen die Militärführung durchsetzen. In den übrigen Ländern wurden in daraufhin ebenfalls immense Anstrengungen im Bereich der Rüstungsindustrie unternommen. Dies galt nicht nur für europäische Länder. Auch in Australien, Indien und Neuseeland wurde versucht, zumindest die Ausrüstung der eigenen Soldaten selber sicherzustellen; in Australien gab es sogar Bemühungen, Geschosshülsen für Geschützmunition zu produzieren. Angesichts des fehlenden Know-Hows war dieses Projekt allerdings bald zum Scheitern verurteilt. Die australische Regierung hielt jedoch daran fest, langfristig solche Geschosshülsen herzustellen und die Entsendung australischer Kriegsarbeiter nach Europa in der zweiten Kriegshälfte sollte nicht zuletzt auch diesem Zweck dienen. Ähnliche Absichten verfolgte auch die Regierung Chinas (vgl. 5.3.).

Die Kriegführung der Infanterie veränderte sich im Ersten Weltkrieg schon seit Beginn massiv. Verantwortlich dafür war vorerst nicht die Entwicklung neuer Waffentypen, sondern die gesteigerte Waffenwirkung. Die Erfindung des rauchschwachen Pulvers ermöglichte eine höhere Treffgenauigkeit, dessen größere Treibleistung höhere Reichweiten und auch die Feuergeschwindigkeit war bedeutend höher als in früheren Kriegen. Automatische Handfeuerwaffen waren zwar bereits im Amerikanischen Bürgerkrieg und dem Deutsch-Französischen Krieg ansatzweise zum Einsatz gekommen, die Perfektionierung dieser Waffen – nicht zuletzt durch den amerikanischen Konstrukteur Hiram Maxim – ermöglichte die Entwicklung effizienter Maschinengewehre, die bereits während des Burenkrieges (1899-1902) und des Russisch-Japanischen Krieges (1904/05) die Bewegungsmöglichkeiten für Infanterieverbände nachhaltig eingeschränkt hatten. Zwar hatten die europäischen Generalstäbe die in jenen beiden Kriegen mit diesen neuen Waffen gemachten Erfahrungen sehr wohl rezipiert, die internen Rivalitäten zwischen den einzelnen Waffengattungen verhinderten allerdings, dass vor Beginn des Ersten Weltkrieges eine gemeinsame Ausbildung von Infanteristen und Artilleristen in Angriff genommen werden konnte und so Gefechtsformen entwickelt wurden, die später als Gefecht der verbundenen Waffen bekannt wurden. Unter Infanterieoffizieren dominierten daher vor Kriegsbeginn bei der Gefechtstaktik Wunschvorstellungen, wonach es möglich sein werde, das neue Massenfeuer durch einen gesteigerten Angriffsschwung überwinden zu können. Sicherlich spielte dabei auch die Tatsache eine Rolle, dass alle Armeen zwar über Maschinengewehre verfügten, diese aber nur in relativ kleinen Stückzahlen vorhanden und zudem sehr schwer transportieren waren, was eine rasche Verschiebung erschwerte.

Schon in den ersten Tagen des Krieges zeigte sich vor Liège, dass es für Infanterieverände sehr schwierig war, Feuerzonen vor dem Gegner zu überwinden, auch wenn große Verluste in Kauf genommen wurden. Da die Soldaten nur noch selten erkennen konnten, wer geschossen hatte, führte gerade zu Beginn des Krieges immer wieder dazu, dass der Feind beschuldigt wurde, gegen die Regeln des Kriegsrechts zu verstoßen (vgl. 6). Die anstürmenden Verbände erlitten in diesen Feuerzonen massive Verluste, die mit der Zeit untragbar wurden, so dass sich die Infanterieverbände zuerst provisorisch und später dauerhaft einzugraben begannen. Es kam zum Stellungskrieg, der nach einer Anpassung der eingesetzten

Waffen und Kampfmittel verlangte. Dies führte zu Veränderungen im Bereich der eingesetzten Munition. Der Ersatz des Bleikerns der Geschosse durch einen Stahlkern erhöhte deren Durchschlagskraft, was angesichts von verstärkten Deckungen notwendig war. Leuchtspurmunition wurde ebenfalls vermehrt eingesetzt, um die Flugbahn der Geschosse nachvollziehen und daraufhin die Zielausrichtung anpassen zu können. Dazu kam Brandmunition mit einer leicht entzündlichen Phosphorfüllung, um die Hüllen und Füllungen von Luftschiffen und Ballonen sowie die Tanks von Flugzeugen in Brand zu schießen. Der Einsatz von Maschinengewehren wurde massiv gesteigert, wobei leichte Versionen wegen ihrer Bedienungssicherheit und Tragbarkeit gegenüber schweren bald vorgezogen wurden. Im weiteren Kriegsverlauf kamen auch erste Maschinenpistolen zum Einsatz, die ursprünglich in Italien für den Gebirgskrieg entwickelt worden waren. Auch die Handgranate wurde in den Schützengräben verstärkt verwendet, wobei die anfänglich mit einfachen Zündschüren versehenen Sprengkörper weiterentwickelt wurden, um auch auf Distanz und bei schlechter Witterung eingesetzt werden zu können. Die Wirkung der Eier- und Stielhandgranaten beruhte dabei auf einer Kombination von Explosionsdruck und Splitterwirkung. Auch Gewehrgranaten kamen zum Einsatz, sie erwiesen sich allerdings angesichts einer geringen Zielgenauigkeit und der starken Abnutzung der Waffen im Gegensatz zur Neuentwicklung der Minenwerfer als wenig effizient. Eine weitere Waffe, die während des Ersten Weltkrieges erstmals eingesetzt wurde, war der kurz vor 1914 entwickelte Flammenwerfer. Erstmals Verwendung fand er in der Schlacht von Verdun, wo die französischen Verteidiger vor den neuen Waffen entsetzt flohen und ihr Stellungssystem in einer Tiefe von bis zu 600 Metern aufgaben. Dies war ein erheblicher Erfolg und führte auf deutscher Seite zur Bildung eines Flammenwerferbataillons und später sogar eines Flammenwerferregiments, dessen Soldaten einen Totenkopf auf ihrer Uniform trugen. Ihre primäre Aufgabe war das Niederkämpfen feindlicher Stützpunkte und das Aufreißen von Lücken für den Vorstoß der Infanterie. Wegen der Erfolge auf deutscher Seite wurden Flammenwerfer 1917-18 auch von der Gegenseite zum Einsatz gebracht. Sie spielten dabei in Einzelfällen zwar eine wichtige Rolle, den Verlauf des Krieges vermochten aber weder sie noch die übrigen neu eingesetzten Waffen und Waffentypen nachhaltig zu beeinflussen.

Viel höher waren higegen die Erwartungen der Militärführungen beider Seiten im Hinblick auf den Einsatz von Panzerkampfwagen. Pläne für solche motorisierten, geländegängigen, gepanzerten und bewaffneten Fahrzeuge existierten zwar bereits vor dem Ersten Weltkrieg. Sie gelangten aber erst im Verlauf des Krieges zur Ausführung, als sich die Frage stellte, wie ein operativer Durchbruch nicht nur erzielt, sondern auch rasch ausgenutzt werden konnte. Bis weit ins 19. Jahrhundert hinein war dies die klassische Aufgabe von Kavallerieverbänden gewesen und noch 1914 verfügten alle Krieg führenden Mächte über ein großes Kontingent dieser Truppengattung. Jedoch zeigte sich schon bald, dass angesichts der bereits erwähnten Feuerzonen an den klassischen Einsatz von Kavallerieeinheiten nicht zu denken war. Zwar träumte der britische Oberkommandierende in Frankreich, General Douglas Haig noch während der Sommeoffensive 1916 davon, den geplanten Durchbruch durch den Einsatz von Kavallerieverbänden auszunutzen, doch wurden diese Ideen im Keim erstickt. Flugzeuge übernahmen die bisher von der Kavallerie betriebene Aufklärung und die Panzerkampfwagen sollten Schlacht entscheidende Durchbrüche selbst herbeiführen und dann ausnutzen. Unabhängig von einander wurden in Frankreich und Großbritannien schon 1915 die ersten solcher Panzerkampfwagen entwickelt. Im Frühjahr 1916 begann in Großbritannien die Serienproduktion von zwei Typen, dem Kanonenpanzer und dem Maschinengewehrpanzer. Ersterer sollte der Infanterie den Weg durch die feindlichen Stellungen bahnen, während letzterer die Soldaten vor feindlichen Nahkämpfern schützen sollte. Auch in Frankreich wurden ab Mitte 1916 mehrere Typen von Panzerkampfwagen hervorgebracht, wobei sich nur das leichte Modell von Renault dank seiner Geländegängigkeit, seiner Panzerung und einer ausreichenden Bewaffnung wirklich als kampftauglich erwies. Im Deutschen Reich wurde der Wert dieses Kampfmittels lange unterschätzt. Erst nach dem erstmaligen Einsatz britischer Panzerkampfwagen im Rahmen der Schlacht an der Somme im September 1916 (vgl. 4.1.) entschloss sich die deutsche Militärführung zur Entwicklung eines eigenen Gefährts dieser Kategorie. Da die britischen Panzeroperationen nur geringe Erfolge gezeitigt hatten, räumte die Oberste Heeresleitung diesem Projekt jedoch keine Priorität ein, da die eingeschränkten Rüstungskapazitäten des Landes für den vielversprechenderen Bau von U-Booten genutzt werden sollten. Erst nach der Schlacht von Cambrai im November 1917, in der 400 gepanzerte Kettenfahrzeuge des neu aufgestellten britischen Tank Corps ohne die bisher übliche Vorbereitung durch tagelanges Artilleriefeuer die deutschen Stellungen zu durchbrechen vermocht hatten, führte auf deutscher Seite zu einem Umdenken. Da zu diesem Zeitpunkt erst ein Modell fertigungsreif war, wurde nicht mit der Serienproduktion begonnen, sondern die Entwicklung weiterer Typen vorangetrieben. Das deutsche Heer verfügte deshalb im Jahre 1918 nur über 20 einsatzbereite Panzerkampfwagen. Auch auf Seiten der Entente bestand bis Kriegsende keine Einigkeit über die Einsatzmöglichkeiten der neuen Waffe. Während die Offiziere des britischen Tank Corps wie in der Schlacht von Cambrai den breiten Einsatz forderten, befürworteten andere Offiziere deren Aufgebot primär in kleinen Verbänden zur Unterstützung der Infanterie. Die Diskussionen über die richtige Verwendung des neuen Kampfmittels gingen bis Kriegsende weiter und wurden auch in der Zwischenkriegszeit heftig weitergeführt (Harris 1995; Förster 2002).

Der Erste Weltkrieg war auch die Geburtsstunde einer modernen Massenvernichtungswaffe, die in späteren Jahren sowohl im Krieg wie bei der Bekämpfung inneren Widerstandes stetig zum Einsatz kommen sollte, nämlich Giftgas respektive chemische Waffen. Zum ersten Mal wurde Chlorgas bei Langemarck am 22. April 1915 (vgl.

4.1) verwendet. Der Gebrauch von Chemikalien auf dem Schlachtfeld war nichts Neues, wurden doch seit Kriegsbeginn auf beiden
Seiten immer wieder Tränengas und andere mit chemischen Zu-
sätzen versehene Waffen benutzt. Ein großflächiger Einsatz von
Chlorgas erfolgte jedoch erst im Rahmen der besagten Schlacht von
Langemarck. Dieses Vorgehen ging auf Anregung von Fritz Haber
zurück, der als Direktor der Kaiser-Wilhelm-Instituts für Physika-
lische Chemie und Elektrochemie in Berlin an der Entwicklung der
Ammoniaksynthese beteiligt gewesen war, in der Chlor als Abfall-
produkt anfiel. Wegen des zermürbenden Grabenkrieges erklärte
sich die Militärführung bereit, erste Versuche mit dem Ablassen
einer Gaswolke aus Luftdruckzylindern durchzuführen. Nachdem
diese auf Militärübungsplätzen in kleinem Rahmen erfolgreich
verlaufen waren, entschied sich der Generalstab für einen ersten
gefechtsmäßigen Test in der Nähe von Ypern. Dabei wurde zwar
ein örtlich begrenzter Erfolg miteinkalkuliert. Einen strategischen
Durchbruch erwarteten die beteiligten Offiziere jedoch nicht. Die
militärische Führung, die aus diesem Grund keine zusätzlichen
Verstärkungen bereitgestellt hatte, wurde von der Wirkung des
Angriffs überrascht. Die Chlorwolke löste auf der ahnungslosen
Feindesseite Panikreaktionen aus, die bei gegebener Vorbereitung
hätten ausgenutzt werden können. So blieb es bei einem lokal begrenzten Erfolg, dem die Entente sofort durch die Entwicklung
von Gegenmaßnahmen im Bereich des Gasschutzes entgegenzu-
wirken suchte. Zudem nutzte sie den Einsatz von Giftgas auch als
Instrument der Propaganda, um das Deutsche Reich der Barbarei
und des Verstoßes gegen die Regeln des Haager Landkriegsrechts zu
beschuldigen vgl. 6). Frankreich und Großbritannien stellten nun
ihrerseits Chlor in Frontnähe bereit. Die dortigen Militärs waren
jedoch überzeugt, dass die Zukunft des Gaskrieges nicht in Chlorwolken, sondern in Gasgranaten lagen und sahen sich dadurch be-
stätigt, dass bei einem Einsatz einer Chlorwolke durch britische
Truppen ebenfalls nur ein lokaler Geländegewinn resultiert hatte,
während der strategische Durchbruch ausgeblieben war. Nicht zu-

letzt auch die Tatsache, dass die Anwendung von Gaswolken von den meteorologischen Bedingungen abhängig war und Gefahren für die eigenen Soldaten mit sich brachte, führte dazu, dass neue Wege gesucht wurden. Das Verschießen von Chemikalien durch die Artillerie wurde zu einem wichtigen Instrument. Dabei wurden auch immer wieder neue Kampfstoffe entwickelt, wie Mono- und Dichlormethylchloroformiat, welches die Atemwege angriff, oder Dichlordiäthylsulfid (Lost), das Hautverätzungen zur Folge hatte. Als kriegsentscheidend erwiesen sich diese Stoffe allerdings nicht, da letztlich beide Seiten immer wieder sofort mit der Weiterentwicklung der Schutzmaßnahmen reagierten.

Auch im Seekrieg kam es zu erheblichen Veränderungen, insbesondere was den Einsatz des U-Bootes betraf. Dieses war 1914 keine unbekannte Waffe. Schon während des Amerikanischen Bürgerkrieges hatten die Konföderierten ohne großen Erfolg die ersten solcher Schiffe erprobt und in der Zeit zwischen den beiden Kriegen war es zu einer Weiterentwicklung dieser Waffe gekommen. Sowohl in Großbritannien wie im Deutschen Reich wurde mit dem Bau erster U-Boote im ersten Jahrzehnt des 20. Jahrhunderts begonnen. In beiden Ländern wurde dem Bau dieser Schiffe aber kein Vorrang eingeräumt. Der britische Admiral Sir John Fisher sah als deren Aufgabe primär die Küstenverteidigung oder die Sicherung von größeren Flottenverbänden. An den eigenständigen Einsatz von U-Booten dachten vor dem Krieg nur wenige. Der britische Admiral Percy Scott Einer vertrat hierzu eine völlig andere Ansicht. Er stieß mit seinen Vorstellungen bei der britischen Marineführung allerdings auf taube Ohren. Kurz vor dem Krieg, im Juni 1914, trat er mit seinen Vorstellungen an die Öffentlichkeit, was ihm sowohl von Seiten der Marineführung wie von führenden Zeitungskommentatoren Kritik eintrug. Zwar konnte Scott beim damals pensionierten Fisher wie bei einigen führenden Marineoffizieren auf Unterstützung zählen. Selbst Marineminister Churchill war dem vermehrten Einsatz von U-Booten im Seekrieg nicht abgeneigt, der Streit um den richtigen Einsatz der neuen Waffe verhinderte allerdings, dass das U-Boot im Rahmen der Kriegsplanung der britischen Marine 1914 eine wichtige Rolle einnehmen konnte. Die Vorstellung, dass U-Boote im Seekrieg massiv gegen Handelsschiffe eingesetzt würden, hielten sowohl Churchill wie die meisten britischen Marineoffiziere für unwahrscheinlich. Zivilisierte Mächte würden so etwas nicht tun, kommentierte Churchill entsprechende Warnungen des erneut eine abweichende Meinung vertretenden Sir John Fisher (Lambert 1995, 595-626; Segesser 2002, 249-253).

Bei Kriegsbeginn wurden die existierenden U-Boote auf beiden Seiten vorerst für Aufklärungsdienste eingesetzt, bis erste Erfolge gegen Kriegsschiffe auf deutscher Seite zu einem offensiveren Einsatz führten. An einen Einsatz von U-Booten gegen Handelsschiffe dachte innerhalb der deutschen wie der britischen Marineführung vorerst niemand, da U-Boote für kaum geeignet gehalten wurden, einen völkerrechtsgemäßen Seekrieg nach den Regeln der internationalen Prisenordnung führen zu können. Erste Gedankenspiele begannen auf deutscher Seite, nachdem es U-17 am 20. Oktober 1914 gelungen war, ein britisches Handelsschiff anzuhalten, dessen Besatzung die Rettungsboote bestiegen hatte und das Schiff anschließend versenkt worden war. Auf der Suche nach Gegenmaßnahmen gegen die von Großbritannien verhängte Fernblockade, stieß die deutsche Marineführung um Admiral von Tirpitz schließlich auf die Möglichkeit, britische und französische Handelsschiffe als Vergeltungsschlag anzugreifen. Am 4. Februar 1915 erfolgte eine Erklärung, in welcher die See um die britischen Inseln zur Kriegszone erklärt wurde, innerhalb welcher Handelsschiffe der Alliierten so weit möglich nach Prisenordnung, falls notwendig aber auch ohne Vorwarnung bekämpft werden würden. Damit veränderte sich auch der Seekrieg nachhaltig und es kam in der Folge von Seiten der Entente, aber auch neutraler Staaten wie der USA zu heftigen Vorwürfen an die deutsche Regierung und ihre Marineführung (vgl. 4.4 und 6). Der Beginn des uneingeschränkten U-Bootkrieges am 1. Februar 1917 führte am 3. Februar 1917 zum Abbruch der diplomatischen Beziehungen zwischen den USA und dem Deutschen

Reich und zwei Monate später sogar zum Eintritt der USA in den
Weltkrieg (vgl. 7). Der Einsatz von U-Booten gegen Handelsschiffe
hatte jedoch nicht nur weltpolitische Folgen, sondern wirkte sich
auch auf die technologische Entwicklung im Bereich der Seekrieg-
führung aus. Die Entente führte nicht nur das Konvoisystem ein,
das im Zweiten Weltkrieg wiederholt erfolgreich eingesetzt wurde,
sie rüstete ihre Geleitschiffe auch mit neuen Horchgeräten und
Wasserbomben aus.

## 5.3. Mobilisierung von Wirtschaft und Gesellschaft

Der Erste Weltkrieg war nicht nur ein Krieg, der an der Front mit
den neuesten Waffen und einem unerhörten Munitionsverbrauch
geführt wurde, es handelte sich auch um einen Wirtschaftskrieg von
bisher unbekanntem Ausmaß. Es ging dabei um die Sicherung rüs-
tungsrelevanter Rohstoffe, die Bewahrung oder Neuerschließung
von Absatzmärkten sowie um die Bewirtschaftung und Mobilisierung von Auslandsinvestitionen des eigenen Landes oder feindlicher Staatsbürger für die eigenen Kriegsanstrengungen. Besonders
die britische Regierung und ihre Marineführung hatten sich in der
Zeit vor dem Ersten Weltkrieg auf ein solches Szenario vorbereitet.
Die Verhängung einer Wirtschaftsblockade gegen den Feind gehörte zu jenen Maßnahmen, die seit langem vorgesehen gewesen
waren. Minutiös hatte das Committee of Imperial Defence auch
Verordnungen vorbereitet, die eine Umgehung der Blockade und
ganz generell den Handel mit dem Feind in einem europäischen
Großkrieg verhindern sollte. Die Maßnahmen wurden dabei auch
mit den Militärbehörden der Dominions und Indiens abgestimmt,
um den Handel eines Feindes in globalem Ausmaß treffen zu können. Besonders der lange Jahre an der Spitze der britischen Marine
stehende Admiral John Fisher war überzeugt, dass sich auf diesem
Weg ein Krieg gewinnen lasse, ohne dass Großbritannien gezwungen sei, ein großes Landheer aufzustellen (Offer 1989, 244-317).
Im Deutschen Reich wurde die allgemeine Gefahr einer britischen

Blockadepolitik zwar durchaus erkannt, von den meisten Militär-
experten aber klar unterschätzt, dies insbesondere hinsichtlich der
Einfuhr der für Landwirtschaft wie Rüstungsindustrie wichtigen
Stickstoffverbindungen (Fehr, 2009, 59-61).

Als der Erste Weltkrieg im August 1914 begann, waren Großbritannien, seine Dominions sowie Indien in der Lage, die vorbereite-
ten Verordnungen rasch in die Tat umzusetzen, auch wenn es galt,
auf wichtige neutrale Staaten – dies waren 1914 vor allem die USA
– soweit als möglich Rücksicht zu nehmen. Im Gegensatz zu den
militärischen Operationen waren von einem Wirtschaftskrieg seit
Beginn auch die neutralen Staaten betroffen. Die Krieg führenden
Mächte wollten sicherstellen, dass diese nicht zur Drehscheibe für
den Handel mit dem Feind wurden. Andererseits funktionierten
auch die internationalen Kapitalmärkte nicht mehr in gewohnter
Weise, was für neutrale Staaten die Kapitalbeschaffung erschwerte, da die Krieg führenden Staaten sich gezwungen sahen, Gelder
in ihren Ländern in erster Linie für die eigene Kriegführung zu
mobilisieren. Ein weiteres Problem war für die neutralen Staaten,
dass auch ihre Lieferungen verstärkt kontrolliert wurden, um zu
verhindern, dass kriegswichtige Güter aus neutralen Staaten an
den Feind geliefert wurden. Dazu wurden im Verlauf des Krieges
immer schärfere Maßnahmen getroffen, so besonders bei der Lieferung von Rohstoffen aus den Kolonien der Entente an die Schweiz
oder Holland. Besonderes Augenmerk richteten die australischen
Zensurbehörden dabei auf die Tätigkeit schweizerischer Firmen,
dies möglicherweise auch deshalb, weil die Schweiz ab 1917 die
Interessen des Deutschen Reiches in dessen ehemaligen Kolonien
zu wahren suchte. Für einige neutrale Staaten, vor allem für die
USA, teilweise aber auch einige südamerikanische Länder sowie
das eigentlich primär formell im Krieg befindliche Japan eröffne-
ten die Maßnahmen der Entente im Wirtschaftskrieg sowie die im
folgenden diskutierte Konzentration der Krieg führenden Staaten
auf kriegsrelevante Wirtschaftsbereiche auch neue Möglichkeiten,
weil der nicht oder kaum direkt von Kampfhandlungen betroffene

Teil der Welt sich neue Bezugsquellen für nicht kriegsrelevante Produkte, aber auch für die Beschaffung von Kapital suchen musste. In den Krieg führenden Ländern, speziell in Großbritannien und seinen Dominions zeigte sich schon bald, dass sich ohne aktives Eingreifen in die eigene Volkswirtschaft kein Krieg führen ließe.

Im Jahre 1914 waren mit wenigen Ausnahmen weder die Industrie noch die Kapitalmärkte auf einen Krieg und vor allem nicht auf einen langen Krieg vorbereitet. Staatliche Eingriffe in das Wirtschaftsleben waren mit Ausnahme der beschriebenen Maßnahmen für einen Wirtschaftskrieg nicht geplant. Dies war vor allem darauf zurückzuführen, dass Politiker und Militärs ihre Überzeugung kundgetan hatten, dass ein Krieg nicht lange dauern werde und vor allem nicht lange dauern dürfe. Auf eine umfassende Vorbereitung der Wirtschaft auf den Krieg wurde nicht zuletzt deshalb verzichtet, weil sich führende Politiker wie Militärs bewusst waren, dass entsprechende Maßnahmen ohne einschneidende ökonomische und soziale Folgen nicht möglich waren. Daher beschränkten sich die Kriegsvorbereitungen weitgehend auf das Anlegen von Waffen- und Munitionsvorräten, auf Lieferverträge mit privaten Rüstungsunternehmen, respektive den Aufbau staatlicher Rüstungsproduktionszentren und auf die Vorbereitung oder Verabschiedung von Gesetzen, die im Kriegsfall die Versorgung von Truppen und Zivilbevölkerung sichern und den Handel mit dem Feind unterbinden sollten. Im Hinblick auf die Kriegsfinanzierung wurden einzig im Deutschen Reich umfassendere Vorbereitungen getroffen, indem, ohne große Information der Öffentlichkeit, die Golddeckung der Reichsmark bereits 1911 aufgehoben wurde und Darlehenskassen geschaffen wurden, die der Reichsbank rasch das notwendige Geld zur Verfügung stellen konnten. Die Verantwortlichen der Reichsbank waren sich sehr wohl bewusst, dass dies finanzpolitisch nicht unbedenklich war. Sie rechneten allerdings damit, dass die Verlierermächte, analog zum Deutsch-Französischen Krieg von 1870/71, für die entstandenen Schulden würden aufkommen müssen.

Als der Krieg begann, blieben die Regierungen auf wirtschafts-
politischem Gebiet aus den genannten Gründen vorerst außerordentlich zurückhaltend. In Großbritannien entschied sich die Regierung für eine Politik des *Business as Usual*, die weitgehend auf
drei Pfeilern ruhte:

* Das Land würde diesen Krieg an der Seite der Entente kämpfen,
  dabei aber primär danach trachten, bei Kriegsende der stärkste
  Partner zu sein.

* Die eigenen Kriegsanstrengungen würden sich primär auf die
  Kriegsfinanzierung, die Blockade des deutschen Seehandels und
  die kriegswirtschaftliche Produktion konzentrieren. Großbritannien würde demnach vor allem als „Bankier" der Entente funk-
  tionieren.

* Die Royal Navy und britische Kolonialtruppen würden die deutschen Kolonien besetzen, die an einer allfälligen Friedenskonferenz als Tauschobjekt genutzt werden könnten.

Im Übrigen sollte das Leben in Großbritannien in den bestehenden
Bahnen weitergehen, so als ob es keinen Krieg gäbe. *Maximum Gain
at Minimum Cost* wurde neben *Business as Usual* so zum Schlagwort
für die britische Kriegswirtschaftspolitik der ersten Monate. Um
diese umzusetzen, wurden Regelungen getroffen, die eine Panik
an den Finanzmärkten, aber auch bei Exportproduzenten, verhinderte, da sonst Geld- und/oder Gütermangel eine Inflation herauf-
beschwören konnten, der die britische Geschäftswelt nicht mehr
ohne eine staatliche Unterstützung, die es zu vermeiden galt, Herr
werden konnte. Gleichzeitig wurde der Zugang zum britischen
Markt für deutsche und österreichisch-ungarische Geschäftsleute
und Güter gesperrt, was dazu führte, dass Waren- wie Finanztrans-
aktionen zwischen den Mittelmächten und dem außereuropäischen
Teil der Welt erheblich erschwert und teilweise unmöglich gemacht
wurden. Die Errichtung einer Fernblockade in der Nordsee (vgl.
4.4) sowie die Außergefechtsetzung deutscher Funkstationen in Afrika, Ostasien und dem Pazifik (vgl. 4.5 & 4.6) erschwerten auch
den Direkthandel zwischen den Mittelmächten und der außer-

europäischen Welt. Für die britische Regierung sollten damit die Voraussetzungen geschaffen werden, dass britische Geschäftsleute den deutschen Anteil am Handel mit Großbritannien übernehmen und den deutschen Anteil am Welthandel ebenfalls soweit als möglich unter britische Kontrolle bringen könnten. Dabei wurde einzig auf die Interessen der USA Rücksicht genommen, um zu verhindern, dass sie Großbritannien mit einem Embargo belegten. Andere neutrale Länder wie Holland oder die Schweiz kamen nicht in den Genuss einer Vorzugsbehandlung, was immer wieder dazu führte, dass holländische und schweizerische Geschäftsleute von Maßnahmen der britischen Behörden oder solcher der Dominions betroffen waren und es erst nach mühsamer Kleinarbeit gelang, in diesem Zusammenhang eingefrorene Kapitalien, festgehaltene Waren und Personen freizubekommen. Auch die deutsche Regierung und der deutsche Generalstab blieben hinsichtlich der Mobilisierung der Volkswirtschaft für den Krieg vorerst zurückhaltend. Die Reichsbank stellte zwar rasch Geld für die Kriegsfinanzierung zur Verfügung, allerdings beschränkten sich die Regelungen der Reichsregierung auf solche, die den Handel mit dem Feind möglichst verhindern und die Versorgung der Bevölkerung mit dem Lebensnotwendigen garantieren sollten. Ähnlich war die Situation auch in den anderen Krieg führenden Staaten.

Schon bald wurde ersichtlich, dass diese Maßnahmen nicht ausreichten. Deutlich wurden die Probleme zunächst im Bereich der Rüstungsindustrie, wo die Waffen- und vor allem die Munitionsproduktion nicht mit dem Verbrauch der Heere Schritt zu halten vermochte. Schon Mitte September waren die französischen Truppen betroffen und einen Monat später standen die britischen, deutschen und russischen Truppen vor ähnlichen Schwierigkeiten (vgl. 5.2). Die Regierungen mussten eine staatliche Kriegswirtschaft errichten. Dieser Transformationsprozess verlief in den einzelnen Ländern sehr unterschiedlich. In Frankreich war die Situation besonders problematisch, da weite Teile seiner Industrie im Norden und Osten des Landes am Anfang des Krieges in die Hände des

Feindes gefallen und teilweise zerstört worden waren. In Russland
bestand das Problem vor allem darin, die noch nicht sehr fortge-
schrittene Industrialisierung des Landes zu intensivieren und das zu
einem Zeitpunkt, an dem weder französisches noch deutsches Kapital im bisherigen Ausmaß mehr zur Verfügung stand. Das Deutsche
Reich war damit konfrontiert, dass es vom Großteil seiner Rohstoff-
gebiete abgeschnitten war und nun entsprechend rasch mögliche
Ersatzstoffe entwickelt werden mussten. Die britische Regierung
versuchte demgegenüber verzweifelt, an ihrer Politik des *Business
as Usual* festzuhalten, was sich auf Dauer jedoch kaum umsetzen
ließ, da Frankreich und Russland nicht bereit waren, ihre letzten
menschlichen Ressourcen einzusetzen, um Großbritannien und seine Bevölkerung reicher zu machen. Zudem war die Komplexität der
für die britische Strategie entscheidenden Wirtschaftsblockade des
Deutschen Reich von der Admiralität vor dem Krieg unterschätzt
worden, denn es erwies sich als überraschend resistent gegen die
britischen Maßnahmen. Die britische Regierung musste daher erkennen, dass es in einem Weltkrieg diesen Ausmaßes nicht möglich
sein würde, die eigene Zivilbevölkerung und Volkswirtschaft von
den Kriegsereignissen abzuschotten und so zu tun, als ob nichts
geschehen wäre.

Als Folge dieser Probleme wuchs ab dem Ende des Jahres 1914
der Einfluss des Staates auf die Volkswirtschaft in einem Ausmaß
an, das vor 1914 undenkbar war. Dazu mussten neue staatliche
Institutionen geschaffen werden, was zu einer Zentralisierung und
Bürokratisierung führte, die dort besonders stark waren, wo die
staatlichen Institutionen vor dem Krieg noch schwach ausgebil-
det gewesen waren. In Großbritannien entstanden so im Verlauf
des Krieges zwölf neue Ministerien und 160 neue Behörden. In
Frankreich wuchs der Staatsapparat um ca. 25 %. Im Deutschen
Reich wurde der Aufbau der Kriegswirtschaft primär vom Militär
organisiert, wobei auch einige Unternehmer wie Walther Rathenau eine wichtige Rolle spielten. Als letzterer vom preußischen
Kriegsminister Falkenhayn erfuhr, dass es keine langfristigen Pläne

für die Sicherung der Versorgung mit strategisch wichtigen Rohstoffen gebe, baute er im Ministerium die Kriegsrohstoffabteilung auf, die zusammen mit den betroffenen Branchen 200 als Aktiengesellschaften organisierte Kriegsrohstoffgesellschaften gründete, um das Problem zu lösen. Eigentum und Kapitaleinsatz blieben privat und das Gewinnstreben erlaubt. Im nationalen Interesse erfolgte aber mehr und mehr eine staatliche Lenkung. Industrieller und staatlicher Einfluss sollten in diesem als „Gemeinwirtschaft" bezeichneten System zum Vorteil des Landes und seiner Kriegführung kombiniert werden, wurden aber von einigen Unternehmern schon früh als „Kriegssozialismus" verteufelt. Der Einfluss des Militärs auf die Kriegswirtschaft des Deutschen Reiches wuchs weiter, als die Oberste Heeresleitung unter Hindenburg und Ludendorff am 31. August 1916 weit reichende Forderungen hinsichtlich der Mobilisierung möglichst aller wirtschaftlichen Ressourcen für den Krieg erhob (Hindenburgprogramm). Das Militär übte auch in Österreich-Ungarn großen Einfluss auf die Organisation der Kriegswirtschaft aus, und dies nicht zuletzt auf Grund des bereits 1912 erlassenen Kriegsleistungsgesetzes, das alle Rüstungsgüterfabriken und sonstigen kriegswichtigen Betriebe dem Kriegsministerium unterstellte, während das Handelsministerium die so genannten zivilen Betriebe zu kontrollieren hatte. Ab 1916 wurden die Maßnahmen durch die Schaffung öffentlich-rechtlicher Kriegsverbände intensiviert und 1917 sogar der Versuch gemacht, die gesamte Wirtschaft korporativ zu organisieren. Die weiterhin bestehende Rivalität zwischen zivilen und militärischen Behörden sowie die Rivalität der beiden Reichshälften verhinderten jedoch, dass der Staat die vollständige Kontrolle über die Wirtschaft zu erlangen vermochte.

In Frankreich und Großbritannien wuchs der Einfluss des Staates auf die Wirtschaft mit dem Krieg ebenfalls erheblich. Das Militär spielte dabei allerdings eine wesentlich weniger bedeutende Rolle als im Deutschen Reich und der Habsburgermonarchie. Zwar hatte die Verantwortung für die Beschaffung von Rüstungsgütern auch dort anfänglich in den Händen der jeweiligen Kriegsministerien gelegen, im Verlauf des Jahres 1915 entstanden aus den jeweiligen Abteilungen jedoch eigenständige Rüstungsministerien – in Frankreich das Ministère de l'Armement et des Fabrications de Guerre, in Großbritannien das Ministry of Munitions – die von Zivilisten wie Albert Thomas, Louis Loucheur, David Lloyd George oder Eric Geddes geleitet wurden. In Frankreich vermochte sich die Rüstungsindustrie dank der Gründung einer privaten Koordinationsinstitution, des Comité des Forges, dem Einfluss des Staates in erheblichem Ausmaß zu entziehen, während die britische Regierung früh mit der Regulierung der Rüstungsindustrie auf gesetzgeberischem Weg begann. Eine wichtige Rolle spielte dabei David Lloyd George, der bei Kriegsbeginn Finanzminister war. Er suchte ab 1915 als Rüstungsminister und später als Kriegs- und Premierminister (ab 1916) eine effizientere Organisation der Kriegführung zu bewerkstelligen. Es gelang ihm allerdings nicht, sich in allen Punkten durchzusetzen, da er auf seine eigene liberale Partei Rücksicht nehmen musste. Diese gedachte nämlich mehrheitlich an der Politik des *Business as Usual* festzuhalten. Auch die Interessen der Militärs, die ihre eigenen Kompetenzen nicht verlieren wollten und der seit 1915 an der Regierung beteiligten konservativen Partei, die gegenüber Staatseingriffen in die Privatwirtschaft mehrheitlich skeptisch war, musste Lloyd George beachten. In Russland erwies sich die Organisation der Kriegswirtschaft als besonderes Problem, da die zaristische Bürokratie schlicht überfordert war, gleichzeitig aber aus Angst vor einem Machtverlust keine Bereitschaft zeigte, das Wirtschaftsbürgertum in diese Aufgabe zu integrieren. Trotz der Schaffung von Kommissionen und Komittees konnte die Volkswirtschaft in Russland nicht effizient für den Krieg mobilisiert werden, die administrative Koordination blieb mangelhaft. Dies galt hier sogar für die Regelungen gegen Eigentum von Staatsbürgern aus Feindstaaten. Waren solche in Frankreich, Großbritannien, den Dominions, aber auch im Deutschen Reich relativ rasch erfolgt, gab es in Russland trotz der vorherrschend antideutschen Stimmung großen Popularität solcher Bestimmungen immer wieder Ausnahmeregelungen für deutsche Grundbesitzer oder deutsches Eigentum in Gewerbe und Industrie. Dies war nicht zuletzt auch eine Folge dessen, dass Russlanddeutsche und Staatsangehörige aus Schweden oder der Schweiz in Teilen der russischen Landwirtschaft und der russischen Metallproduktion wichtige Funktionen erfüllten. (Hirschfeld et al. 2003, 90).

Auch in den USA nahmen die Eingriffe der Regierung in die Volkswirtschaft während des Krieges zu. Dies begann nicht erst mit dem Kriegseintritt des Landes im April 1917. Schon ab 1916 begannen zivile Experten aus der Wirtschaft ähnlich und sogar noch stärker als Großbritannien damit, das ökonomische Potential des Landes so zu organisieren, dass es gegebenenfalls in militärische Stärke umgewandelt werden konnte. Dass in den USA weder die Zentralregierung in Washington noch die Militärführung beanspruchten, diesen Prozess zu bestimmen, hing primär damit zusammen, dass es ihnen in diesem Bereich an Erfahrung fehlte und die politische wie gesellschaftliche Stellung des amerikanischen Militärs eine ganz andere war als diejenige des deutschen oder österreichisch-ungarischen. Entsprechend entstanden auch in den USA neue Behörden und Gremien, von welchen das War Industries Board sich als die wichtigste entpuppen sollte. Besonders stark engagierte sich auch die australische Regierung, insbesondere nachdem die Australian Labor Party kurz nach Kriegsbeginn die Wahlen gewonnen hatte. Premierminister Andrew Fisher sowie in besonderem Maß sein ab 1915 amtierender Nachfolger William Morris Hughes versuchten den Krieg zu nutzen, um ihre bereits vor dem Krieg verfolgte Strategie des Aufbaus einer zentralisierten, neomerkantilistischen Wirtschafts- und Gesellschaftsordnung weiterzuverfolgen. Grundlage sollte dabei die so genannte *White Australia Policy* sein, die den Lebensstandard der einfachen Australier dadurch aufrechterhalten sollte, dass die Einwanderung von billigen, farbigen Arbeitskräften unterbunden wurde. Hughes war von Beginn des Krieges an nicht nur davon überzeugt, dass der Sieg im Krieg an diejenige Mächtegruppe gehen würde, die über ein größeres wirtschaftliches und finanzielles Potential verfüge, sondern er war auch der Meinung, dass der Krieg genutzt werden müsse, um langfristige Veränderungen im Hinblick auf die Entwicklung der eigenen Ressourcen zu erreichen und den Einfluss nicht britischen ausländischen Kapitals zu reduzieren. Guthaben und Anteile potentiell als gefährlich erachteter Personen wurden daher von der australischen Regierung eingefroren und unter staatliche Kontrolle gestellt, nicht zuletzt mit der Absicht, die Kontrolle des Staates über die Produktion strategisch wichtiger Produkte, besonders im Bereich des Bergbaus und des Metallhandels zu erweitern (vgl. 8). Die australischen Regierungen unter Fisher und Hughes schreckten hierbei auch nicht davor zurück, Maßnahmen zu ergreifen, die von ihren britischen Kollegen, die an ihrer Politik des *Business as Usual* festhielten, als übertrieben abgelehnt wurden. Diese Kritik hinderte Hughes jedoch nicht daran, seine Ideen auch an einer interalliierten Konferenz im Jahre 1916 zu präsentieren, um mit nur mäßigem Erfolg auf deren Umsetzung durch alle Alliierten zu drängen.

Die kriegswirtschaftlichen Regelungen der Regierungen verstärkten jedoch nicht nur den Einfluss des Staates auf ihre jeweilige Volkswirtschaft. Sie verschoben auch die Kräfte zwischen den verschiedenen Industriezweigen in den jeweiligen Ländern sowie die Gewichte hinsichtlich des Welthandels und der internationalen Kapitalmärkte. Besonders in den direkt am Krieg beteiligten Ländern Europas veränderte sich die Industrieproduktion dahingehend, dass wesentlich weniger Konsum- und Exportgüter hergestellt wurden, während die Rüstungsindustrie einen großen Boom erlebte. In den USA und anfänglich auch in Russland kam es ebenfalls zu Verschiebungen zugunsten kriegsrelevanter Betriebe, allerdings fielen diese nicht allzu groß aus. Ebenso waren in den Dominions Veränderungen zu beobachten. In Japan war die Verschiebung gering und ähnlich war auch die Entwicklung in China und weiten Teilen Südostasiens sowie Afrikas und Lateinamerikas. Die industrielle Produktion als Ganzes ging in den meisten der großen im Krieg befindlichen Staaten während der Auseinandersetzung zurück. Besonders hoch war deren Rückgang in Belgien, Frankreich und dem Deutschen Reich. Auch in den USA gab es anfänglich einen Einbruch, was nicht zuletzt auf den Zusammenbruch der Weltmärkte zurückzuführen war. Mit der Zeit erholte sich jedoch die industrielle Produktion, weil die europäischen Mächte nicht mehr in der Lage waren, die Märkte in Südamerika, in Kanada sowie teilweise im Pazifik in ausreichendem Maß mit Industriewaren zu beliefern. Bis zum Ende des Krieges erlebte die amerikanische Industrieproduktion dann einen Boom ungewöhnlichen Ausmaßes. In Russland verlief die Entwicklung gerade umgekehrt. Gelang es den Unternehmen dort in den beiden ersten Jahren des Krieges sogar die Produktion zu erhöhen und dabei das Vorkriegsniveau im Bereich der Konsumgüter zu halten, so sackte die industrielle Produktion ab 1916 zusammen und betrug 1917 im Verhältnis zur Vorkriegszeit gerade noch 66 %. Auch die japanische Industrie sowie jene Australiens, Chinas, Indiens, Neuseelands und Südafrikas vermochten vom Rückgang der industriellen Produktion in den Krieg führenden europäischen Staaten zu profitieren, führten die daraus resultierenden Preissteigerungen für Importwaren doch dazu, dass es sich zu lohnen begann, Industrieprodukte nun auch im eigenen Land herzustellen. Besonders japanische Unternehmen vermochten in diesem Zusammenhang ihre Exporte nach Indien, nach China sowie in den südostasiatischen und pazifischen Raum erheblich zu steigern. In Australien und China führte diese Entwicklung dazu, dass die Regierungen sich zu überlegen begannen, wie sie ihre Industrie so fördern und entwickeln könnten, dass diese nach dem Krieg in der Lage sein würde, gegen die auf den internationalen Markt zurückdrängende europäische Konkurrenz zu bestehen. Nachdem erste Versuche zur Produktion von kriegswichtigen Gütern für die Entente angesichts fehlenden Knowhows erfolglos blieben, entschieden sich die beiden Regierungen in Absprache mit Frankreich und Großbritannien, Arbeitskräfte für die dortige Industrie zu entsenden. Dabei ging es darum, einen indirekten Beitrag zur Kriegführung zu leisten. Für die australische Regierung war zudem wichtig, angesichts der Ablehnung der Einführung der allgemeinen Wehrpflicht durch die Bevölkerung zu zeigen, dass das Land sich weiterhin entschieden am Krieg beteiligen wollte. Die chinesische Regierung verfolgte ein ähnliches Ziel, weil es ihr durch den Widerstand Japans doch nicht möglich war, eigene Truppen nach Europa zu entsenden. Fast ebenso wichtig wie das Zeichen, sich entschieden an den Kriegsanstrengungen der Entente zu beteiligen, war für die Regierungen Australiens und Chinas allerdings auch die Aussicht, dass sich die nach Europa entsandten Arbeiter dort Wissen aneignen könnten und würden, das nach dem Krieg der industriellen Entwicklung ihrer Länder zugute käme. Auch aus Teilen Afrikas, so aus Nigeria, Liberia, Somalia, Ghana oder Südafrika, wurden Arbeiter nach Europa geschickt, um in Rüstungsbetrieben, der Handelsmarine sowie weiteren kriegswichtigen Wirtschaftszweigen einen indirekten Beitrag zur Kriegführung der Alliierten zu leisten. Besonders für die weiße südafrikanische Regierung war die Entsendung von schwarzen Arbeitern eine Möglichkeit, ihre Loyalität gegenüber dem Empire zu beweisen, ohne dass die Idee der britischen Behörden aufgegriffen werden musste, bewaffnete schwarze Soldaten nach Europa zu entsenden. Die Frage des Kompetenztransfers war in diesem Fall weit weniger wichtig als in denjenigen Australiens oder Chinas. Die Hoffnungen schwarzer Eliten und insbesondere des 1912 gegründeten South African Native National Congress, durch die Entsendung von Kriegsarbeitern die gesellschaftliche Position der Schwarzen nach dem Krieg zu verbessern, erfüllten sich in den meisten Fällen nicht.

Markant waren die Veränderungen während des Krieges auch in der Landwirtschaft der europäischen Länder. Die Produktion ging zurück, weil Arbeitskräfte, Dünger, Saatgut, Pferde und Maschinen immer mehr zu Mangelware wurden. Dies galt besonders stark für die Agrarproduktion der Mittelmächte, aber auch in Frankreich sank der Ertrag aus der Landwirtschaft massiv. So betrug die französische Weizenernte im Jahr 1917 noch 40 % der Vorkriegsmenge.

Auch in Russland, einst Kornkammer Europas, ging die Produktion spätestens ab 1916 zurück. Im Gegensatz dazu vermochte Großbritannien seine landwirtschaftliche Produktion während des Krieges zu steigern. Dies lag primär daran, dass sich die britische Landwirtschaft vor 1914 dank billiger Importe aus Kanada und den USA weitgehend aus dem Getreideanbau zurückgezogen hatte und das Produktionsniveau daher niedrig war. Eine wichtige Rolle spielten aber auch konkrete Anreize der britischen Regierung angesichts der erhöhten Gefahr durch den deutschen U-Bootkrieg, die Versorgung der Bevölkerung nicht durch Importe sicherstellen zu können. Hoch waren die Produktionssteigerungen in der Landwirtschaft in den USA, in den britischen Dominions Australien, Kanada und Neuseeland und teilweise auch in den lateinamerikanischen Staaten. Besonders die Dominions profitierten dabei von günstigen Rahmenbedingungen, denn ihre Regierungen konnten bis 1916 ihr britisches Gegenüber zu Abnahme- und Preisgarantien zu verpflichten, um die jeweiligen Länder für die Ausfälle zu entschädigen, die ihnen durch das für Feindstaaten gültige Exportverbot für landwirtschaftliche Produkte entstanden waren. Sowohl in den USA als auch in den Dominions war im Zusammenhang mit den Produktionssteigerungen bei landwirtschaftlichen Gütern eine verstärkte Einmischung staatlicher Behörden in diesen bisher weitgehend ohne staatliche Kontrolle funktionierenden Bereich der Volkswirtschaft zu beobachten. Dies traf insbesondere für die Vermarktung zu, bei der private Institutionen und staatliche Behörden immer enger zusammenarbeiteten und sich auf diese Weise gegenüber den europäischen Staaten Vorteile zu erkämpfen vermochten. Für die Agrarproduzenten der außereuropäischen Länder war der Krieg daher ein gutes Geschäft, das die trügerische Hoffnung aufkommen ließ, auch am Ende des Krieges eine Fortsetzung zu finden.

## 5.4. Der Alltag in der Heimat

Die Umstellung von der Friedens- auf die Kriegswirtschaft hatte in vielen Bereichen der Heimat Konsequenzen, so dass schon bald auch dort von einer Front, der so genannten Heimatfront gesprochen wurde. Eine erste Auswirkung für die Bevölkerung der Krieg führenden Staaten gleich zu Beginn des Konflikts war die rasant steigende Arbeitslosigkeit als Folge der wirtschaftlichen Turbulenzen bei Kriegsbeginn, ausgelöst durch die Mobilisierung der Streitkräfte. Im August und September 1914 gingen bis zu 40 % der Arbeitskräfte verloren, darunter auch viele erwerbstätige Frauen. Schon bald veränderte sich aber die Situation ins Gegenteil. Da die Militärführungen fast aller Länder bei der Rekrutierung der benötigten Soldaten keine Rücksicht auf die Interessen der Betriebe und der Gesamtwirtschaft nahmen, fehlten in einzelnen auch kriegswichtigen Industriezweigen, wie beispielsweise der chemischen Industrie oder Rüstungsbetrieben, dringend benötigte Facharbeiter. Dies führte dazu, dass auch die Arbeiter und vor allem deren Vertreter in den Gewerkschaften von den Regierungen dazu aufgefordert wurden, sich in den Dienst ihres Landes zu stellen. In der Habsburgermonarchie und in Frankreich wurden die Arbeiter zu diesem Zweck der Kontrolle des Militärs unterstellt und in Österreich-Ungarn zudem eine Bindung an den Arbeitsplatz verfügt. In den meisten anderen Staaten, darunter auch im Deutschen Reich, in Großbritannien und in den USA, wurde hingegen auf eine direkte Militarisierung der Arbeitsverhältnisse verzichtet. Mit dem Hilfsdienstgesetz vom Dezember 1916 wurde im Deutschen Reich eine allgemeine Dienstpflicht eingeführt. Männer zwischen 17 und 60 Jahren durften demnach ihren Arbeitsplatz nur mit Zustimmung ihres Arbeitgebers wechseln. Wurde ein entsprechender Antrag abgelehnt, konnte sich ein Hilfsdienstpflichtiger an einen Schlichtungsausschuss wenden, der paritätisch besetzt war. Damit wurden die Gewerkschaften erstmals als Sozialpartner anerkannt und erhielten Einfluss auf

die Entwicklung der Arbeitsbedingungen. Als zulässige Gründe
für einen Wechsel definierte das Gesetz namentlich die Möglichkeit, ein höheres Einkommen zu erzielen, Beeinträchtigung der
Gesundheit oder eine Trennung von der Familie. Im Gegenzug
wurde das Streikrecht eingeschränkt. Auch in Großbritannien
wurden mit dem 1915 erzielten *Treasury Agreement* sowie dem
im gleichen Jahr verabschiedeten *Munitions of War Act* für die
Rüstungsarbeiter ähnliche Beschränkungen der Freizügigkeit und
des Streikrechts zwischen Regierung und Gewerkschaften vereinbart, respektive per Gesetz erlassen.

Die staatlichen Regulierungen, aber auch die höheren Löhne in
kriegswichtigen Betrieben führten in den meisten Staaten Europas
zu einer Verschiebung der Beschäftigung von Arbeitern aus dem
Bereich der Zivil- in denjenigen der Kriegswirtschaft. Außerhalb
Europas war eine entsprechende Entwicklung weit weniger zu
beobachten. Zusätzliche Arbeitskräfte wurden aus dem Ausland,
und wie etwa im Falle Frankreichs und Großbritanniens, aus den
Kolonien und Dominions rekrutiert. Eine wichtige Rolle spielte
auch die vermehrte Anstellung von Jugendlichen und Frauen in
der Industrie, wenngleich es sich dabei primär um solche handelte,
die neu in das Berufsleben einstiegen oder bereits in der Land- oder
Hauswirtschaft erwerbstätig gewesen waren. Für Frauen aus diesen
Erwerbszweigen war ein Wechsel in die Industrie attraktiv, denn die
Löhne waren in ihren ursprünglichen Arbeitszweigen gering und
die Arbeitsbedingungen ganz generell nicht besonders gut. Hausan-
gestellte konnten zudem mit einer Anstellung in der Industrie der
sexuellen Ausbeutung durch den Hausherrn oder dessen Söhne entkommen. Die Frauenerwerbsquote stieg daher in den Ländern nur
sehr moderat an, obschon zu beobachten war, dass die Frauen im
Arbeitsprozess insbesondere in den Städten stärker sichtbar waren
als vor dem Krieg. Die Frauenlöhne stiegen in den kriegswichtigen
Industriebetrieben zwar ebenfalls an, sie blieben aber immer noch
weit hinter denjenigen der Männer zurück. Eine Arbeit aufzunehmen, lohnte sich nicht für alle Frauen, vor allem wenn es ihnen

gelang den Geldbedarf für die ohnehin rationierten Lebensmittel durch Familienunterstützung, Sozialhilfe oder Heimarbeit zu decken. Die Behörden bemühten sich zwar ab den Jahren 1915/16 in vielen der Krieg führenden Staaten darum, die Frauen noch stärker in den Arbeitsprozess, insbesondere in kriegswichtigen Betrieben, zu integrieren, um weitere Männer für die Front freistellen zu können. Diese Programme hatten aber nur bedingt Erfolg, zumal von Beginn an klar war, dass an eine längerfristige Beschäftigung von Frauen in den Betrieben und an deren Weiterqualifikation kein Interesse bestand, da die geschlechtsspezifischen Trennlinien weiterhin bestehen bleiben sollten.

Der Krieg brachte für viele Frauen auch im privaten Umfeld große Veränderungen mit sich. Die meisten von ihnen waren erstmals weitgehend auf sich alleine gestellt. Sie konnten sich zwar der bisher bestehenden männlichen Kontrolle entziehen, mit Unterstützung konnten sie jedoch kaum rechnen, einerlei ob sie noch ledig oder verwitwet waren oder auch nur vorübergehend als allein stehende Frau oder allein erziehende Mutter über die Runden kommen mussten. Da nur wenige Männer in der Heimat verblieben waren, weckte dies Ängste vor einem kriegspolitisch besonders brisanten Typ der Weiblichkeit, nämlich der sexuell auch außerhalb der Ehe aktiven Frau. Dies führte bei den Behörden, teilweise aber auch in der Öffentlichkeit, zu einem verstärkten Kontrollbedürfnis. An erster Stelle waren die Prostituierten davon betroffen, wurden sie doch als Hauptgrund für die Übertragung von Geschlechtskrankheiten verantwortlich gemacht. Entsprechende Bestimmungen zum Schutz der Männer wurden nicht nur in den Krieg führenden Ländern Europas erlassen, sondern auch in Australien und Neuseeland (Smart 1992, 25-40). Daneben wurden aber auch Maßnahmen gegen die so genannte „geheime Prostitution", die „jeunes filles" oder die „amateur girls" ergriffen. Frauen, die in den Augen der Behörden „unzüchtig" waren, wurden deshalb entweder unter sittenpolizeiliche Kontrolle gestellt oder, so in Großbritannien, sogar bis zur Erreichung ihres 19. Lebensjahrs inhaftiert. Als besonders verwerflich galten untreue Ehefrauen von Frontsoldaten oder solche, die verdächtigt wurden, sich mit Kriegsgefangenen, Zwangsarbeitern oder vor Ort stationierten Soldaten einzulassen. Sie wurden scharf beobachtet und, falls ein „Fehlverhalten" festgestellt oder auch nur vermutet wurde, heftig kritisiert. In einer Reihe von Fällen wurde in Großbritannien wegen sittlichen Fehlverhaltens die Familienunterstützung gestrichen. Im Deutschen Reich wurden solche Frauen durch die Bekanntgabe ihres Namens in der Presse öffentlich an den Pranger gestellt.

Auch für die Jugendlichen und Kinder veränderte der Krieg die Lebensumstände teilweise dramatisch und beschleunigte ihren abrupten Übergang ins Erwachsenenalter. Besonders ausgeprägt war der Wandel für die jungen Männer im Alter von 16 bis 20 Jahren. Hatte das offizielle Rekrutierungsalter in den meisten Ländern vor 1914 21 Jahre betragen, so wurde dieses angesichts der hohen Verluste bei Kriegsbeginn rasch auf 19 und schließlich 18 gesenkt. In einigen Ländern war es bereits für jüngere Knaben möglich, die Zustimmung der Eltern vorausgesetzt, sich dem Heer ihres Landes anzuschließen, jedoch auf freiwilliger Basis, wie sie in Großbritannien und den übrigen Teilen des britischen Empires mindestens bis 1916 für alle Männer galt. Attraktiv war der Eintritt in die Streitkräfte vor dem Erreichen des offiziellen Rekrutierungsalters besonders deshalb, weil zumindest die französischen Jugendlichen sich in diesem Fall ihre Waffengattung selber aussuchen konnten. Dies bot die Chance, der ungeliebten Infanterie zu entgehen, eröffnete aber auch die Möglichkeit zur Emanzipation von der eigenen Familie und dem Umfeld. Ein Teil der Jugendlichen wurde sicherlich aber auch durch die nationalistische Propaganda, durch Erfahrungen im Rahmen von Bewegungen wie den Pfadfindern in Großbritannien oder dem Wandervogel im Deutschen Reich beeinflusst. Eine wichtige Rolle spielte die gesellschaftliche Herkunft, waren es doch vor allem Jugendliche aus dem Bürgertum, aus besonders gebildeten Schichten und vornehmlich aus den Städten, die sich frühzeitig freiwillig für den Kriegsdienst meldeten. Für die Knaben und Mädchen unter 16 sowie für die jungen Frauen zwischen 16 und 20 waren die Möglichkeiten zur Beteiligung am Krieg wesentlich geringer. Zwar versuchte eine Vielzahl von Mädchen und jungen Frauen unter dem Eindruck von Erzählungen in der Familie, in Schulen und Kirchen oder von Propagandaaktionen in ihren Heimatdörfern oder -städten an der Front oder im rückwärtigen Gebiet als Krankenschwestern und Pflegerinnen sowie in anderen unterstützenden Rollen zum Einsatz zu kommen, insgesamt waren ihre Möglichkeiten allerdings wesentlich begrenzter als diejenigen der jungen Männer zwischen 16 und 18. Kinder unter 16 wurden in unterschiedlichem Ausmaß in die Kriegsanstrengungen integriert. In den meisten Ländern, so auch in Großbritannien, Australien oder dem Deutschen Reich packten die Kinder für die Soldaten Pakete und beteiligten sich an Propaganda- und Geldsammelaktionen zugunsten der Truppen. Frankreich ging noch einen Schritt weiter und versuchte die Kinder an den Grundschulen vor allem damit ideologisch zu prägen, dass in allen Fächern das aktuelle Kriegsgeschehen zum Kernpunkt des Unterrichts gemacht wurde. Der Krieg war für die Jugendlichen und Kinder aber auch eine ganz praktische Erfahrung. Die Abwesenheit der meisten männlichen Familienmitglieder führte dazu, dass für Kinder und Jugendliche neue soziale und persönliche Freiheiten entstanden. Diese wären vor dem Krieg nicht vorstellbar gewesen und untergruben in der Zeit nach dem Krieg die bisher bestehenden Erziehungsstrukturen nachhaltig.

Spätestens ab der zweiten Jahreshälfte des Jahres 1916, in Teilen der Habsburgermonarchie und in Russland bereits wesentlich früher, begann die Lage an der „Heimatfront" sich zu verdüstern. Die Bereitschaft, behördliche Einschränkungen zu akzeptieren, sank, während die Kritik an den sich vor allem für Frauen mit kleinen Kindern zusehends verschlechternden Arbeits- und Lebensbedingungen anstieg. In der Regel wurde diese Missbilligung nur selten öffentlich und aktiv geäußert. Es dominierte vielmehr ein stoischer Fatalismus, der allerdings immer wieder durch plötzliche Proteste oder gar Widerstände unterbrochen werden konnte (vgl. 7). Versorgungsengpässe und stundenlanges Anstehen für geringe Mengen rationierter Grundnahrungsmittel führten dazu, dass Schwarzmärkte entstanden und so genannte Hamsterfahrten in den ländlichen Raum unternommen wurden. Die Unsicherheit am Arbeitsplatz, mangelnde Hygiene und Krankheiten verschlechterten die Grundstimmung stetig. Dies galt in besonderem Ausmaß für Österreich-Ungarn, das Deutsche Reich und Russland, während es in Großbritannien und Frankreich gelang, den seit Kriegsbeginn bestehenden nationalen Konsens trotz eines auch dort feststellbaren Anwachsens der Kritik grundsätzlich zu bewahren. In den erstgenannten Ländern entstand an der Heimatfront ein neuer Nebenkriegsschauplatz, der nicht zuletzt auch eine Folge der alliierten Blockadepolitik gegenüber den Mittelmächten war. So konzentrierte sich die ungarische Regierung auf die Versorgung der eigenen Hälfte der Monarchie. Das russische Transportsystem war mit der gleichzeitigen Inanspruchnahme durch das Militär und die Versorgung der Zivilbevölkerung in den Städten überfordert. Besonders in den großen Städten des Deutschen Reichs, Österreichs sowie Russlands wurde das Essen knapp und selbst an einigen Frontabschnitten der Truppen der Habsburgermonarchie konnte eine ausreichende Ernährung nicht immer sichergestellt werden. Spontane Hungeraufstände, Diebstähle und Plünderungen von Lebensmittelläden nahmen zu. Auch in Italien kam es wegen der schlechten Lebensbedingungen schon früh zu Unruhen. Die Behörden waren sich bewusst, dass diese nicht gewaltsam unterdrückt werden konnten, sondern dass es dazu besonderer Anstrengungen bedurfte. Eine wichtige Rolle spielte in diesem Zusammenhang auch die verstärkt nun nach innen gerichtete Propaganda und Kriegsdokumentationen mit Entstehung erster Erinnerungsorte (vgl. 9) – auch in den von Unruhen weniger betroffenen Ländern Frankreich, Großbritannien oder Australien. Gerade dort wuchs der Vorwurf am Engagement weitab der eigenen Interessen in der zweiten Hälfte des Krieges erheblich (vgl. 7.2). In Russland vermochte die Regierung die Situation nicht mehr zu kontrollieren. Nahrungsmittelunruhen wurden in den großen Städten endemisch und führten im Februar 1917 zur Revolution, die das Ende der Zarenherrschaft herbeiführte (vgl. 7.1).

# 6. Kriegsverbrechen und Völkerrecht

Schon seit frühester Zeit war eigentlich der Grundsatz anerkannt, dass die Kriegführung Einschränkungen unterworfen sei. Dennoch kam es seit jeher auch in Kriegen immer wieder zu Verstößen gegen anerkannte rechtliche, religiöse oder moralische Normen der Kriegführung. Im 16. und 17. Jahrhundert begannen auch vermehrt Gelehrte wie beispielsweise der im Völkerbundsratssaal in Genf geehrte spanische Dominikanermönch Franciscus de Victoria sich mit der Problematik zu beschäftigen. Sie postulierten dabei, dass die Fürsten das Recht hätten, Individuen für begangene Rechtsverletzungen während eines Krieges zur Rechenschaft zu ziehen. Im Zuge der zunehmenden Verrechtlichung innerstaatlicher Beziehungen wurde am Ende des 18. und zu Beginn des 19. Jahrhunderts vermehrt auch die Frage gestellt, ob nicht auch die zwischenstaatlichen Beziehungen rechtlichen Normen unterworfen sein sollten. Dabei ging es nun nicht mehr um Einschränkungen der Kriegführung, diskutiert wurde auch die Möglichkeit der Verhinderung von Kriegen durch rechtliche Mittel. Die napoleonischen Kriege zeigten, wie schwierig es war, die Überzeugungen der Gelehrten in die Tat umzusetzen. Deutlich wurde dies einerseits im Rahmen der von beiden Seiten betriebenen Kriegführung, andererseits aber auch in den Diskussionen um das Schicksal Napoleons und seiner wichtigsten Heerführer am Ende des Krieges. Während Napoleon „nur" nach Elba und St. Helena verbannt wurde, richteten die Behörden des königlichen Frankreichs Marschall Ney hin.

Bis in die Mitte des 19. Jahrhunderts folgte eine Phase relativer Ruhe auf dem europäischen Kontinent, die dazu führte, dass die Diskussionen über rechtliche Normen in Kriegen keine große Relevanz mehr hatten. Dies änderte sich im Gefolge der Revolutionen von 1848/49 und der sich daraus entwickelnden Ambitionen einiger Staaten und Fürsten. Eine Einschränkung des Rechts zur Kriegführung wurde von den führenden Monarchen dabei nicht mehr akzeptiert, so dass sich die Diskussionen der nun meist an Universitäten tätigen Gelehrten mehr und mehr um die Frage der rechtlichen Einschränkung der Kriegführung und die Humanisierung des Krieges drehte, was bei führenden Offizieren allerdings auf vehemente Kritik stieß. So verglich der spätere Oberkommandierende der britischen Marine während des Ersten Weltkrieges, Sir John Fisher, im Jahre 1899 die Humanisierung des Krieges mit der Humanisierung der Hölle, während der preußisch-deutsche General Helmuth von Moltke anmerkte, dass der ewige Friede ein Traum sei und nicht einmal ein schöner, da der Krieg ein Glied in Gottes Weltordnung sei und sich in ihm die edelsten Tugenden des Menschen entfalten würden. Dies hinderte Rechtswissenschaftler und Anwälte wie Johann Caspar Bluntschli, Gustave Rolin-Jaequemyns oder Gustave Moynier nicht daran, sich weiterhin für rechtliche Grundsätze im Krieg zu engagieren. Ihre wichtigsten Erfolge erzielten sie dabei mit dem Abschluss der Genfer Konvention zum Schutz der Verwundeten von 1864 und den beiden Haager Landkriegsordnungen von 1899 und 1907. Die Idee der Schaffung eines internationalen Strafgerichtshofes zur Ahndung von Verstößen gegen das bestehende Recht wurde zwar 1872 kurzzeitig diskutiert, aber ebenso rasch wieder verworfen. Mit der revidierten Genfer Konvention von 1906 verpflichteten sich die Staaten zwar dazu, Verantwortliche für Verstöße zur Rechenschaft zu ziehen, doch vermochte dies die Unsicherheit bei der Umsetzung der bestehenden völkerrechtlichen Bestimmungen zur Begrenzung der Kriegführung nicht wirklich zu beseitigen. Weiterhin blieb unklar, wie sich die Staaten in einem Krieg verhalten würden, an dem alle oder die meisten europäischen Großmächte beteiligt sein würden. Daher gab es auch keinen allgemein anerkannten rechtlichen Begriff für Verstöße gegen die Regeln des Kriegsrechts. Zwar hatte der britisch-deutsche Völkerrechtler Lassa Oppenheim kurz vor dem Ersten Weltkrieg dafür den schon von Bluntschli verwendeten Begriff der „Kriegsverbrechen" zu prägen versucht, vermochte sich damit aber bis zum Beginn des Krieges nicht durchzusetzen (Segesser 2010).

Zu ersten Diskussionen über den Umgang mit Verstößen gegen die Regeln des Kriegsrechts führten bereits die dem Ersten Weltkrieg vorangehenden Balkankriege von 1912-13. Das amerikanische Carnegie Endowment for International Peace entsandte eine Kommission unter Führung des belgischen Barons Estournelles de Constant ins Kriegsgebiet, um über die von den beteiligten Kriegsparteien begangenen Grausamkeiten einen Bericht zu erstellen. Dieser erschien kurz vor Beginn des Weltkrieges und bestätigte, dass fast alle Bestimmungen des internationalen Rechts von der einen oder anderen Seite verletzt worden und die in diesem Zusammenhang begangenen Verbrechen gleichmäßig zwischen den Parteien verteilt gewesen seien. Weder die fast zeitgleich verfassten Berichte des Internationalen Komittees vom Roten Kreuz noch derjenige des Carnegie Endowment führten jedoch zu großen Diskussionen. Sicherlich spielte dabei die Tatsache eine Rolle, dass der letzte Bericht erst kurz vor Beginn der Julikrise erschien. Andererseits war das Interesse der Öffentlichkeit für Ereignisse auf dem Balkan klein. Zudem existierte in vielen europäischen Staaten die Überzeugung, dass sie sich in einem Krieg sicherlich anders verhalten würden als un- oder halbzivilisierte Völker wie diejenigen auf dem Balkan oder außerhalb Europas. Schon bald nach Beginn des Ersten Weltkrieges sollte sich zeigen, wie falsch diese Vorstellungen gewesen waren. Die Übergriffe gegen Muslime und deren Vertreibung aus weiten Teilen Europas während der Balkankriege sollte zudem die Situation der Armenier in großem Ausmaß negativ beeinflussen.

Wie in Kapitel 4.1 dargestellt, rechnete die deutsche Militärführung bei ihrem Einmarsch in Belgien nicht mit einem nennenswerten militärischen Widerstand, denn die belgische Armee wurde allgemein als schwach und unzureichend ausgerüstet eingeschätzt. Der unerwartet heftige Widerstand in und um Liège löste bei den deutschen Soldaten und Offizieren große Frustration aus und führte immer wieder zu Übergriffen gegen die belgische Zivilbevölkerung, da die deutschen Streitkräfte sich den ungemein heftigen Widerstand primär damit erklärten, dass die belgischen Behörden zum Volkskrieg aufgerufen und so auch Zivilisten in die Kämpfe eingegriffen hätten. Dies wiederum weckte ungute Erinnerungen an die zweite Hälfte des Deutsch-Französischen Krieges von 1871 (vgl. 4.1) und erzeugte bei den beteiligten Truppen, dem deutschen Oberkommando und den deutschen Medien den Eindruck, im Verlauf der weiteren Operationen mit Zivilisten konfrontiert zu werden, die ohne Vorwarnung das Feuer auf sie eröffnen könnten. In mehreren Ortschaften kam es daher zu massiven Übergriffen gegen die Zivilbevölkerung, die nicht selten damit endeten, dass die ganze Ortschaft angezündet und zerstört wurde. Aerschot, Andenne, Arlon, Dinant, Tamines und auch die alte Universitätsstadt Louvain wurden Opfer deutscher Übergriffe. Es wurden nicht nur viele Unbeteiligte getötet, sondern auch viele Häuser geplündert und anschließend angezündet. Besonders verheerend der Brand in der Bibliothek der Universität Louvain, dem sehr viele wertvolle Kulturgüter zum Opfer fielen. Nicht zuletzt die dortigen Ereignisse sorgten weltweit für Proteste und zementierten, unterstützt von der Propaganda der Alliierten, in der Öffentlichkeit außerhalb Deutschlands das Bild der barbarischen Deutschen. Auch in Nordfrankreich und, von der Öffentlichkeit kaum beachtet, in Serbien kam es zeitgleich ebenfalls zu Übergriffen auf die Zivilbevölkerung und gegen nichtmilitärisches Eigentum (Horne/Kramer 2001; Holzer 2008).

Unter Juristen der alliierten Länder und in den USA waren die Ereignisse des Jahres 1914 in Belgien und Nordfrankreich Anlass zu großen Auseinandersetzungen. Namhafte französische und britische Völkerrechtler und Politiker forderten ihre Regierungen auf, die Ahndung der begangenen Verbrechen zu einem zentralen Kriegsziel zu erklären. In diesem Zusammenhang verwendeten auch mehrere Völkerrechtler aus alliierten Staaten, aber auch deren deutscher Kollege Karl Strupp erstmals bewusst zusammenfassend für alle während eines Krieges begangenen Verstöße gegen das Kriegsrecht den Begriff der „Kriegsverbrechen" an. Verstöße gegen die Regeln der Kriegführung wurden nun zusehends als strafrechtlich verfolgbare Verbrechen betrachtet. Insbesondere in Frankreich, Großbritannien und den USA sollte sich diese Auffassung durchsetzen, auch wenn der Begriff „Kriegsverbrechen" zunächst noch nicht akzeptiert wurde. Im Deutschen Reich verlief die Diskussion zögerlicher, was einerseits darauf zurückzuführen war, dass die deutsche Regierung und die deutschen Völkerrechtler sich angesichts der Vorkommnisse in Belgien und Nordfrankreich argumentativ in der Defensive befanden, andererseits aber auch darauf, dass viele deutsche Völkerrechtler nicht bereit waren, eine strafrechtliche Verfolgung von im Krieg begangenen Delikten ohne explizite nationalstaatliche Rechtsgrundlage für möglich zu halten (Segesser 2010).

Neben der Frage der rechtlichen Ahndung der in Belgien und Nordfrankreich begangenen Grausamkeiten beschäftigte Juristen aus alliierten Staaten und den USA auch die Frage, inwiefern die Verantwortlichen für die Auslösung des Krieges zur Rechenschaft gezogen werden könnten. Besonders der renommierte französische Völkerrechtler Louis Renault hielt solches für unmöglich. Dies hinderte einige seiner Kollegen jedoch nicht daran, die strafrechtliche Verfolgung der Verantwortlichen für den Krieg zu fordern, was bis zum Ende des Krieges nur sehr bedingt auf Resonanz stieß. Im Verlauf der Pariser Friedensverhandlungen sollte diese Forderung dennoch wieder aufgegriffen werden (vgl. 8). Die Frage der Strafbarkeit beschäftigte die Regierungen weder zu Beginn noch während des Krieges. Sie waren sich der potentiellen Sprengkraft dieser Thematik jedoch sehr wohl bewusst. Mit Farbbüchern, worin aus der jeweiligen Perspektive relevant erscheinende, zum Teil sogar manipulierte oder gar gefälschte Dokumente publiziert wurden (Zala 2001, 31-37), sowie unterstützt durch namhafte Persönlichkeiten aus Wissenschaft und Kultur bemühten sich die jeweiligen Regierungen darum, die eigene Position zu erklären und nachzuweisen, dass das eigene Land sich nur deshalb im Krieg befinde, weil es angegriffen worden sei. Die deutsche Regierung versuchte sogar aufzuzeigen, dass nicht sie die Neutralität Belgiens als erstes verletzt habe, sondern dass diese vielmehr von Belgien selber aufgegeben und von den Ententemächten gebrochen worden sei.

Die Diskussion über die Verantwortung für die Auslösung des Krieges und die Ahndung der in Belgien und Nordfrankreich begangenen Kriegsgreuel hielt während des Krieges an und es wurden immer wieder einzelne Aspekte der Ereignisse von 1914 aufgegriffen, um die eigene Position zusätzlich zu stützen. Zeitweilig vermochten aber auch andere Aspekte die Diskussionen über die Ahndung von Kriegsverbrechen zu bestimmen. Zu besonders heftigen Debatten führten dabei der uneingeschränkte U-Bootkrieg, die daraus resultierende Versenkung des Passagierdampfers Lusitania, die Hinrichtungen von Edith Cavell und James Fryatt sowie der Einsatz von neuen Waffen, wie Giftgas.

Zu wichtigen Themen in der völkerrechtlichen Diskussion wie in der alliierten und speziell der britischen Propaganda sollten der uneingeschränkte U-Bootkrieg und die Versenkung der Lusitania werden. Dabei war es das Ziel der britischen Propagandisten, das bereits erwähnte Bild des barbarischen Deutschen zu erhärten. Die deutsche Regierung und Marineführung begründeten den verschärften U-Bootkrieg zu Beginn mit der britischen Blockadepolitik und bezeichnete ihn als völkerrechtlich zulässige Repressalie. Über die Frage, inwiefern dies tatsächlich zulässig war, stritten und streiten sich die Völkerrechtler damals wie heute. Klar ist jedoch, dass die deutsche Führung in diesem Zusammenhang nicht beachtete, dass die britische Blockade nicht direkt zum Tod von Menschen führte, während der deutsche U-Bootkrieg direkt zivile Opfer aus beteiligten wie neutralen Staaten forderte. Seit Kriegsbeginn befand sie sich daher in den Diskussionen insbesondere gegenüber den neutralen Staaten wie den USA in der Defensive und bis zum Kriegsende gelang es ihr nicht, sich aus dieser Situation zu befreien. Mit dem Griff zum Mittel des verschärften U-Bootkrieges verschafften die Behörden des Deutschen Reiches so Großbritannien einen wichtigen psychologischen Vorteil. Diesen nutzte der britische Marineminister Winston Churchill auch sofort aus. Als ein britischer Zerstörer im März 1915 zwei U-Boote versenkte und einen großen Teil der Besatzungen gefangen nehmen konnte, erklärte er, dass diese Männer in Großbritannien nicht als Kriegsgefangene sondern wegen möglicher Verstöße gegen die Regeln des *Ius in Bello* als Strafgefangene betrachtet würden. Mit dem Hinweis auf das während des Krieges nicht vollständig vorliegende Beweismaterial wurde vorläufig auf Prozesse gegen diese Männer verzichtet. Als die Inhaftierung der U-Bootbesatzungen im Deutschen Reich bekannt wurde, handelte die dortige Regierung rasch und drohte damit britische Kriegsgefangene zu inhaftieren. Nachdem die britische Regierung ihre Position beibehielt, wurden in der Folge 39 britische Offiziere aus wichtigen Familien inhaftiert, darunter auch ein Verwandter von Außenminister Grey. Die britische Regierung geriet deshalb insbesondere von Seiten des Königshauses und konservativer Politiker unter Druck. Sie musste schließlich nachgeben und die deutschen U-Bootbesatzungen offiziell als Kriegsgefangene behandeln. Premierminister Asquith betonte jedoch, dass dies keineswegs bedeute, dass die britische Regierung bei Kriegsende die Verantwortlichen nicht strafrechtlich zur Rechenschaft ziehen wolle. Zu weiteren Inhaftierungen von U-Bootbesatzungen kam es während des Krieges allerdings nicht und auch nach dem Krieg wurden in Großbritannien keine entsprechenden Verfahren durchgeführt.

Schon kurze Zeit nach Ende dieser ersten Auseinandersetzung über die völkerrechtsmäßige Kriegführung auf See kam es zu einer weiteren Kontroverse. Am 7. Mai 1915 wurde der Passagierdampfer Lusitania mit etwa 2000 Passagieren an Bord vom deutschen U-Boot U-20 vor der Küste Irlands in der Annahme versenkt, dass es sich bei diesem Schiff entweder um einen Hilfskreuzer oder um ein Transportschiff handle, das möglicherweise Truppen und verbotene Waren an Bord habe. Die Reaktion der Presse in den Ententestaaten ließ nicht lange auf sich warten und fiel entsprechend harsch aus. Die Versenkung des Schiffes wurde als das „schlimmste Verbrechen der Hunnen" und Ausdruck der deutschen Grausamkeit bezeichnet (Preston 2003, 345-346). In Großbritannien, Australien, Kanada und Neuseeland kam es danach zu Ausschreitungen gegen Personen und Geschäfte, von welchen vermutet wurde, dass sie deutsche Staatsbürger oder Auswanderer seien oder solchen gehörten. Auch in neutralen Staaten wie Holland oder Norwegen wurde die Versenkung der Lusitania als Verbrechen oder als teuflischer Akt bezeichnet. Sowohl in Großbritannien als auch in den USA wurden Forderungen laut, wonach die Verantwortlichen bis hinauf zum deutschen Kaiser persönlich zur Rechenschaft gezogen werden sollten. Eine offizielle Untersuchung in Irland kam zu dem Schluss, dass gegen die verantwortlichen Offiziere des deutschen U-Bootes sowie den deutschen Kaiser und die deutsche Regierung Anklage wegen Mordes erhoben werden sollte. Die amerikanische Regierung protestierte formell in Berlin gegen die Versenkung der Lusitania, da diese auch amerikanischen Staatsbürgern das Leben gekostet hatte, und forderte die sofortige Einstellung des U-Bootkrieges gegen Handelsschiffe. Im Deutschen Reich wurde die Versenkung des Schiffes in ersten Reaktionen hingegen als militärischer Erfolg gewertet. Sowohl die Presse als auch führende Offiziere, darunter Kronprinz Wilhelm, interpretierten die Versenkung der Lusitania als Beweis für die Überlegenheit der deutschen Marine und beschuldigten Großbritannien, Zivilisten als Schutzschilder für einen militärischen Transport missbraucht zu haben. Kritik war auch von Völkerrechtlern kaum zu hören. Eine Ausnahme bildete Hans Wehberg, der seine Meinung wegen der Zensur im Deutschen Reich allerdings nur in einer österreichischen Zeitschrift äußern konnte. Trotzdem vermochten die deutschen Behörden ihre Position längerfristig nicht aufrecht zu erhalten. Nicht zuletzt unter dem Druck der USA erreichte Reichskanzler Bethmann Hollweg schließlich die Einstellung des verschärften U-Bootkrieges. Die Versenkung der Lusitania rechtfertigte auch er allerdings weiterhin als rechtmäßig.

Trotz der Beschränkungen, die der Marineführung durch Reichskanzler und Kaiser auferlegt wurden, setzte diese den U-Bootkrieg

fort, was dazu führte, dass die Diskussionen über deren Rechtmäßigkeit immer wieder aufflammten. Das nächste Ereignis, welches
Staub aufwirbelte, war die Hinrichtung des britischen Kapitäns
Charles Fryatt am 27. Juli 1916. Er hatte aufgrund einer Instruk-
tion der britischen Admiralität 1915 versucht, sein Handelsschiff
vor der Versenkung zu bewahren und ein ihn angreifendes deutsches U-Boot zu rammen. Fryatt war dieses Unterfangen gelungen
und dafür von der britischen Admiralität ausgezeichnet worden. Im
Juni 1916 wurde sein Schiff jedoch von einem deutschen Zerstörer
aufgebracht und in den Hafen von Zeebrügge geleitet, wo Fryatt
als Franktireur des Meeres vor Gericht gestellt wurde. Urteil wie
Hinrichtung führten in Großbritannien und den USA erneut zu
großen Debatten über den U-Bootkrieg. Dabei wurde auch immer
wieder der Vorwurf eines Justizmordes erhoben und gefordert, dass
die Verantwortlichen am Ende des Krieges für diese Tat persönlich
zur Rechenschaft gezogen werden sollten. Erstmals ging es nicht
mehr nur darum, Offiziere und Soldaten vor Gericht zu stellen,
weil sie persönlich ein Verbrechen begangen hatten, sondern weil
sie in ihrer Funktion als Militärrichter ein in den Augen der Kritiker
verbrecherisches Urteil gefällt hatten. Ähnliche Forderungen waren
bereits, wenn auch in geringerem Ausmaß, nach der Hinrichtung
der Krankenschwester Edith Cavell im Oktober 1915 erhoben worden. Diese waren allerdings mit weit weniger Nachdruck gestellt
worden, da Cavell ihre Position als durch das Rote Kreuz geschützte
Krankenschwester genutzt hatte, um alliierten Verwundeten zur
Flucht nach Holland zu verhelfen. Die erneute Verschärfung des
U-Bootkrieges durch die deutsche Marineführung im Februar 1917
(vgl. 4.4) brachte kaum große Völkerrechtsdebatten hervor. Die
Meinungen in dieser Sache standen weitgehend fest. Die Reaktion
erfolgte in dieser Frage auf politischer Ebene durch die Kriegserklärung der USA an das Deutsche Reich (siehe 7.1).

Was den Einsatz neuer Waffen anbelangte, so waren es vor allem
der Luft- sowie der Gaskrieg, die während des Ersten Weltkrieges
zu Diskussionen über deren Völkerrechtsmäßigkeit führten. Im

Zentrum stand dabei die Frage der Auslegung der in diesen Bereichen bestehenden Haager Konventionen von 1899 und 1907.
Britische, französische, aber auch amerikanische Autoren kritisier-
ten im Jahre 1915 den Einsatz von Giftgas durch deutsche Truppen
in Belgien (vgl. 5.2) und betonten, dass der Einsatz einer solchen
Waffe gegen bindendes Völkerrecht verstoße, das von keiner Seite bislang offen in Frage gestellt worden sei. Auf deutscher Seite
wurde in diesem Zusammenhang darauf verwiesen, dass nicht die
deutsche Seite, sondern die Alliierten sich als erste dieser Waffe
bedient hätten. Die Frage des Gaskrieges wurde in der Folge lange
nicht weiter thematisiert. Erst gegen Ende des Krieges engagierte
sich das IKRK stärker in dieser Frage und forderte die Kriegspartei-
en auf, den Einsatz von Gas einzustellen. Während die Reaktionen
der Regierungen Großbritanniens, Frankreichs, Belgiens, der USA,
Griechenlands, Japans, Portugals sowie der Habsburgermonarchie
positiv ausfielen, zögerte die deutsche Reichsregierung mit einer
Zusage, weil sie den alliierten Staaten vorwarf, sich in der Vergangenheit nicht an die Regeln des *Ius in Bello* gehalten und als erste
verbotenerweise Giftgas sowie farbige Truppen auf dem europäischen Kriegsschauplatz eingesetzt zu haben. Zu einer konkreten
Vereinbarung zwischen den Kriegsparteien kam es bis Ende des
Krieges deshalb nicht.

Die an den Diskussionen beteiligten Völkerrechtler schätzten die
Lage des Luftkrieges zu Recht als weniger klar ein, denn im Unterschied zum Giftgas existierte in diesem Bereich kein internationales
Abkommen, das den Einsatz von Flugzeugen regelte. Zum Kern
des Problems wurde deshalb die Frage, wann eine Stadt als unver-
teidigt zu gelten habe, was gemäß der Haager Landkriegsordnung
dazu führen müsste, dass sie auch aus der Luft nicht angegriffen
werden dürfte. Britische und französische Völkerrechtler betonten
dabei, dass Angriffe auf eine sonst nicht verteidigte Stadt dann zulässig seien, wenn sich darin militärische Einrichtungen oder Produktionsstätten der Rüstungsindustrie befänden. Die Beschießung
und Bombardierung nicht-militärischer Ziele wie Wohnviertel,

Eisenbahnlinien und Banken hielten sie jedoch in einem solchen Fall für unzulässig. Teilweise wurden in diesem Zusammenhang Vorwürfe laut, dass es zu Luftangriffen der deutschen Seite auf nicht-militärische Ziele gekommen sei, was von dieser umgehend zurückgewiesen wurde. Zwar anerkannten deutsche Völkerrechtler durchaus, dass eine Beschießung nicht verteidigter Städte mit Ausnahme militärischer Ziele nicht zulässig sei. Sie betonten jedoch, dass darunter auch Hafenanlagen, Eisenbahnlinien oder Bahnhöfe fielen, da diese militärisch nutzbar seien. In gegenwärtigen Kriegen werde nun aber nicht mehr nur an der Front gekämpft. Deshalb seien zudem auch Luftangriffe zur Schwächung der Arbeitskraft des feindlichen Landes zulässig. Diese könnten nicht als unmenschlich bezeichnet werden, selbst wenn es zivile Opfer gebe. Solche müssten in Kauf genommen werden, absichtlich und direkt dürften Angriffe auf Zivilisten aber nicht erfolgen. Die Bombardierung ziviler Ziele, um die Moral der feindlichen Bevölkerung zu brechen, lehnte die Mehrzahl der deutschen Völkerrechtler deshalb ab. Solche seien nämlich eher kontraproduktiv. Dies zeige die Reaktion der deutschen Bevölkerung auf die so genannte Hungerblockade deutlich (vgl. 5.3).

Kaum zu Diskussionen unter den Völkerrechtlern der beteiligten Staaten führte die Problematik der Kriegsgefangenen, obwohl während des Ersten Weltkrieges die unglaubliche Anzahl von 60 Millionen Kriegsgefangenen in die Hände der jeweils anderen Partei geriet und sich für alle Seiten daher große logistische Probleme ergaben. Dies hing einerseits damit zusammen, dass die Behandlung der Kriegsgefangenen im Rahmen der *Haager Landkriegsordnung* konkreter geregelt worden war als andere Bereiche des Kriegsrechts. Andererseits hatte aber auch keine Seite angesichts der beträchtlichen Zahl eigener Kriegsgefangener ein Interesse daran, diese durch eine bewusst schlechte Behandlung der in der eigenen Hand befindlichen feindlichen Soldaten Repressalien der Gegenseite auszusetzen. Dies bedeutet aber nicht, dass es nicht immer wieder zu Konflikten kam, die von den jeweiligen Propagandabehörden dazu

ausgenutzt wurden, um die Gegenseite der Barbarei gegen wehrlose
Kriegsgefangene zu beschuldigen. Das Internationalen Komittee
vom Roten Kreuz, der Vatikan sowie neutrale Staaten setzten sich
während des Krieges auch immer wieder für eine menschliche Behandlung der Kriegsgefangenen ein, was angesichts der verstärkten Mobilisierung aller Ressourcen für die Kriegführung (vgl. 5.3)
nicht immer einfach war. Fortschritte konnten insbesondere im Bereich des Auskunfts- und Fürsorgewesens erzielt werden, so durch
ein wenn auch häufig eingeschränktes System von Lagerbesuchen
oder durch die Schaffung einer Agence Internationale de Secours
et de Renseignement en Faveur des Prisonniers, deren Ziel es war,
Kriegsgefangenenlisten mit möglichst exakter Angabe von Namen,
Truppenangehörigkeit und Verwahrungsort zu führen.

Die Behandlung von Zivilinternierten und der Zivilbevölkerung
in vom Feind besetzten Gebieten führte ebenfalls zu Diskussionen, an welchen neben dem IKRK vor allem auch belgische und
amerikanische Autoren beteiligt waren. Ging es zu Beginn, besonders in den USA darum, Hilfe für die belgische Zivilbevölkerung
zu mobilisieren, so rückte mit der Zeit die Kritik an der zwangs-
weisen Integration belgischer Arbeiter in die deutschen Kriegsanstrengungen in den Vordergrund. Belgische Autoren hatten
dabei immer wieder damit zu kämpfen, dass ihnen zum Vorwurf
gemacht wurde, es sei im Zusammenhang mit den Greueltaten in
ihrem Land zu Beginn des Krieges zu massiven Übertreibungen
gekommen. Die deutsche Besatzungspolitik in Belgien blieb daher lange Zeit in der Öffentlichkeit ein wenig beachtetes Thema,
obwohl in einigen neutralen Staaten und insbesondere in den
USA Hilfsprogramme zugunsten der belgischen Zivilbevölkerung
gestartet wurden. Erst die Zwangsdeportation belgischer Zivil-
arbeiter ins Deutsche Reich im Jahre 1916 führte schließlich zu
scharfen Protesten nicht nur in der Presse, sondern auch auf diplomatischem Parkett. Dabei wurde das deutsche Vorgehen immer
wieder als ein schlimmer und brutaler Schlag gegen die Prinzipien
von Recht und Gerechtigkeit bezeichnet und einzelne Autoren

sprachen in diesem Zusammenhang sogar von Terrorismus oder Justizterrorismus.

Ab 1915 gab es in Großbritannien, Frankreich und im Deutschen Reich neben den Diskussionen über konkrete Völkerrechtsverstöße auch solche um deren generelle Ahndung. Den Hintergrund dazu bildeten erste Prozesse vor Militärgerichten in Frankreich im Jahre 1914 sowie die Tatsache, dass den deutschen Truppen 1915 nach den Siegen von Tannenberg und bei den Masurischen Seen auch eine ganze Reihe russischer Soldaten und Offiziere in die Hände gefallen waren, denen Verstöße gegen das Kriegsvölkerrecht vorgeworfen wurden. Im Zentrum stand die Frage, ob es gemäß bestehendem nationalen Strafrechts möglich sei, Verantwortliche für Völkerrechtsverstöße zur Rechenschaft zu ziehen, die sie vor ihrer Gefangennahme als Angehörige des feindlichen Heeres begangen hatten. Während die Völker-, Militär- und Strafrechtler im Deutschen Reich dabei keinen Konsens zu finden vermochten und die Frage bis zum Kriegsende unentschieden blieb, waren die meisten ihrer Kollegen auf alliierter Seite klar der Meinung, dass eine strafrechtliche Verfolgung für Delikte, die vor einer Kriegsgefangenschaft begangen worden waren, sehr wohl möglich sei. Die von mehreren deutschen Straf-, Militär- und Völkerrechtlern vertretene Ansicht, wonach eine fremde Armee im Feindesland exterritorial sei, wurde in Frankreich und Großbritannien zurückgewiesen. Die amerikanischen und russischen Juristen tendierten dazu, sich der in den Staaten der Entente vertretenen Ansichten anzuschließen. Ebenso war die Mehrheit in den Staaten der Entente und in den USA der Auffassung, dass die entsprechenden Prozesse vor zivilen oder militärischen Gerichten der betroffenen Staaten stattfinden sollten. Die Schaffung eines internationalen Strafgerichtshofes wurde nur selten erwogen (Segesser 2010, 193-201).

Zu den schrecklichsten, bis heute aber auch umstrittensten Ereignissen des Ersten Weltkrieges gehörte der Völkermord an den Armeniern in den östlichen Gebieten des Osmanischen Reiches. Nach dem Ende der Balkankriege von 1912/13 waren diese neben den

Maroniten im Libanon, die vom Schutz Frankreichs profitierten, die einzige christliche Minderheit, die in einem relativ geschlossenen Siedlungsgebiet im Osmanischen Reich lebte, dort aber nur in wenigen Städten die Mehrheit der Bevölkerung stellte. Schon während des 19. Jahrhunderts hatte die ‚armenische Frage' die europäischen Großmächte beschäftigt. Insbesondere die gegensätzlichen Vorstellungen Russlands und Großbritanniens über die Zukunft des Osmanischen Reiches generell und der Armenier im Besonderen hatten jedoch eine Einigung verhindert und den osmanischen Behörden einen Spielraum eröffnet, der von diesen auch immer wieder genutzt wurde. Viele Armenier, aber auch andere christliche Volksgruppen im Osmanischen Reich wurden deshalb gegen Ende des 19. Jahrhunderts Opfer von Pogromen. Insbesondere die Massaker von 1894/96 führten in der europäischen Öffentlichkeit zu lebhaften Diskussionen, ob dem Osmanischen Reich die Herrschaft über die von Armeniern besiedelten Gebiete weiterhin belassen werden solle oder nicht. Im Zentrum der Diskussion stand dabei insbesondere die Frage, inwiefern eine Ausdehnung des russischen Einflusses auf die armenischen Siedlungsgebiete zugelassen werden sollte oder nicht.

Als in Europa der Erste Weltkrieg begann, nutzte die Regierung des Osmanischen Reiches die sich bietende Gelegenheit, sich von den Verpflichtungen der Vereinbarung über Reformen in den armenischen Siedlungsgebieten zu lösen und gleichzeitig alles zu unternehmen, um den Einfluss ausländischer Mächte auf das eigene Territorium zu verringern. Am 29. Oktober 1914 trat das Osmanische Reich schließlich selbst in den Ersten Weltkrieg ein, dies nicht zuletzt, weil dessen Führung überzeugt war, nur so bei Kriegsende eine Aufteilung des eigenen Staatswesens durch die eine oder andere der Kriegsparteien verhindern zu können. Schon bald wurden unter Hinweis auf die Kriegssituation erste Maßnahmen gegen die griechischen und armenischen Minderheiten ergriffen. Im Verlauf der Jahre 1915 und 1916 wurden diese durch großräumige Vertreibungen ergänzt, die damit begründet wurden, dass die christlichen Minderheiten nahe an der Front lebten und vorrückende feindliche Truppenverbände unterstützen könnten. Die Niederlagen der osmanischen Truppen im Januar 1915 (vgl. 4.3) beschleunigten diese Vertreibungen erheblich. Anlass zur endgültigen Lösung des Problems der christlichen Minderheiten und insbesondere der Armenier war den osmanischen Behörden schließlich der so genannte Aufstand von Van, bei dem bewaffnete armenische Zivilisten osmanische Truppen an der Besetzung der Stadt gehindert hatten. In der Folge wurden nicht nur ausgewählte Politiker armenischen Ursprungs oder sonstige herausragende Persönlichkeiten verhaftet und getötet. Es kam zu entsetzlichen Erschießungen und Deportationen von Männern, Frauen und Kindern. Entsprechend den vorliegenden Zahlen fielen diesen Hinrichtungen zwischen 800 000 und 1 500 000 Armenier zum Opfer.

Schon früh hatten erste Nachrichten solcher Übergriffe osmanischer Behörden gegen die armenische Minderheit im Osten des Osmanischen Reiches die diplomatischen Vertretungen der USA, aber auch des Deutschen Reiches erreicht. Die Zensur der osmanischen Behörden verhinderte jedoch, dass die im armenischen Siedlungsgebiet befindlichen Missionare offen über Grausamkeiten berichten konnten. Auch die russischen Behörden erfuhren durch ihre Kontakte zu armenischen Politikern und Revolutionären relativ früh von den Übergriffen gegen die armenische Zivilbevölkerung. Außenminister Sazonov sah darin ein wertvolles Mittel der Propaganda. Schließlich verabschiedeten die alliierten Außenministerien eine Deklaration, in der sie die osmanische Regierung zur Einstellung ihrer Maßnahmen gegen christliche Minderheiten aufforderten und damit drohten, die Verantwortlichen für die Massaker bei Kriegsende persönlich zur Rechenschaft zu ziehen. Die erhoffte Wirkung blieb aus. Einige Tage nach der Veröffentlichung der alliierten Deklaration erließ die osmanische Regierung ein Dekret, welches die Deportation armenischer Zivilisten auch rechtlich absicherte. Dies führte zu einer weiteren Ausweitung der Verschleppungen und der Übergriffe. Der amerikanische Botschafter Henry

Morgenthau Sr. versuchte zwar weiterhin die osmanische Regierung von ihren Plänen abzubringen, war damit allerdings nicht sehr erfolgreich. Proteste gab es vereinzelt auch von deutscher Seite. Diese befand sich allerdings in einer heiklen Lage: Einerseits galt es einen Imageschaden für das Deutsche Reich zu verhindern, da auch deutsche Missionare und Diplomaten vermehrt über die Deportationen aus den armenischen Siedlungsgebieten berichteten. Andererseits galt es, die verbündete osmanische Regierung nicht allzu sehr zu verärgern, ging es doch darum, das Osmanische Reich bis zum Ende des Krieges auf der eigenen Seite zu halten.

Besonders in Großbritannien und den USA kam es im Anschluss zu einer lebhaften Debatte über die Vertreibungen und Massaker an den Armeniern. Vornehmlich Viscount James Bryce, der 1914 eine britische Kommission zur Klärung der Greueltaten in Belgien präsidiert hatte, der spätere Professor Arnold Joseph Toynbee und mehrere private Vereine wie die *Friends of Armenia,* das *Committee on Armenian Atrocities,* die *Anglo-Armenian Association* oder das *British Armenia Committee* wurden aktiv. Es erschienen mehrere Publikationen mit dem Ziel, der britischen Öffentlichkeit die Grausamkeit der osmanischen Behörden drastisch vor Augen zu führen und nachzuweisen, dass sich das Vorgehen der osmanischen Behörden nicht mehr mit religiösem Fanatismus oder mit der Existenz von armenischen Freischärlern begründen lasse. Es handele sich vielmehr um eine neue Dimension, die auf die Vernichtung der Armenier abziele und die nur als ‚Mord eines Volkes‘ (Toynbee 1916) bezeichnet werden könne. Amerikanischen Missionsgesellschaften sei es verboten worden, den Opfern der Vertreibungen und Massaker zu helfen oder Waisenkinder in ihre Obhut zu nehmen. Hier würden Verbrechen begangen, die alles bisher Bekannte überträfen. Auch der ehemalige russische Botschaftssekretär Andrej N. Mandelstam versuchte sich für das Schicksal der Armenier, aber auch anderer christlicher Minderheiten einzusetzen, seine Bemühungen blieben allerdings wie diejenigen der genannten britischen und amerikanischen Protagonisten weitgehend wirkungslos. Dis osmanische Regierung ließ sich von ihrem Plan nicht abbringen und bis heute wird der Völkermord an den Armeniern – und als solcher sollte er auch bezeichnet werden – in der türkischen Öffentlichkeit und von der türkischen Regierung nicht als solcher anerkannt.

# 7. Kriegswende, Kriegsende und Revolution

## 7.1. Revolution in Russland und Kriegseintritt der USA

Wie in Kapitel 2.1 erläutert, stand das Russische Reich schon bei Kriegsbeginn vor großen innen- und außenpolitischen Herausforderungen. In den Jahren vor 1914 war es immer wieder zu zahlreichen Streiks der wachsenden Industriearbeiterschaft und zu Unmutsäußerungen von Bauern gekommen. Die politischen Parteien waren zerstritten und primäres Anliegen des Zarenhofes war der Erhalt seiner autokratischen Macht. Der Beginn des Krieges führte vorerst dazu, dass sich das Land beruhigte, auch wenn Aufruhr und Arbeitsniederlegungen nie gänzlich erloschen. Fast alle Minderheiten des Reiches und die politischen Parteien – zeitweise sogar einige Anhänger Lenins – unterstützten anfänglich den Krieg. Dennoch konnte die zaristische Regierung nicht von dieser anfänglichen Einigkeit profitieren, da der Zar keine integrative Funktion zu übernehmen vermochte und die verschiedenen Machtzentren um ihn weiterhin konkurrierten. Eine wichtige Rolle spielten dabei auch die bewusst geschürten Spionageängste, die im März 1916 sogar zur Verhaftung des im Juni 1915 entlassenen Kriegsministers Suchomlinow führten. Nachdem der Zar im August 1915 persönlich den Oberbefehl über die russischen Truppen übernommen und damit die Hauptstadt verlassen hatte, erlangte seine Frau Alexandra, eine vormalige hessische Prinzessin, zunehmenden politischen Einfluss und wurde zu einer Schlüsselfigur des Landes. Ihr primäres Ziel war ebenfalls die Erhaltung der autokratischen Macht des Zarenhauses, vor allem im Hinblick auf die Thronfolge ihres Sohnes Alexej. In ihren konkreten Entscheidungen ließ sich Alexandra stark von Rasputin beeinflussen, was sowohl am Hof als auch im Parlament zum Teil zu heftiger Kritik führte. Das zaristische System, das wegen häufiger Ministerwechsel keine Stabilität besaß, verlor mehr und mehr seinen Glanz und die Unterstützung begann zu bröckeln. Davon zeugen sowohl die Formierung einer liberal-konservativen Opposition unter Führung des späteren Außenministers Pavel Miljukow als auch die zunehmend öffentlich gemachten Ideen und Pläne für einen Staatsstreich, deren Ziel die Entmachtung des Zaren und besonders der Zarin waren.

Im Verlauf des Krieges kam es vermehrt zu Aufständen, da sich die Lebensbedingungen der Bevölkerung durch eine Inflations- und Versorgungskrise erheblich verschlechterten. Zu Beginn des Krieges hatte das noch einmal verstärkte Wachstum der Rüstungsindustrie zu einem Zuzug von Arbeitskräften in die großen Städte des Landes geführt. Zwar stiegen durch den enormen Bedarf an Arbeitskräften die Löhne bis 1916 erheblich an, die Preissteigerungen für Grundnahrungsmittel auf Grund von Inflation und Versorgungsengpässen führten allerdings dazu, dass den Arbeiterinnen und Arbeitern vom höheren Lohn am Monatsende kaum noch etwas blieb. Zudem verschlechterten sich die Arbeitsbedingungen in den Fabriken vor allem was in den Bereichen Sicherheit, Hygiene und Gesundheit anging. Ab Herbst 1915 kam es daher in den größeren Städten immer wieder zu Streiks und Demonstrationen, die aber kaum auf die Tätigkeit von sozialistisch-revolutionären Parteien zurückgingen, wie die Regierung vermutete. Auch unter den nationalen Minderheiten im Russischen Reich stieg die Unruhe während des Krieges wieder an, da sich die zaristische Regierung durch die bei Kriegsbeginn von fast allen Minderheiten vorgebrachten Loyalitätsadressen nicht zu einem Entgegenkommen bewegen ließ. So kam es in verschiedenen Teilen des Reiches, insbesondere in Polen, Finnland und der Ukraine zu einem massiven Anwachsen der Separationsbestrebungen.

Angesichts der zunehmenden politischen und sozialen Spannungen waren die Kritiker des Zaren Ende 1916 verzweifelt darum bemüht, das Blatt doch noch zu wenden. Einer der reichsten Männer Russlands, Fürst Felix Jusupow, ein Cousin des Zaren, Großfürst Dimitri Pawlowitsch und der konservative Politiker Wladimir Purischkewitsch versuchten durch die Ermordung des umstrittenen

Mönchs Rasputin in der Nacht vom 16. auf den 17. Dezember[2] die Monarchie zu retten. Miljukow stellte schon zuvor im Parlament die Frage, ob die Regierung nur dumm sei oder ob im Geheimen an einem Pakt mit dem Deutschen Reich gearbeitet würde. Schließlich waren es aber nicht solche Aktionen, die in Russland zu großen Umwälzungen führten. Vielmehr waren es Demonstrationen von Frauen und Arbeitern, die Ende Februar 1917 in St. Petersburg eine Verbesserung der allgemeinen Versorgung forderten und in einem Generalstreik gipfelten. Als der Stadtkommandant versuchte, die Demonstranten auseinander zu treiben, versagten ihm immer größere Teile seiner Truppen den Gehorsam und schlossen sich den Demonstranten an. Der Zar wollte nochmals in die Hauptstadt zurückkehren, wurde aber von meuternden Soldaten daran gehindert. Auf Druck führender Politiker und Militärs dankte er am 3. März ab und übergab die Regierungsgeschäfte einer unter der Leitung des liberal-konservativen Politikers Georgi Jewgenjewitsch Lwow stehenden provisorischen Regierung. Letzterer hatte sich im Verlauf des Krieges als Vorsitzender der auf die Versorgung von Verwundenten und Soldaten spezialisierten privaten Organisation Semgor in der Öffentlichkeit einen guten Ruf erworben und sollte nun zusammen mit weiteren zarenkritischen Politikern, darunter Miljukow als Außenminister, die Situation in Russland wieder stabilisieren. Die neue Regierung sah sich allerdings mit der Herausforderung konfrontiert, dass während der Unruhen mit dem Rat der Arbeiter- und Soldatendeputierten ein neues Machtzentrum entstanden war. Dieser übte insbesondere die Kontrolle über den Großteil der Truppen und der Fabriken in der Hauptstadt aus, was dazu führte, dass sich eine Art Doppelherrschaft zwischen den beiden Institutionen etablierte.

In der Zeit zwischen März und Oktober 1917 kam es zwischen den beiden Machtzentren in Russland immer wieder zu Auseinandersetzungen. Während die provisorische Regierung der Überzeugung war, dass sich das Land nur durch einen Sieg der Entente,

---

2   Datierung nach dem in Russland damals gültigen julianischen Kalender.

der von dieser verfochtenen freiheitlichen Ideen sowie möglicher Annexionen werde erholen können, setzte sich in den nun auch außerhalb der Hauptstadt bestehenden Arbeiter- und Soldatenräten die Haltung durch, dass dem Land nur ein sofortiger Frieden diene. Auch über die Umgestaltung von Wirtschaft und Gesellschaft waren sich die Räte und die provisorische Regierung selten einig. Die provisorische Regierung wollte an der bestehenden Wirtschafts- und Sozialordnung nur wenig ändern. Eine Bereitschaft bestand allenfalls bei wirtschaftlich verantwortbaren, konkreten Verbesserungen der Arbeitsbedingungen und einer gemäßigten Landreform, was den Angehörigen der Arbeiter- und Soldatenräte nicht weit genug ging. Im Mai erzwangen Friedensdemonstrationen den Rücktritt der beiden sich stark für die Fortsetzung des Krieges einsetzenden Minister Miljukow und Gutschkow. Neuer Kriegsminister wurde der Sozialrevolutionär Alexander Kerenskji, der zusammen mit dem im Juni neu ernannten Oberkommandierenden Brussilov eine Neuauflage der Offensive von 1916 plante (vgl. 4.2). Schon bald zeigte sich allerdings, dass sich die Truppen auch durch eine persönliche Präsenz Kerenskjis nicht zu neuen offensiven Operationen bewegen ließen. Die geplante Wiedereroberung von Lemberg scheiterte.

Im Juli 1917 kam es zu einem ersten Putschversuch der radikalen Fraktion der russischen Sozialdemokratischen Arbeiterpartei, der Bolschewiki, der jedoch scheiterte. Deren Führer, Wladimir Iljitsch Lenin, war mit Hilfe der Militärführung des Deutschen Reiches in einem versiegelten Eisenbahnwagen aus seinem Exil in der Schweiz nach Schweden gebracht worden, von wo er nach Russland weiterreiste. Schon kurz nach seiner Ankunft in St. Petersburg hatte er zu einem sofortigen Friedensschluss – einem Frieden ohne Annexionen und Kontributionen – sowie zur Umwandlung des Krieges in einen Klassenkampf aufgerufen. Nach dem Putschversuch musste Lenin kurzzeitig fliehen, er konnte jedoch schon bald wieder zurückkehren, nachdem die Arbeiter- und Soldatenräte im September einen Putschversuch des konservativen Generals Kornilov vereitelt hatten. Ende Oktober 1917 gelang schließlich die Machtübernahme der

Bolschewiki in einem unblutigen Putsch, an dessen Spitze der spätere Volkskommissar für Auswärtiges, Leo Trotzki, gestanden hatte. Am 25. November 1917 entsandte der neue russische Oberkommandierende General Nikolai Krylenko eine erste Delegation auf die deutsche Seite und bat um Gewährung eines Waffenstillstandes, dem die deutsche Seite am 17. Dezember zustimmte. Es folgten Friedensverhandlungen in Brest-Litwosk. Von deutscher Seite wurden dabei sehr harte Friedensbedingungen gestellt, was den russischen Verhandlungsführer Trotzki zur Unterbrechung der Gespräche veranlasste. Er hoffte, dass ein deutscher Befehl für eine Wiederaufnahme der Kampfhandlungen die revolutionäre Stimmung in Deutschland fördern könnte. Als dies nicht eintrat und die russischen Truppen dem deutschen Vormarsch keinen nennenswerten Widerstand mehr entgegensetzten, kehrte Trotzki an den Verhandlungstisch zurück und akzeptierte am 3. März 1918 weitgehend die deutschen Forderungen, die den Verlust der Ukraine, Polens, des Baltikums, Finnlands sowie von Teilen des Kaukasus nach sich zog. Dies bedeutete zwar offiziell das Ende des Krieges für Russland, doch gingen die anschließenden Kämpfe an der Front fast nahtlos in den russischen Bürgerkrieg über, in welchem die Gegner der Bolschewiki auch mit Hilfe Frankreichs, Großbritanniens, der USA und Japans versuchten, das neu enstandene Regime von Lenin und dessen Anhängern wieder zu stürzen. Trotz großer Anstrengungen gelang das Unterfangen jedoch nicht, weil sich die verschiedenen Faktionen nie auf ein koordiniertes Vorgehen zu einigen vermochten und ihre ausländischen Verbündeten angesichts des Weltkrieges und der erlittenen Verluste nur dann Bereitschaft für ein entschiedenes Engagement zeigten, wenn eigene Interessen im Vordergrund standen. Der Bürgerkrieg endete schließlich 1921. Es kam zu einer weitgehenden Zerstörung der industriellen und agrarischen Ressourcen Russlands, zu Flüchtlingsströmen, Krankheitsepidemien und Hungersnöten, die Millionen von Menschen das Leben kosteten.

Zwischen den Ereignissen in Russland, dem Abbruch der diplomatischen Beziehungen zwischen den USA und dem Deutschen

Reich am 3. Februar 1917 sowie dem Kriegseintritt der USA am 6. April desselben Jahres bestand zwar kein direkter ursächlicher Zusammenhang. Dennoch beeinflussten die beiden fast zeitgleichen Entwicklungen die Geschichte des Ersten Weltkrieges zumindest während der ersten Hälfte des Jahres 1917 in eine ähnliche Richtung. Im Unterschied zu Russland, das schon früh am Krieg beteiligt gewesen war, hatte die amerikanische Regierung von Präsident Woodrow Wilson im Sommer 1914 alles unternommen, um das eigene Land aus dem Krieg in Europa herauszuhalten. Die eigenen Staatsbürger wurden zu einer Neutralität im Denken wie im Handeln angehalten. Die amerikanische Regierung pochte auf die Freiheit der Meere, die Freiheit des globalen Seehandels sowie das Recht ihrer Bürger, weltweit ungehindert reisen zu können. Besonders Außenminister Bryan bemühte sich um Vermittlungsgespräche. Im Vordergrund standen dabei allerdings die Interessen des eigenen Landes, was dazu führte, dass sich die USA den chinesischen Vermittlungsbemühungen nicht anschlossen (vgl. 4.6). Schon bald zeigte sich angesichts der bestehenden weltwirtschaftlichen Verflechtungen, dass die USA nicht im gewünschten Ausmaß neutral bleiben konnten. Die alliierte Blockade der Mittelmächte schränkte den Handel mit diesen erheblich ein. Das stellte zwar keinen grundsätzlichen Verstoß gegen völkerrechtliche Normen – wie von deutscher Seite während und nach dem Ende des Krieges behauptet – dar, doch war die Gefahr durchaus gegeben, dass Rechte neutraler Staaten auf den freien Handel tangiert würden. Die Proteste der amerikanischen Regierung gegen die alliierte Blockadepolitik blieben daher sehr gemäßigt, vor allem gemessen an der Kritik, die an der U-Bootkriegführung des Deutschen Reiches geübt wurde. Dies lag sicherlich auch daran, dass die Blockadepolitik keine Todesopfer forderte, in Gegensatz zum deutschen U-Bootkrieg. 1917 entschied die politische und militärische Führung des Deutschen Reiches, dass der Kampf gegen den Seehandel des britischen Empires und der übrigen Alliierten Vorrang vor einer Rücksichtnahme auf die Interessen der neutralen Staaten habe (vgl. 4.4), was die Regierung

Wilson zum Kriegseintritt gegen die Mittelmächte (mit Ausnahme des Osmanischen Reiches) bewog.

Die USA schlossen sich nicht direkt dem Kriegsbündnis der Staaten der Entente an, sondern bezeichneten sich bewusst nur als assoziierte Macht, weil Präsident Wilson vermeiden wollte, mit den Kriegszielen der Entente direkt in Verbindung gebracht zu werden, oder diese unterstützen zu müssen. Der amerikanische Präsident machte denn auch von Beginn an deutlich, dass der Kriegseintritt seines Landes der Auseinandersetzung einen neuen Gehalt geben sollte. Dabei profitierte er unter anderem von den Umwälzungen in Russland, die es ihm nun ermöglichten, den Krieg als einen Kampf für die Freiheit der Völker zu definieren, der die Befreiung der Menschen vom Joch einer autokratischen Herrschaft zum Ziel habe. Blieben Wilsons Formulierungen vorerst sehr allgemein, so zwang ihn die Veröffentlichung von alliierten Geheimverträgen durch die Bolschewiki Ende 1917/Anfang 1918 zu einer Präzisierung seiner Ziele. Im Januar 1918 präsentierte er daher im Rahmen seiner berühmten vierzehn Punkte seine konkreten Vorstellungen. Darin forderte er neben der Räumung von besetzten Gebieten und der Rückgabe Elsass-Lothringens durch die Mittelmächte eine Friedensregelung ohne Geheimdiplomatie, den Aufbau eines Systems der kollektiven Sicherheit, Rüstungsbeschränkungen, die Freiheit der Meere, für alle Völker wirtschaftliche und kulturelle Entfaltungsmöglichkeiten sowie Entscheidungsfreiheit über ihre eigene Regierungsform. Wilson war überzeugt, dass demokratische Regierungen für ihre Nachbarn weit weniger gefährlich seien als autokratische Herrscher. Deshalb setzte er die amerikanische Kriegsbeteiligung unter den Schlachtruf „to make the world safe for democracy".

In der Öffentlichkeit der USA stießen Wilsons Punkte mit wenigen Ausnahmen in allen politischen Lagern auf große Zustimmung. Auch im Ausland blieb die Kritik zunächst verhalten, auch wenn die Regierungen Großbritanniens und Frankreichs bezüglich der Freiheit der Meere und der Rüstungsbeschränkungen Bedenken hatten. Selbst im Deutschen Reich stießen die vierzehn Punkte, je länger der Krieg dauerte, auf eine immer größere Resonanz. Die Regierung Max von Badens machte sie zur Grundlage ihres Gesuches um einen Waffenstillstand. Die vierzehn Punkte wurden von der amerikanischen Kriegspropaganda aber auch gezielt als Waffe zur Stärkung der Kriegsmoral nach innen wie nach außen verwendet. Zentrale Institution war in diesem Zusammenhang das Committee on Public Information (CPI), das von Präsident Wilson persönlich ins Leben gerufen worden war. Dessen Ziel war es primär, das amerikanische Volk im Dienste des Krieges zusammenzuschweißen. Daneben ging es aber auch darum, die amerikanischen Ideen und Vorstellungen im Ausland zu verbreiten. Dazu wurde eine Unmenge von Presseerklärungen, Flugblättern und Inseraten publiziert, aber auch Plakate und Postkarten gedruckt. Das CPI organisierte Konferenzen, Umzüge und Paraden. Es engagierte darüber hinaus Akademiker und Filmemacher, um sowohl die gebildeten als auch die weniger gebildeten Teile der amerikanischen Gesellschaft von der Richtigkeit der eigenen Position zu überzeugen. Drei Botschaften standen dabei im Vordergrund: die Bedeutsamkeit der Einigkeit des amerikanischen Volkes, die Darstellung des Feindes als bösartige Wesen, die schreckliche Grausamkeiten begangen hätten sowie die Mission der USA, der Welt dauerhaften Frieden und Demokratie zu bringen. Besonders der letzte Punkt sollte weltweit Gehör finden und dies nicht nur unter den von den Mittelmächten beherrschten Minderheiten in Europa, deren Selbstbestimmungsrecht Wilson im Rahmen seiner vierzehn Punkte eigentlich gemeint hatte und von die er explizit ansprach.

Besonders in Asien wurden die Worte Wilsons häufig aufgegriffen. Dies lag einerseits an der Verbreitung der Mitteilungen und Publikationen des CPI, andererseits aber auch an der Berichterstattung der internationalen Presseagenturen, die Wilsons Ideen viel Platz einräumten und die von vielen Zeitungen mangels eigener Korrespondenten in Europa oder den USA breitwillig aufgegriffen wurden. Dabei wurde immer wieder betont, dass Ägypten, Chi-

na oder Indien es verdienten, von der Fremdherrschaft befreit zu
werden, wenn das Selbstbestimmungsrecht der Völker in Polen,
Serbien und in eingeschränkter Form sogar in den afrikanischen
Kolonien des Deutschen Reiches zur Anwendung kommen sollte.
Die potentielle Nützlichkeit von Wilsons Ideen wurde von na-
tionalistisch orientierten Politikern und Publizisten in einigen
asiatischen Ländern wie China, Indien oder Korea, aber auch in
Ägypten rasch erkannt. So verwies die Zeitung *Amrita Bazar Pa-
trika* aus Kalkutta speziell darauf, dass Wilson betont habe, dass
die ganze Welt von den Auswirkungen des herrschenden Krieges
betroffen sei. Konkret habe der amerikanische Präsident zwar weder Indien noch andere Teile Afrikas oder Asiens erwähnt, doch sei
klar, dass eine neue Nachkriegsordnung, mit welcher Kriege vermieden werden könnten, nicht errichtet werden könne, ohne dass
die schlechten Bedingungen in den hilflosen und ungeschützten
Regionen Asiens und Afrikas verbessert würden und die Länder
Afrikas und Asiens ihre volle nationale Autonomie erlangen würden. Ähnlich argumentierte die chinesische Zeitung *Shibao*, die
angesichts der Verkündung von Wilsons 14 Punkten von einem
Leuchtturm für die Völker der Welt sprach. Verschiedene Ver-
lagshäuser in Indien und China gingen noch einen Schritt weiter
und publizierten eine ganze Reihe von Texten Wilsons auch in
einheimischen Sprachen, um dessen Ideen weiter zu verbreiten.
Führende chinesische und indische Intellektuelle betonten in der
Folge, dass es nun notwendig sei, die Ideen Wilsons mit den in
Indien wie China verbreiteten Vorstellungen von globaler Har-
monie in Einklang zu bringen, um einen dauerhaften Frieden zu
schaffen. Die Hoffnungen chinesischer wie indischer Publizisten
auf Woodrow Wilson waren bei Kriegsende sehr hoch, sie ent-
sprachen aber mehr dem eigenen Wunschdenken als der Realität.
Wilson sah sich selbst keineswegs als Messias oder Buddha der
unterdrückten Völker Asiens. Dies war den meisten der genannten
Publizisten klar. Einige von ihnen hatten die USA selbst bereist
und Kritik an der dortigen Rassensituation geübt. Ihre Aussagen

blieben allerdings in einem Diskurs verfangen, der die USA auf Grund ihrer antikolonialen Vergangenheit als eine Ausnahme unter den westlichen Mächten betrachtete (vgl. 8). Dass Wilsons Aussagen nicht in allen Punkten vertraut werden konnte, hätten die Journalisten aber auch dessen eigenen Schriften und politischen Aussagen entnehmen können. Sie konzentrierten sich aber auf diejenigen, die während des Krieges erschienen und die vom CPI bewusst als Propagandamaßnahme gestreut wurden. Auch in Japan realisierten viele führende Politiker, Militärs und Beamte die potentielle Sprengkraft von Wilsons Ideen. Im Unterschied zu Indien oder China wurden Wilsons Ideen dort allerdings eher als eine Bedrohung der eigenen Interessen wahrgenommen und daher sehr kritisch beobachtet, da Nationalisten aus dem von Japan besetzten Korea sich die Ideen Wilsons zunutze zu machen suchten (Dickinson 1999; Manela 2007).

## 7.2. Kriegsmüdigkeit global

Wie im vorangegangenen Kapitel dargestellt, kam es in Russland bereits ab Herbst 1915 wegen der schlechten Lebensbedingungen vermehrt zu Streiks und Demonstrationen, die während der Revolution in der Forderung nach einem sofortigen Friedensschluss gipfelten. Nicht zuletzt die Tatsache, dass dieses Anliegen von den Bolschewiki aufgegriffen wurde, verhalf diesen zu Popularität unter weiten Teilen der Arbeiterschaft in St. Petersburg und Moskau und war eine wichtige Voraussetzung für deren Machtergreifung Ende 1917. Russland war jedoch nicht das einzige Land, in dem sich eine wachsende Kriegsmüdigkeit bemerkbar machte. Gegen Ende des Jahres 1916 und vor allem in der ersten Hälfte des Jahres 1917 war global eine solche Tendenz auszumachen. In verschiedenen Ländern sahen sich Regierungen und Militärs damit konfrontiert, dass Teile ihrer Truppen und/oder ihrer Gesellschaft nicht mehr bereit waren, den Krieg weiterzuführen oder in der bisherigen Form weiterzumachen.

Neben Russland gehörten mit Irland und Australien zwei Teile des britischen Empires zu den ersten Teilen der Welt, in welchen diese Kriegsmüdigkeit manifest wurde. Irland war vor dem Beginn des Krieges das große Thema der britischen Innenpolitik gewesen, weil die liberale Regierung von Henry Herbert Asquith seit 1910 im Unterhaus auf die Stimmen der irischen Nationalisten angewiesen gewesen war und daher im Mai 1914 ein Gesetz über die Autonomie der grünen Insel (Home Rule) hatte verabschieden lassen. Dieses hatte im protestantisch und stärker industriell geprägten Norden des Landes für Proteste gesorgt, die kurz vor dem Krieg zu eskalieren drohten. Durch den Beginn des Weltkrieges traten die Gegensätze vorerst in den Hintergrund, da beide Seiten – Nationalisten wie Unionisten – Loyalitätsbezeugungen zugunsten der Krone von sich gaben und sich aktiv an den Mobilisierungsbemühungen des britischen Empires beteiligten. Bis 1916 blieb es daher in Irland ruhig, obwohl das Inkrafttreten des Autonomiegesetzes auf die Zeit nach dem Ende des Krieges verschoben wurde. Dazu trugen die in Irland vergleichsweise gute ökonomische Situation sowie die Tatsache bei, dass die Insel von der 1916 für Großbritannien verabschiedeten Einführung der allgemeinen Wehrpflicht ausgenommen wurde. Die Situation veränderte sich schlagartig durch den im April 1916 ausgelösten so genannten Osteraufstand radikaler Nationalisten und linkssozialistischer Gewerkschafter unter der Führung von Patrick Pearse und James Conolly. War dieser noch primär das Werk einer Minderheit und motiviert durch die Frustration über die ausbleibende Autonomie, so führte die britische Reaktion dazu, dass die Bereitschaft weiter Teile der irischen Gesellschaft, sich weiter aktiv am Krieg zu beteiligen, markant sank. In den sechstägigen Kämpfen in den Straßen von Dublin kamen nämlich nicht nur Anhänger der radikalen Nationalisten, sondern auch viele unbeteiligte Passanten ums Leben, weil die britische Armee auch Artillerie zur Bekämpfung der Aufständischen einsetzte. Die Hinrichtung von 15 Führern der Aufständischen, darunter Pearse und Conolly, führte in Irland zu Verbitterung und schürte die Konfrontation zwischen Nationalisten und Unionisten weiter an. Mehr und mehr kam es dabei auch zur Anwendung von Gewalt, und die radikalen Nationalisten formierten sich unter Eamon de Valera neu. In Zusammenarbeit mit Arbeiterbewegung des südlichen Teils der Insel und der katholischen Kirche gelang es dieser Bewegung, die zudem von den Auseinandersetzungen um den Arbeitskräftemangel in der britischen Industrie und von der zunehmenden Inflation profitierte, den Versuch der britischen Regierung zur Einführung der allgemeinen Wehrpflicht für Irland im April 1918 zu verhindern. Bei den Unterhauswahlen am Ende des Krieges wurde die von de Valera geführten und in der Partei Sinn Fein zusammengeschlossenen radikalen Nationalisten zur stärksten Kraft in Irland. Eine Loslösung zumindest des größeren Teils von Irland gelang der Bewegung von de Valera allerdings erst 1921 mit der Gründung des Irish Free State.

Die Entwicklung in Irland spielte auch in den Auseinandersetzungen in Australien eine wichtige Rolle. Irische Auswanderer, die in Teilen des Landes in großer Zahl lebten und die innerhalb der seit dem Beginn des Krieges regierenden Australian Labor Party eine wichtige Rolle spielten, waren wegen der britischen Reaktion auf den Osteraufstand in Dublin skeptisch geworden, ob es für Australien sinnvoll sei, den Krieg weiterhin zu unterstützen und mit der bisherigen Entschiedenheit weiter zu führen (vgl. 5.3). Ähnliche Fragen stellten sich auch einige zu linkssozialistischen Positionen neigenden Politiker der Partei, was diese in Konflikt mit der Parteiführung um Premierminister William Morris Hughes und Verteidigungsminister George F. Pearce brachte. Ersterer hatte die erste Hälfte des Jahres 1916 in Großbritannien geweilt, wo er wegen der entschiedenen Kriegführung seines Landes von namhaften konservativen Politikern und Publizisten gelobt worden war. Hughes kehrte, auch angesichts der 1916 sehr hohen Verluste an der Front, mit der Überzeugung nach Hause zurück, dass die allgemeine Wehrpflicht in Australien nicht nur für den Dienst in der Heimat gelten müsste, sondern auch für den Einsatz außerhalb Australiens. Damit stieß er allerdings bei den Gewerkschaften und Teilen seiner Partei auf entschiedenen Widerstand, so dass er sich entschied, die Bevölkerung in einem Referendum über sein Anliegen abstimmen zu lassen. In der folgenden erbitterten Abstimmungskampagne suchte Hughes mit allen ihm zur Verfügung stehenden Mitteln, darunter auch Verhaftungen und Beschränkung der Meinungsäußerungsfreiheit, eine Mehrheit zu finden. Unterstützung erhielt er von der liberalen Opposition, der anglikanischen Kirche und wichtigen Wirtschaftsführern. Die Gegner bestanden aus Gewerkschaften, Politikern der Labor Party sowie weiten Teilen der katholischen Kirche, die im kürzlich aus Irland übergesiedelten Bischof Daniel Mannix einen wichtigen Wortführer fand. Das Ergebnis war mit einem Ja-Anteil von 48.4 % zwar sehr knapp, endete aber mit einer Niederlage des Premierministers. Über die Gründe für das Ergebnis wurde besonders von australischen Historikern viel diskutiert. Während die einen die Entwicklung in Irland für entscheidend hielten, machten andere die Frauen, die Bauern oder gar die Soldaten, die sich nur relativ knapp für ein Ja ausgesprochen hatten, als Ursache aus. Wie auch immer die Gewichtung ausfällt, so zeigt sich doch, dass die Bereitschaft zur Unterstützung der Kriegsanstrengungen erheblich gesunken war. Dabei spielten die sich verschlechternden Lebensbedingungen, sei es der Soldaten an der Front oder der übrigen Bevölkerung zu Hause, der zunehmende Arbeitskräftemangel, insbesondere in der Landwirtschaft, und die Unzufriedenheit mit den staatlichen Einschränkungen im Alltag eine zunehmend wichtige Rolle. Premierminister Hughes konnte sich nach der Spaltung seiner Partei zwar mit Hilfe der liberalen Opposition an der Macht halten, seine Regierung war aber ab 1916 nicht mehr in der Lage, die intensive Kriegführung der beiden ersten Jahre aufrechtzuerhalten. Im Jahre 1917 versuchte er erneut, mittels eines Referendums die allgemeine Wehrpflicht für den Dienst außerhalb Australiens einzuführen. Der Erfolg blieb ihm aber auch dieses Mal versagt.

Auch im Deutschen Reich, dessen Behörden seit Beginn des Krieges alle Hebel in Bewegung gesetzt hatten, um eine umfassende Unterstützung der „Heimatfront" für die amtliche Kriegspolitik zu gewährleisten, zeigten sich ab Frühsommer 1916 erste Risse in der bisher zelebrierten Einheit des Landes. Schon im Winter 1915/16 hatte sich die Versorgungslage der Zivilbevölkerung mit Lebensmitteln und Gütern des täglichen Bedarfs verschlechtert, was zusammen mit den steigenden Verlustzahlen auf die Stimmung drückte. Sichtbares Zeichen dieser Entwicklung war die im März 1916 unter der Bezeichnung *sozialdemokratische Arbeitsgemeinschaft* erfolgte Bildung einer eigenständigen Fraktion der Kritiker der Parteiführung. Die Spaltung der SPD war damit endgültig. Schon zu Beginn des Krieges hatten einige SPD-Politiker die Kriegskredite abgelehnt, die Mehrheit der Partei hatte sich damals aber noch hinter die Regierung gestellt. Je länger der Krieg aber dauerte, desto größer wurde die Zahl der Kritiker am Kurs der Mehrheit der Partei um Friedrich Ebert, bis sich die Gegensätze nicht mehr überbrücken ließen. Zwar versuchten die Verantwortlichen beider Seiten bis im April 1917 noch eine formelle Spaltung der Partei zu verhindern, jedoch ohne Erfolg. Am 6./7. April 1917 kam es deshalb zur Gründung der Unabhängigen Sozialdemokratischen Partei Deutschlands (USPD), der sich vorerst auch die radikale Linke um Karl Liebknecht anschloss, die den Krieg als imperialistischen Konflikt brandmarkte.

Als Reaktion auf die zunehmende Kritik an der Kriegspolitik der Regierung von Seiten der Sozialdemokraten verlangten rechte Parteien und Verbände eine noch entschlossenere Kriegführung und die Formulierung expansiver Kriegsziele. Mit diesen Forderungen konnten sie sich zwar nicht vollständig durchsetzen, die Politik der dritten Obersten Heeresleitung unter Paul von Hindenburg und Erich Ludendorff entsprach jedoch in vielen Teilen ihren Vorstellungen, insbesondere im Bereich der Kriegswirtschaft und der Innenpolitik. Die großen Verluste an der Front während der Schlachten von Verdun und an der Somme (vgl. 4.1) führten im Deutschen

Reich zu einem großen Bedarf an neuen Soldaten, dem Ludendorff und sein Adlatus Max Bauer dadurch zu begegnen suchten, dass sie eine Mobilisierung aller menschlichen und materiellen Ressourcen des Reiches vorsahen. Dazu sollte das sogenannte Hindenburg-Programm dienen, welches eine Dienstverpflichtung der gesamten arbeitsfähigen Bevölkerung für die Rüstungsproduktion und große Investitionen in neue Produktionsstätten vorsah, um eine Verdoppelung der Rüstungsgüterproduktion und eine erhebliche Steigerung der Kohleförderung zu erreichen. Zudem sollten die Freizügigkeit der Arbeiter bei der Wahl ihres Arbeitsortes eingeschränkt und weitere Arbeiter aus Polen und Belgien rekrutiert werden, falls notwendig mit Zwang (vgl. 6). Die Umsetzung des Programms erwies sich trotz Verabschiedung des so genannten Hilfsdienstgesetzes vom 5. Dezember 1916 als außerordentlich schwierig und erfüllte die Erwartungen bei der Freistellung von Facharbeitern für den Kriegsdienst nicht. Die ergriffenen Maßnahmen verschärften jedoch die bereits bestehende Krise im Transportwesen sowie die wegen des fehlenden Kostenbewusstseins der Militärs bestehende Inflation. Die Folge waren Engpässe in der Versorgung mit Brennstoffen, eine immer schneller sich drehende Lohn-Preis Spirale und Probleme bei der Versorgung der städtischen Bevölkerung mit Lebensmitteln. All dies führte dazu, dass die sozialen Spannungen im Reich deutlich zunahmen und der Winter 1916/17 in der Bevölkerung als „Steckrübenwinter" bekannt wurde.

Die Behörden des Reiches, der Länder und der Gemeinden ergriffen zwar immer neue Maßnahmen, wie Suppenküchen, Preisverordnungen oder Mietzinsstopps, doch erwiesen sich diese weitgehend als wirkungslos. Hunger und Kälte forderten daher ihre Opfer und der Schwarzmarkt blühte auf, da nicht einmal die Lieferung der kärglichen täglichen Lebensmittelrationen durch die Behörden gewährleistet werden konnte. Es kam daher in den Städten immer wieder zu teilweise heftigen und massiven Protesten, die sich einerseits gegen Wucherer, Händler und Bauern richteten, andererseits aber auch zunehmend gegen die machtlosen Behörden.

Die Versuche, den Mangel mit Gewalt zu lösen, fruchteten immer weniger und trugen dazu bei, dass die Legitimität der bestehenden Ordnung langsam untergraben wurde. Politische Forderungen wurden allerdings nur selten erhoben, dies nicht zuletzt deshalb, weil viele Führer der Arbeiterbewegung nicht bereit waren, sich explizit gegen die bestehende Ordnung zu stellen. Die zwischenzeitliche Besserung der Lebensmittelversorgung im Frühjahr und Frühsommer 1917 führte in Verbindung mit den durch die ersten Erfolge im U-Bootkrieg und den Vormarsch in Russland geweckten Hoffnungen vorübergehend zu einer Verbesserung der Kriegsmoral im Reich, doch kam es auch in dieser Zeit immer wieder zu Streiks, die inzwischen zunehmend politische Ziele verfolgten. Nach der Oktoberrevolution in Russland wurden auch unter Arbeitern im Reich Forderungen nach einem Frieden ohne Annexionen und Kontributionen laut, wie ihn Lenin und die Bolschewiki propagierten und auf welchen diese in den Friedensverhandlungen von Brest-Litowsk einige Hoffnungen setzten (vgl. 7.1). Diese erwiesen sich als vergeblich, da die führende Mitglieder der SPD und der Gewerkschaften alles taten, um unter dem Druck der Militärführung, die mit einer Militarisierung des gesamten Arbeitslebens drohte, eine zumindest oberflächliche Beruhigung der Lage zu erreichen. Eine solche konnte zwar vorläufig erreicht werden, aber die Kriegsmüdigkeit der Bevölkerung wurde immer offensichtlicher. Politiker der SPD warnten im Verlauf des Jahres 1918 immer häufiger vor einem Aufruhr im Innern und forderten den Übergang zu parlamentarischen Regierungsformen, die allein Verhandlungen über einen Verständigungsfrieden aussichtsreich erscheinen lassen würden. Bis kurz vor Kriegsende vermochten sie sich mit diesen Forderungen allerdings nicht durchzusetzen.

Auch in Frankreich kam es 1917 zu einer Krise, die die Kriegsverdrossenheit manifestierte. Auch wenn die Lebensbedingungen sich dort nicht in dem Ausmaß verschlechtert hatten, wie im Deutschen Reich, so war die Inflation ab 1917 doch spürbar. Für viele Französinnen und Franzosen war dies eine neue Erfahrung,

da das Land vor dem Krieg fast ein Jahrhundert lang Währungs-
stabilität erlebt hatte. Die 1914 beschworene Union Sacrée blieb
vorerst bestehen, auch wenn die Kritik an den – real nicht einmal im vorgestellten Ausmaß bestehenden – Kriegsgewinnen der
Unternehmer immer größer wurde. Im Mai und Juni 1917 kam es
zu ersten Streiks, die in Frankreich sowohl in Rüstungsbetrieben
wie in anderen Produktionsstätten häufig von Frauen ausgingen.
Der Grund dafür war, dass die meisten Männer weiterhin der
Wehrpflicht unterstanden und Gefahr liefen, ihre Freistellung zu
verlieren und eingezogen zu werden, falls sie streikten. Politische
Forderungen wurden selten gestellt, meist ging es um konkrete
Verbesserungen im Alltag. Die Streiks dauerten häufig nicht lange,
da die Regierung die Arbeitgeber dazu drängte, den Forderungen
der Arbeiterinnen (und Arbeiter) nachzugeben. Die Krise des Jahres 1917 in Frankreich war daher vor allem eine militärische Krise.
Im Gefolge der gescheiterten Nivelleoffensive (vgl. 4.1) sah sich der
neu ernannte französische Oberkommandierende Philippe Pétain
kurz nach seinem Amtsantritt im Mai 1917 mit einen neuartigen
Herausforderung konfrontiert. Schon während der Offensive, vor
allem aber danach kam es innerhalb der französischen Streitkräfte
zu Meutereien und Protesten gegen die Kriegführung. In 68 von
112 Divisionen kam es dabei zu Vorfällen, seien es öffentliche
Aufforderungen nach einem Friedensschluss, Demonstrationen,
Weigerungen, in die Frontlinie zurückzukehren oder auch nur das
Singen von revolutionären Liedern nach dem Vorbild der Entwicklung in Russland. Für die meisten Soldaten ging es dabei nicht
primär darum, dass sie nicht zu kämpfen bereit waren. Vielmehr
waren sie der Auffassung, dass die Militärführung auf sinnlose
Offensivoperationen verzichten sollte. Zudem verlangten sie konkrete Verbesserungen bezüglich der Lebensbedingungen in den
Schützengräben. General Pétain entschied sich, auf die Vorfälle
mit einer Mischung aus militärischer Härte und konkreten Verbesserungen zu reagieren. Einerseits wurden über 3 000 Soldaten
und Offiziere vor Kriegsgerichte gestellt. Davon wurden 554 zum

Tode verurteilt, aber nur 49 tatsächlich hingerichtet. Andererseits verzichtete Pétain aber auf weitere offensive Operationen. Diese sollten erst wieder aufgenommen werden, sobald die Truppen aus den USA, die im April 1917 in den Krieg eingetreten waren, auch einsatzbereit waren. Zudem sorgte er für konkrete Verbesserungen an der Front, indem er die medizinische Versorgung und die Unterkünfte verbesserte, die Essensrationen erhöhte sowie den Soldaten häufiger Urlaub gewährte. Im August hatte sich die Moral der französischen Truppen so gebessert, dass begrenzte offensive Operationen im Raum von Verdun wieder aufgenommen und erfolgreich abgeschlossen werden konnten. Die sozialen Unruhen in der Zivilbevölkerung wie unter den Soldaten blieben in Frankreich also weit begrenzter als im Deutschen Reich oder in Russland. Das resultierte einerseits auf der Kompromissbereitschaft der politischen und militärischen Führungen, andererseits aber auch darauf, dass sich in Frankreich trotz des Vormarsches pazifistischer Ideen und der zunehmenden Enttäuschung über den Verlauf des Krieges eine Art patriotischer Schicksalsergebenheit entwickelte, die das Land auch in der Krise des Frühjahrs und Frühsommers 1918 durchhalten ließ (vgl. 7.3).

Japan gehörte eigentlich zu den Nutznießern des Krieges. Verschiedene Wirtschaftszweige vermochten von der veränderten politischen und wirtschaftlichen Situation zu profitieren. Dazu gehörten wegen des Mangels an Schifffrachtskapazitäten von Beginn an die japanischen Reedereien. Die Textilbranche konnte nun ihre Produkte in weite Teile Asiens, Afrikas und des Pazifiks liefern, da die europäischen Mächte durch den Krieg dazu nicht mehr in ausreichendem Maße in der Lage waren. Exportiert wurden dabei Rohseide, Seiden- und Baumwollstoffe sowie Garn. Die steigende Produktion in diesem Bereich und die Nachfrage nach neuen Schiffen stimulierte mit der Zeit aber auch andere Industriezweige, wie beispielsweise die vor dem Krieg noch relativ schwache Maschinenindustrie oder natürlich den Schiffsbau. Dadurch wurden aber die Stahlproduktion und der Aus-

bau der Kohleförderung vorangetrieben. Auch die chemische
Industrie war ein Nutznießer des Krieges, konnte doch die vor
dem Krieg in diesem Bereich führende deutsche Industrie auf
Grund der britischen Seeblockade ihre Märkte in Asien und dem
Pazifik kaum noch beliefern. Von der positiven Wirtschaftsent-
wicklung profitierten in Japan jedoch nicht alle gesellschaftlichen
Schichten in gleichem Ausmaß. Während einige Unternehmer
hohe Gewinne erzielten und zum Teil zu fabelhaftem Wohlstand
kamen, profitierte die einfache Bevölkerung kaum. Die guten
Ernten zu Beginn des Krieges verhinderten, dass die Reispreise
stiegen. Die Lebenshaltungskosten in Japan erhöhten sich jedoch
mit zunehmender Kriegsdauer, da das mehr und mehr ins Land
fließende Kapital dort einen Inflationsdruck auslöste. Die Löhne
der Arbeiterschaft vermochten mit den Preissteigerungen nicht
Schritt zu halten – in einigen Branchen gab es sogar Lohnkürzun-
gen. Das war auch darauf zurückzuführen, dass viele Kleinbauern
ihr Land verkauften, um sich – meist allerdings erfolglos – in
den Städten eine bessere Existenz aufzubauen. Die ökonomische
Kluft zwischen Reich und Arm vergrößerte sich zusehends. Im
Frühjahr 1918 begannen auch die Preise für das Grundnahrungsmittel Reis zu steigen. Einerseits war dies eine Folge dessen, dass
die Produktion mit der steigenden Anzahl der nicht mehr in der
Landwirtschaft beschäftigten Bevölkerung nicht Schritt zu halten
vermochte. Andererseits hielten die Reisproduzenten einen Teil
ihrer Ernte zurück, da sie erwarteten, dass eine Entsendung japanischer Truppen nach Sibirien zur Bekämpfung der Bolschewiki
den Reispreis weiter in die Höhe treiben würde, was weitere große
Gewinne versprach. Die Regierung von Ministerpräsident Terauchi verschärfte das Problem dadurch, dass sie den Import von
unverzolltem Reis verbot, um die Profite der Großgrundbesitzer
nicht zu schmälern. Aufrufe einiger Unternehmer, die Situation
nicht eskalieren zu lassen, verhallten ergebnislos. So kam es im Juli
und August 1918 zu den so genannten Reisaufständen, in deren
Verlauf vor allem Frauen Reishändler in verschiedenen Teilen des

Landes überfielen, um sich mit dem Notwendigsten zu versorgen. Fast in allen Großstädten kam es daraufhin zu spontanen, keineswegs organisierten gewalttätigen Demonstrationen. Diese wurden durch Mund-zu-Mund-Propaganda organisiert, da die Presse wegen der bestehenden Zensur nicht darüber berichten durfte. Politische Forderungen wurden dabei selten erhoben, im Vordergrund stand vielmehr die Beseitigung der täglichen Not. Erst mit der Zeit gelang es der Regierung, die Proteste mit Hilfe von Polizei und Militär gewaltsam zu unterdrücken. Die Regierung musste allerdings auch Konzessionen machen. Ministerpräsident Terauchi trat zurück. Sein Nachfolger wurde der Führer der stärksten Partei im Unterhaus, womit ein Zeichen gesetzt werden sollte, dass die Regierung, zumindest nach außen, stärker auf die Anliegen der Bevölkerung achten wollte.

Es zeigt sich deutlich, dass die Kriegsmüdigkeit besonders in der zweiten Kriegshälfte globale Ausmaße annahm. Zwar waren die Ursachen und die Art, wie sich dies äußerte, von Land zu Land sehr unterschiedlich. Dennoch wurde klar, dass ab 1916 die Bevölkerung mehrheitlich nicht mehr bereit war, den Krieg aktiv zu unterstützen und sich bedingungslos hinter die Kriegsanstrengungen ihres Landes und ihrer Allianz zu stellen. Dies äußerte sich selten in vollständiger politischer Opposition gegen das bestehende System. Gruppen, die solche Ziele verfolgten, blieben in praktisch allen Ländern in der Minderheit und vermochten nur in Russland auf Grund der speziellen Situation und dem Versagen aller anderen politischen Alternativen die politische Macht zu ergreifen. Viel häufiger manifestierte sich die Kriegsmüdigkeit in Forderungen nach konkreten Verbesserungen. Wurden diese gewährt, so war die Bereitschaft, die Situation auch weiterhin hinzunehmen, vorhanden, wie die Beispiele aus Deutschland und besonders Frankreich zeigen. Wo hingegen versucht wurde die Aufstände gewaltsam zu unterdrücken, gelang dies selten vollständig, wie beispielsweise Irland und Australien zeigen. Es führte dazu, dass sich die Opposition in anderer Form erfolgreich organisierte. Einzig im vom Krieg nur am

Rand betroffenen Japan gelang eine militärische Unterdrückung, doch mussten auch hier einige wenige Konzessionen gemacht werden.

## 7.3. Militärische Niederlage oder wirtschaftlich-gesellschaftliche Erschöpfung

Ende 1917 und zu Beginn des Jahres 1918 war den westlichen Alliierten nach der Machtübernahme der Bolschewiki in Russland, den Meutereien in den französischen Einheiten sowie dem Scheitern der Offensiven an der Aisne und in Flandern (vgl. 4.1 & 4.2) klar, dass es im neuen Jahr schwierig würde, erfolgreiche offensive Operationen durchzuführen. Die alliierten Militärführer rechneten vielmehr mit einer Offensive der deutschen Truppen, um sich damit entscheidende Vorteile zu sichern, bevor die amerikanischen Truppen an der Westfront effektiv zum Einsatz kommen konnten. Auf deutscher Seite hatten die entsprechenden Planungen bereits im Oktober 1917 begonnen, denn General Ludendorff war nicht entgangen, dass seit Juni erste amerikanische Verbände in Europa eingetroffen waren. Durch eine Reihe von militärischen Angriffen wollte er die durch die Verlegung deutscher Truppen aus dem Osten an der Westfront erreichte Überlegenheit nutzen, um die militärische Struktur der Alliierten entscheidend zu treffen und wenn möglich, einen Keil zwischen die vor allem im Norden stationierten Verbände der Armeen Großbritanniens, Belgiens und der Dominions sowie den in den südlichen und westlichen Frontabschnitten stationierten französischen Truppen zu treiben.

Am 21. März 1918 begann die erste von Ludendorffs Operationen unter dem Codenamen Michael im Raume Douai-St. Quentin. Nach einem anfänglichen Artilleriebombardement rückten die deutschen Truppen in kleinen Einheiten vor. Dabei nutzten sie auch den Schutz des Rauches der Artilleriebombardements sowie den vorhandenen Nebel aus und überrannten die britischen Frontstellungen. Rasch rückten sie weiter vor, was Ludendorff dazu veranlasste, weitere Ziele ins Auge zu fassen. Dies führte zu mehreren Richtungswechseln im Rahmen der Offensive, so dass die einzelnen Angriffe an Schwung verloren. Die deutschen Truppen erzielten erhebliche Geländegewinne. Die Alliierten konnten indes die Angriffe sowohl im Nordwesten als auch im Süden der Front zum Stehen bringen. Auf alliierter Seite kam es im Rahmen der Michaelsoffensive nicht nur zu großen Geländeverlusten, viele Soldaten fielen oder gerieten in deutsche Kriegsgefangenschaft. Andererseits führten die deutschen Operationen auch dazu, dass die Struktur des alliierten Oberkommandos so angepasst wurde, um eine bessere Zusammenarbeit der beteiligten Verbände zu erreichen. Am 26. März 1918 entschied eine Interalliierte Konferenz in Doullens, dass zukünftig ein Mann für die Koordination der Operationen verantwortlich zeichnen sollte, nämlich der französische General Ferdinand Foch.

Vor Amiens fuhren sich die deutschen Angriffe fest und am 31. März musste sich Ludendorff eingestehen, dass er seine Ziele nicht erreicht hatte. Am 5. April ließ er die Offensive einstellen. Nachfolgend wurde ein neuer Angriff bei Givenchy und Armentières in Flandern lanciert, mit dem Ziel, die eisenbahnstrategisch wichtige Stadt Hazebrouck zu erobern. Unter dem Codenamen Georgette begannen die Operationen am 9. April. Auch hier konnten anfänglich erhebliche Erfolge erzielt werden, was den britischen Oberkommandierenden Feldmarschall Haig dazu veranlasste, beim neuen Koordinator der Operationen General Foch dringend um Hilfe zu bitten. Diese blieb jedoch vorerst aus, da sich der französische Oberkommandierende Pétain querstellte. Nach der Ernennung von Foch zum gemeinsamen alliierten Oberkommandierenden setzte dieser allerdings rasch durch, dass französische Truppen in Flandern zum Einsatz kamen. Zusammen mit zwei frisch an diese Front verlegten britischen und australischen Divisionen gelang es, den deutschen Vorstoß kurz vor Hazebrouck zum Stehen zu bringen. Am 29. April unternahmen die deutschen Truppen bei Ypern einen letzten Angriffsversuch. Nach dessen Scheitern stellte Ludendorff auch in Flandern die offensiven Operationen ein. Angesichts der großen Verluste auf beiden Seiten schien es, als ob die Kriegsparteien nun zu einer defensiven Kriegführung übergehen würden. Ludendorff hatte mit Schrecken feststellen müssen, dass es mit der Disziplin der deutschen Truppen nicht zum Besten stand. Einzelne Einheiten hatten sich nur sehr widerwillig an der Offensive in Flandern beteiligt und in den neueroberten Gebieten war es mehrmals zu Plünderungen von alliierten Nahrungsmitteldepots gekommen. Auch gab es innerhalb des deutschen Oberkommandos Stimmen, die Ludendorff dazu drängten, auf weitere offensive Operationen zu verzichten. Angesichts des Eintreffens weiterer amerikanischer Verbände war Ludendorff dennoch nicht bereit, darauf zu hören.

Den nächsten Angriff lancierte er stattdessen an der Aisne im Gebiet der Nivelleoffensive von 1917, einem Gebiet das seither als ruhiger Frontabschnitt galt. Marschall Foch hatte deshalb Truppen dorthin verlegt, die sich nach schweren Kämpfen dort erholen sollten. Am 27. Mai begann die deutsche Offensive unter dem Codenamen Blücher. Hier drangen die deutschen Truppen vorerst rasch vor und bereits am 30. Mai hatten sie, wie bereits 1914, die Marne bei Château-Thierry erreicht. Dies führte allerdings dazu, dass sie mit dem Problem offener Flanken zu kämpfen hatten. Zudem war die Versorgungslage schwierig, da die deutsche Seite nun nicht mehr auf ein funktionierendes Eisenbahn- und Straßennetz zählen konnte. Nachdem es französischen und amerikanischen Truppen anfangs Juni gelungen war, den Vorstoß an der Marne aufzuhalten, entschied sich Ludendorff deshalb, am 9. Juni eine weitere Offensive zwischen Noyon und Montdidier zu starten, um die Frontlinie zu begradigen. Auch an dieser Stelle konnten anfänglich größere Geländegewinne erzielt werden, doch schon einige Tage später gelang es den französischen Truppen unter General Mangin, die deutsche Offensive endgültig zu stoppen. Alliierte Truppen gingen nun ihrerseits bei Amiens und an der Marne zur Offensive über. Besonders die Offensive bei Hamel, geführt vom australischen Korps unter Generalleutnant John Monash, welches erst seit November bestand, sollte Modellcharakter haben. Im Gegensatz zu früheren

Operationen legte die von Monashs Vorgesetztem, dem britischen General Henry Rawlinson, aktiv unterstützte Vorgehensweise großen Wert auf die genaue Koordination und Kooperation von Infanterie, Artillerie, Flugzeugen und Panzern. Monash verzichtete dabei bewusst auf Frontalangriffe und suchte seinen Infanteristen die größtmögliche Unterstützung durch die anderen Waffengattungen zu geben. Ziel der Offensive war zudem nicht der schon so oft angestrebte Durchbruch, sondern vielmehr das Erreichen von besseren Ausgangsstellungen für mögliche weitere Operationen. Auch amerikanische Truppen spielten in dieser letzten Phase des Krieges eine wichtige Rolle sowohl an der Marne, aber auch in Zusammenarbeit mit den Einheiten von Monash und Rawlinson. Nachdem ein letzter Versuch Ludendorffs für offensive Operationen bei Reims im Juli gescheitert war, ging die Initiative im Sommer 1918 endgültig an die Alliierten über.

Der britische Oberkommandierende Haig überzeugte zu diesem Zeitpunkt Foch davon, dass ein Sieg der Alliierten eventuell sogar noch im Jahre 1918 möglich sei, wenn die in den Operationen um Hamel erfolgreich angewandte Taktik auch auf ganze Armeen übertragen werden würde. Im August lancierten die Alliierten bei Amiens eine entsprechende Offensive, an welcher neben der französischen ersten Armee von General Debeney erneut das australische Korps von Monash, das kanadische Korps unter Generalleutnant Arthur Currie sowie weitere britische Divisionen beteiligt waren. Der Angriff war ein voller Erfolg und Ludendorff sprach später vom 8. August als dem schwarzen Tag der deutschen Streitkräfte im Ersten Weltkrieg. An diesem Tag verloren die deutschen Truppen allein 400 Geschütze und 27 000 Mann, davon gerieten 15 000 in Kriegsgefangenschaft. Auf alliierter Seite beliefen sich die Verluste hingegen nur auf 9 000 Mann. Auch wenn die Angriffe von den deutschen Truppen schon nach vier Tagen weitgehend zum Erliegen gebracht werden konnten, waren die Konsequenzen fatal. Der Widerstandswille wurde schwächer und es kam sogar dazu, dass Reservisten bei ihrem Eintreffen im Frontgebiet als Kriegs-

verlängerer beschimpft wurden. Für Ludendorff, der im Sommer
1918, ähnlich wie Moltke 1914, fast einen Nervenzusammenbruch
erlitten hatte, wurde immer klarer, dass der Krieg beendet werden
musste. Er fand am 14. August die Zustimmung des Kaisers, der
dem Außenminister den Auftrag erteilte, auf diplomatischem Weg
über das niederländische Königshaus auszuloten, zu welchen Bedingungen ein Friedensschluss möglich sei. Die politische und militärische Führung des Reiches hoffte, noch daraus Kapital schlagen
zu können, dass deutsche Truppen weiterhin große Teile Belgiens
und Nordfrankreichs besetzt hielten. Zu wirklichen Verhandlungen
kam es allerdings nicht, da die Regierung vorerst untätig blieb.

Die Kämpfe gingen unterdessen weiter. Schritt für Schritt stießen die alliierten Truppen weiter vor und eroberten stetig Gebiete
zurück, die im Verlauf der deutschen Frühlingsoffensive verloren
gegangen waren. Auf deutscher Seite hingegen verloren viele Soldaten das Vertrauen in ihre militärische Führung. Im September
1918 wurde die alte Hindenburglinie erreicht (vgl. 4.1). Sie wurde am Ende des Monats angegriffen und Anfang Oktober auch
durchstoßen. Erneut spielten dabei Truppen der 2. australischen
Division eine wichtige Rolle. Zum gleichen Zeitpunkt begann
sich abzuzeichnen, dass die Allianz der Mittelmächte vor dem Zusammenbruch stand. Schon am 28. September betonte Ludendorff gegenüber Hindenburg, dass das Deutsche Reich nun sofort
einen Friedensschluss suchen müsse. Ein Unterhändler mit einer
entsprechenden Nachricht wurde nach Berlin geschickt, um den
Reichstag zu informieren. Zwei Tage später schloss Bulgarien als
erste der Mittelmächte mit den Alliierten einen Waffenstillstand.
Am 3. Oktober wurde Reichskanzler Hertling durch den liberalen
Politiker Max von Baden ersetzt. Er erhielt den Auftrag, Waffen-
stillstandsverhandlungen auf der Grundlage der vierzehn Punkte
des amerikanischen Präsidenten Wilson aufzunehmen, das Deutsche Reich durch eine „Revolution von oben" in eine parlamen-
tarische Monarchie zu verwandeln und dieses dadurch vor einer
bolschewistischen Revolution zu bewahren. Wilson beantwortete

die diplomatische Note der neuen Regierung mit der Forderung nach der Entmachtung der bisherigen monarchisch-militärischen Führung und stellte Bedingungen, deren Ziel es war, eine Wiederaufnahme von Kampfhandlungen durch das Deutsche Reich unmöglich zu machen. Die deutsche Regierung war bereit, einen großen Teil der Forderungen zu erfüllen und als Ludendorff dies zu hintertreiben suchte, erzwang Max von Baden am 26. Oktober 1918 dessen Rücktritt.

Inzwischen hatten sich die alliierten und assoziierten Mächte in Paris getroffen, um über das deutsche Waffenstillstandsersuchen zu diskutieren. Die amerikanische Regierung konnte dabei durchsetzen, dass die vierzehn Punkte von den Alliierten grundsätzlich als Grundlage für einen Waffenstillstand akzeptiert wurden. Im Gegenzug war sie bereit, zwei britische Vorbehalte zu akzeptieren. Diese betrafen einerseits die Einschränkung des Prinzips der Freiheit der Meere, wo bestehende britische Interessen gewahrt werden sollten und andererseits die Interpretation der Forderung nach Reparationen. Diese sollte gemäß Übereinkommen der Alliierten so verstanden werden, dass das Deutsche Reich „allen Schaden wiedergutmachen müsse, den seine Aggression der zivilen Bevölkerung der Alliierten und deren Eigentum im Land-, See- und Luftkrieg zugefügt hat." (Schwabe 2003, 293-294). Der amerikanische Außenminister Robert Lansing leitete am 5. November 1918 die entsprechend ausgearbeitete Annahmeerklärung der Alliierten auf das deutsche Waffenstillstandsgesuch nach Berlin weiter. Während auf politischer Ebene über die Bedingungen für einen Waffenstillstand diskutiert wurde, eroberten die alliierten Armeen in den letzten Monaten des Krieges weite Gebiete zurück, die sie 1914 verloren hatten. Am 17. Oktober erreichten britische Truppen Lille, während belgischen Einheiten zwei Tage später die Rückeroberung von Zeebrügge und Brügge gelang. Am gleichen Tag eroberten britische Truppen Koortrijk. Französische und amerikanische Truppen stießen zeitgleich im Süden und Westen der Front vor und erreichten vor Kriegsende Mézières und Stenay.

Seit Verhandlungsbeginn über einen Waffenstillstandes hatte sich die Situation im Deutschen Reich grundlegend verändert. Die militärische Führung hielt zwar vorerst noch an ihrer Ansicht fest, dass das Gesuch um einen Waffenstillstand nicht die Hinnahme der totalen Niederlage mit einschloss. Die schon vor der offiziellen Antwort bekannt gewordenen Forderungen des amerikanischen Präsidenten nach einer Entmachtung der bisherigen politischen Führungsschicht wurde von den linken Parteien im Reichstag allerdings immer mehr als Aufforderung verstanden, dass Kaiser Wilhelm II abdanken müsse, bevor ein Friedensschluss möglich sei. Am 28. Oktober verabschiedete der Reichstag erste Änderungen der Verfassung des Deutschen Reiches, die auf eine Entmachtung der bisherigen politischen Führungsschichten hinausliefen. Fast gleichzeitig begann jedoch auch ein revolutionärer Umsturz, weil die deutsche Seekriegsleitung ohne Wissen der politischen Behörden den Beschluss traf, ihre Hochseeflotte in einer strategisch völlig sinnlosen Operation in einen Endkampf gegen ihr britisches Gegenüber zu schicken. Als diese Absichten bekannt wurden, kam es unter den Matrosen der betroffenen Schiffe zu Meutereien, die auf die Stadt Kiel übergriffen. Auch in anderen Städten Norddeutschlands kam es in der Folge zu Aufständen und zur Bildung von Räten nach sowjetischem Vorbild. Gefördert durch die sowjetische Botschaft in Berlin und unterstützt durch den Spartakusbund unter Führung von Karl Liebknecht breitete sich die Revolution aus. Am 7. November erzwang der Führer der USPD in Bayern, Kurt Eisner die Abdankung des bayrischen Königs und rief die bayrische Republik aus. Am selben Tag verlangte die SPD, aus Angst, die politische Initiative an die radikale Linke zu verlieren, in Berlin ultimativ die Abdankung des Kaisers und drohte mit dem Austritt aus der Regierung. Zwei Tage später wurde ein Generalstreik ausgerufen und gleichentags übertrug Reichskanzler Max von Baden seine Amtsgeschäfte an den Vorsitzenden der SPD Friedrich Ebert. Ohne formelle Zustimmung des Kaisers wurde dessen Abdankung bekannt gegeben und Eberts Parteifreund Philipp Scheidemann rief öffentlich die Schaffung einer deutschen Republik aus. Der SPD gelang anschließend die Einbindung der USPD in einen paritätisch besetzten Rat der Volksbeauftragten, der die Forderung der radikalen Linken um Karl Liebknecht nach der Schaffung einer Diktatur des Proletariats ablehnte. Putschversuche von Militärs und radikalen Linken konnten mit Unterstützung der Heeresführung unter General Wilhelm Groener abgewehrt werden.

Die neue deutsche Regierung betonte gegenüber den Alliierten, dass sie die innenpolitischen Hauptbedingungen, die Wilson an einen Friedensschluss geknüpft habe, erfüllt habe und forderte nun ihrerseits die Gewährung gerechter und maßvoller Friedensbedingungen. Die blieben allerdings aus, weil sich der innenpolitisch durch die Niederlage seiner Partei in den Kongresswahlen geschwächte amerikanische Präsident Wilson gegen seine britischen und französischen Widersacher Lloyd George und Clemenceau immer weniger durchzusetzen vermochte. Der deutschen Waffenstillstandsdelegation unter dem Zentrumspolitiker Matthias Erzberger blieb angesichts des Zerfalls der Habsburgermonarchie und der inneren Unruhen im eigenen Land nichts anderes übrig, als am 11. November 1918 die alliierten Forderungen zu akzeptieren. Auch die Heeresleitung hatte sich Anfang November mit der Möglichkeit einer bedingungslosen Kapitulation abgefunden. Das Deutsche Reich musste erstens den größten Teil seiner schweren Waffen und seiner militärischen Transportkapazität ausliefern, zweitens seine Truppen mit Ausnahme des Baltikums aus allen besetzten Gebieten inklusive Elsass-Lothringens und aus dem Rheinland zurückziehen, drittens die Internierung seiner Flotte und viertens die Besetzung des Rheinlandes und dreier rechtsrheinischer Brückenköpfe durch alliierte Truppen akzeptieren. Auf amerikanisches Drängen wurde von alliierter Seite der Lieferung von Lebensmitteln für die Zivilbevölkerung zugestimmt. Damit war der Krieg zu Ende, auch wenn die Truppen von General Lettow-Vorbeck ihre Waffen in Deutsch-Ostafrika erst einige Tage nach dem offiziellen Waffenstillstand streckten (vgl. 4.5). Wie der Friedensschluss konkret aussehen sollte, war damit aber noch nicht klar.

Die tieferen Wurzeln des Kriegsendes und besonders der Novemberrevolution im Deutschen Reich lagen mit Sicherheit in der Kriegsmüdigkeit der unterversorgten und unterernährten Bevölkerung im Deutschen Reich. Diese war weit größer als dies in den alliierten Staaten der Fall war (vgl. 7.2), Denn dort war es gelungen, die Bevölkerung mit Teilkonzessionen zu einer zumindest passiven Hinnahme einer Fortführung der Kampfhandlungen zu bewegen. Das Kriegsende war aber gleichzeitig auch auf eine militärische Niederlage der Mittelmächte zurückzuführen, die sich im Nahen Osten bereits Ende 1917 mit der Eroberung Bagdads und vor allem Jerusalems abgezeichnet hatte (vgl. 4.3). In Europa hatten die Russische Revolution und der dadurch erzwungene Friedensvertrag von Brest-Litowsk der deutschen Militärführung noch einmal die Möglichkeit für offensive Operationen eröffnet. Nach deren Scheitern war der Krieg für die Mittelmächte militärisch eigentlich bereits verloren. Ludendorff erkannte das zwar, war aber nicht bereit die resultierenden Konsequenzen zu ziehen und die Niederlage öffentlich einzugestehen. Nach dem Krieg gehörte er zu den vielen Militärs, die überzeugt waren, dass das unbesiegte deutsche Heer durch einen Dolchstoß von linken Revolutionären in die Niederlage gestürzt worden sei (vgl. 9). Das Kriegsende war also die Folge sowohl einer militärische Niederlage der Mittelmächte als auch der wirtschaftlich-gesellschaftlichen Erschöpfung der Bevölkerung der betreffenden Staaten.

# 8. Der Friedensschluss

Nachdem die Mittelmächte bis Mitte November 1918 alle einen Waffenstillstand mit den alliierten und assoziierten Mächten abgeschlossen hatten, stellte sich die Frage, wer wo und wie eine neue Friedensordnung für Europa und die Welt schaffen sollte. Die führenden alliierten Mächte, allen voran Frankreich und Großbritannien, machten von Beginn an klar, dass sie trotz der Waffenstillstandsverträge, die auf den vierzehn Punkten des amerikanischen Präsidenten Wilson basierten, auf ihren Forderungen zu beharren gedachten. Die französische Regierung unter Georges Clemenceau forderte die definitive Rückkehr Elsass-Lothringens zu Frankreich, eine umfassende Kriegsentschädigung im Hinblick auf den Wiederaufbau der kriegszerstörten Teile des Landes sowie eine Abtrennung des Rheinlandes vom Deutschen Reich verbunden mit der Schaffung eines Pufferstaates an seiner Ostgrenze. Zudem setzte sich Frankreich dafür ein, dass mit Polen und der Tschechoslowakei starke neue Partner an der Ostgrenze des Deutschen Reiches entstehen sollten. Der britischen Regierung unter David Lloyd George war vor allem daran gelegen, die Macht der deutschen Flotte zu brechen, die Übergabe der deutschen Kolonien an die Alliierten zu erreichen und dafür zu sorgen, dass das Deutsche Reich sein besonderes Verhältnis zum bolschewistischen Russland beendete. Die britische Regierung machte zudem klar, dass sie Zusagen an außereuropäische Mächte wie Japan einzuhalten und die Ambitionen der eigenen Dominions wo immer möglich zu unterstützen gedachte. Ebenso war sie nicht bereit, getroffene Geheimabsprachen mit Frankreich, vor allem dem Nahen Osten betreffend, grundsätzlich in Frage zu stellen. Ebenso wie die französische Regierung war diejenige Großbritanniens nicht zuletzt aus Rücksicht auf die Dominions der Meinung, dass das Deutsche Reich eine hohe Kriegsentschädigung leisten sollte.

Im Gegensatz zu den Forderungen seiner Partner sprach sich der amerikanische Präsident Wilson gegen weit reichende und

ethnisch nicht begründbare Gebietsabtretungen des Deutschen
Reiches und gegen eine hohe Kriegsentschädigung aus. Sein zentrales Anliegen war die Verwirklichung seiner Ideen bezüglich des
Selbstbestimmungsrechts der Völker, einer verstärkten Partizipation
der Bevölkerung am politischen Leben sowie als zentraler Aspekt
die Schaffung eines Völkerbundes. Dessen primärer Zweck sollte
es sein, eine weitere Weltkriegskatastrophe zu verhindern. Schon
während des Krieges hatte das amerikanische Committee of Public
Instruction (CPI) versucht, diese Ideen durch eigene Publikationen
und Meldungen für die internationalen Nachrichtenagenturen zu
beeinflussen (vgl. 7.1). Die amerikanische Regierung anerkannte
aber auch legitime Ansprüche der Siegermächte, so beispielsweise
die Räumung Belgiens durch deutsche Truppen, die Rückgabe Elsass-Lothringens an Frankreich oder die Entstehung neuer Staaten
in Osteuropa. Bei den deutschen Kolonien war sich Wilson mit
der britischen und französischen Regierung einig, dass diese nicht
unter Kontrolle eines wie auch immer neu gestalteten Deutschlands
verbleiben dürften. Eine simple Annexion dieser Gebiete durch eine
alliierte Macht lehnte er jedoch ebenso ab. Auch der Aufteilung des
Osmanischen Reiches, mit dem sich die USA nicht im Krieg befunden hatten (vgl. 7.1), stand Wilson skeptisch gegenüber.

Die übrigen Siegermächte hatten ebenfalls eigene Anliegen. Da
die interalliierten Verhandlungen meist auf der Ebene von Nachfol-
geinstitutionen des Obersten Kriegsrates der Alliierten fortgesetzt
wurden, waren ihre Einflussmöglichkeiten beschränkt. Selbst Italien und Japan, die dem offiziellen Führungsorgan der Verhandlungen, dem Rat der Zehn angehörten, vermochten ihren Anliegen nur
selten Geltung zu verschaffen, was jedoch auch daran lag, dass ihre
Vertreter primär die eigenen Interessen im Auge hatten und sich
für globale Aspekte oder Grundsatzfragen nur mäßig interessierten.
Auf Grund dieser Konstellation waren die kleinen Mächte darauf
angewiesen, bei einer der Großmächte Gehör zu finden. Belgien,
Serbien und die übrigen osteuropäischen Delegationen orientierten sich dabei an Frankreich, da sich ihre Ziele in weiten Teilen

mit dessen Vorstellungen deckten. Auch sie waren in erster Linie an der Wiedergutmachung der Kriegsschäden sowie der Sicherung und Stärkung der eigenen politischen, wirtschaftlichen und militärischen Position interessiert. Die Dominions Australien, Kanada, Neuseeland und Südafrika suchten primär bei der britischen Regierung Unterstützung für ihre territorialen Ambitionen und für ihre finanziellen Forderungen, waren aber auch bereit, mit anderen Delegationen zusammenzuarbeiten, wenn dies für ihre Anliegen Erfolg zu versprechen schien. Die japanische Delegation verließ sich in weiten Teilen ebenfalls auf die britische Regierung, um ihre Ziele – die verbindliche Übernahme der besetzten deutschen Kolonien sowie den Ausbau seiner Position in China – zu erreichen. Für die übrigen Delegationen war es schwierig, sich Gehör zu schaffen und viele, so Haiti, Kuba, Brasilien oder Siam, erachteten es schon als Erfolg, dass sie an den Verhandlungen beteiligt wurden. Als eines der weniger bedeutenden Länder versuchte China seine Anliegen durchzusetzen. Aus diesem Grund entsandte es eine im Vergleich zu anderen Ländern relativ große Delegation nach Paris, die aus fünf Bevollmächtigten sowie mehreren Duzend Mitarbeitern bestand und von Außenminister Lu Zhengxiang angeführt wurde. Die Absicht der chinesischen Delegation war es, die eigene Position unter Berufung auf Wilsons Prinzipien zu verbessern und die ehemals deutsche Zone Shandong wieder direkt unter eigene Kontrolle zu bringen. Große Hoffnungen wurden dabei in Präsident Wilson und die amerikanische Delegation gesetzt.

Während es für China als offiziellem Mitglied der Friedenskonferenz noch möglich war, seine Anliegen an der Konferenz selber vorzubringen, war dies für Vertreter aus Protektoraten oder Kolonien nicht möglich. Indien war zwar durch eine eigene Delegation vertreten, deren Führung lag jedoch in den Händen des britischen Indienministers. Die Regierung des britischen Vizekönigs verhinderte mit einer Ausnahme, dass eine Delegation des Indian National Congress nach Paris reisen konnte. Ähnlich gingen die britischen Behörden in Ägypten vor. Einer Delegation der nach

mehr Selbstbestimmung drängenden politischen Gruppierung
Wafd wurde die Ausreise ebenfalls verboten und die betreffenden
Persönlichkeiten wurden zeitweise sogar in Malta interniert. Als
der öffentliche Druck in Ägypten und anderen Teilen der Welt
zu stark wurde, war es bereits zu spät. Der britischen Regierung
war es angesichts von Unruhen in Ägypten gelungen, Wilson und
der amerikanischen Regierung die Anerkennung des 1914 einseitig geschaffenen britischen Protektorates über Ägypten abzuringen.
Die doch noch nach Paris gelangten Mitglieder der Wafd hatten
mit ihrem Anliegen daher keinen Erfolg. Auch koreanische und
vietnamesische Intellektuelle versuchten ihren Forderungen nach
mehr Selbstbestimmung in ihren Ländern auf der Grundlage von
Wilsons Prinzipien Nachdruck zu verleihen, ihre Vertreter mussten
sich jedoch meist mit der Antwort bescheiden, dass der amerikanische Präsident auf Grund wichtigerer Angelegenheiten nicht die
Zeit habe, sich um diese Fragen zu kümmern.

Formell eröffnet wurden die Friedensverhandlungen in Paris am
18. Januar 1919 mit einer Plenarkonferenz aller Delegierten. Die
Großmächte – Frankreich, Großbritannien, USA, Italien und Japan – stellten dabei je fünf Delegierte, während sich die übrigen
Länder mit zwei oder maximal drei Vertretern (Belgien, Serbien)
bescheiden mussten. Offiziell wurde vorerst von einer Präliminar-
friedenskonferenz gesprochen, um begründen zu können, weshalb
die Sitzungen ohne Bevollmächtigte der Verliererstaaten sowie
Russlands stattfinde. Steuerungsorgan der Konferenz war vorerst
der Rat der Zehn, der aus je zwei Vertretern der Großmächte bestand. Dieses Gremium, welches am 24. März 1919 durch den
Rat der Vier – bestehend aus den Premierministern Frankreichs,
Großbritanniens und Italiens sowie dem amerikanischen Präsidenten – ersetzt wurde, setzte Kommissionen und Unterkommissionen
ein, die konkrete Fragen, wie Grenzziehungen, Reparationen, die
strafrechtliche Verfolgung von Kriegsverbrechen oder die Struktur des neu zu gründenden Völkerbundes diskutierten. In diesen
Kommissionen waren nicht nur die Großmächte beteiligt, doch

die Möglichkeit der Einflussnahme war für die anderen Staaten stark eingeschränkt. Alle Ergebnisse der Kommissionsarbeit mussten nämlich zuerst vom Rat der Vier abgesegnet werden, bevor sie der Plenarversammlung vorgelegt wurden. Viele Fragen wurden deshalb im informellen Rahmen diskutiert und entschieden, was es den großen Delegationen vor allem Frankreichs und Großbritanniens ermöglichte, überproportional Einfluss zu nehmen. Der Entwurf für den Friedensvertrag mit dem Deutschen Reich, der zur Grundlage für alle anderen Vertragswerke wurde und gleichzeitig auch die bereits am 28. April von der Plenarversammlung genehmigte Völkerbund-Charta enthielt, wurde am 5. Mai verabschiedet und zwei Tage später der nach Paris gereisten deutschen Delegation übergeben. Diese wies die alliierten Bedingungen vorerst entrüstet zurück. Unter dem Druck der Gegenseite musste die deutsche Regierung das Vertragswerk mit wenigen Ausnahmen dennoch in der vorliegenden Form akzeptieren und am 28. Juni unterzeichnen. Die Friedensverträge mit den übrigen Mächten folgten nach der am 9. Juli erfolgten Ratifizierung des Vertrages von Versailles durch die Friedensverträge von St. Germain-en-Laye (mit Österreich) am 10. September 1919, von Neuilly (mit Bulgarien) am 27. November desselben Jahres, von Trianon (mit Ungarn) am 4. Juni 1920 sowie von Sèvres (mit dem Osmanischen Reich) am 10. August desselben Jahres.

Zu den zentralen Punkten der Friedensverträge gehörten die Frage der Reparationen, der territorialen Neuordnung Europas und der Welt, die Bestrafung bei Verstößen gegen das Völkerrecht sowie die Schaffung einer neuen internationalen Ordnung, die eine Wiederholung einer derartigen internationalen Katastrophe in Zukunft verhindern sollte. Diese Frage war für den amerikanischen Präsidenten Wilson von zentraler Bedeutung. Er präsidierte deshalb die Kommission, die sich mit diesem Aspekt einer neuen Friedensordnung beschäftigte. Unterstützt wurde er dabei besonders vom südafrikanischen Verteidigungsminister Jan Christiaan Smuts sowie dem britischen Delegierten Robert Cecil. Alle drei hatten ihre ganz

eigenen Vorstellungen, vermochten sich jedoch in Verhandlungen,
welche teilweise von ihren Mitarbeitern geführt wurden, schließlich auf einen Entwurf zu einigen – den so genannten *Hurst-Miller
Draft* – der zur Grundlage für die weiteren Verhandlungen wurde.
26 Artikel bildeten die am 28. April 1919 von der Plenarkonferenz
verabschiedete Fassung der Völkerbund-Charta. Diese garantierte
den Mitgliedern in Artikel 10 die territoriale Integrität und politische Unabhängigkeit. Jeder Mitgliedsstaat besaß zwar das Recht, in
den Gremien des Völkerbundes eine Diskussion über bestehende
zwischenstaatliche Differenzen zu verlangen, die gegenwärtige territoriale Ordnung durfte dabei aber nicht in Frage gestellt werden.
Der Völkerbund wurde so zum Garanten der an der Pariser Friedensordnung gezogenen neuen Grenzen in Europa. Im Fall von
Konflikten war es den Mitgliedsländern verboten, bevor nicht die
Debatten in den Gremien des Völkerbundes abgeschlossen, ein
Entscheid im Rahmen von Schiedsverfahren oder durch den neu
geschaffenen Ständigen Internationalen Gerichtshof vorlag, Krieg
zu führen. Für den Fall, dass ein Mitgliedsstaat dennoch unter
Verletzung der Völkerbund-Charta einen Krieg beginnen sollte,
konnten die verbliebenen Mitglieder Sanktionenverhängen, die
vom wirtschaftlichen Boykott bis zu militärischen Maßnahmen
reichen konnten. Entscheidungen konnten innerhalb des Völkerbundes von der jährlich tagenden Völkerbundsversammlung
getroffen werden. Alle Mitgliedsstaaten des Völkerbundes waren
hier gleichberechtigt und für die konkrete Umsetzung von Sanktionen und Maßnahmen zuständig. In diesem Gremium verfügten
die Großmächte über einen ständigen Sitz, während die übrigen
Staaten durch vier für eine befristete Dauer gewählte Mitglieder
vertreten waren.

Im Gegensatz zu dem Wunsch der Delegationen Australiens,
Japans, Neuseelands und Südafrikas wurden die ehemaligen deutschen Kolonien in Afrika und dem Pazifik sowie Teile des Osmanischen Reiches nicht zur Annexion freigegeben, sondern als
Mandate dem Völkerbund unterstellt. In Artikel 22 der Völker-

bund-Charta wurde festgelegt, dass diejenigen Teile der Welt, die als noch nicht entwickelt genug betrachtet wurden, um in die Unabhängigkeit entlassen zu werden, einem der Mitgliedsstaaten als Mandat zur treuhänderischen Verwaltung überlassen würden. Ziel war das Wohlergehen und die Entwicklung des Gebietes und der dort ansässigen Menschen. Die Völkerbund-Charta unterschied dabei zwischen drei Gruppen von Mandatsgebieten, die später als A-, B- und C-Mandate bekannt wurden. Der ersten Gruppe, bestehend aus den Gebieten des ehemaligen Osmanischen Reiches im Nahen Osten (Mesopotamien, Syrien, Palästina), wurde zugebilligt, dass sie eigentlich schon fast eigenständige Nationen seien, denen die Mandatsmacht nur noch verwaltungstechnische Ratschläge geben sollte, damit sie so bald wie möglich auf eigenen Beinen stehen könnten. Etwas weniger weit entwickelt seien die ehemaligen deutschen Kolonien in Zentralafrika (Togo, Kamerun, Deutsch-Ostafrika), wo die Mandatsmächte selber die Verwaltung übernehmen sollten. Dabei sollten jedoch die grundlegenden Freiheitsrechte beachtet werden, sofern dies mit der Aufrechterhaltung der Sicherheit vereinbar sei. In Deutsch-Südwestafrika sowie den ehemaligen deutschen Kolonien im Pazifik wurde mit der Begründung, dass diese Gebiete nur sehr dünn besiedelt seien und kaum Kontakte zur westlichen Zivilisation aufwiesen, den Mandatsmächten so überlassen, dass diese dort ihre eigenen Rechtsordnungen einführen durften. Der einzige Unterschied zu einer Kolonialverwaltung bestand dabei darin, dass die Mandatsmächte die Interessen der lokal ansässigen Bevölkerungen offiziell beachten mussten und dazu verpflichtet waren, dem Völkerbundsrat einen Bericht über die Entwicklung in ihrem Mandatsgebiet zu unterbreiten. Letzteres galt auch für die beiden übrigen Mandatskategorien. Mit dieser Regelung war es dem amerikanischen Präsidenten Wilson gelungen, zumindest vordergründig zu verhindern, dass die ehemaligen deutschen Kolonien einfach unter den Großmächten aufgeteilt wurden. Seiner in den 14 Punkten erhobenen Forderung, wonach die Regelung kolonialer Ansprüche nicht ohne Rücksicht auf die Interessen der betroffenen Bevölkerung erfolgen sollte (Punkt 5), war mit der Mandatsregelung zumindest offiziell Genüge getan. Auch Australien, Japan, Neuseeland und Südafrika konnten zufrieden sein. Die von ihnen besetzten Gebiete wurden alle zu C-Mandaten, was ihnen erlaubte, dort bis auf den jährlichen Rechenschaftsbericht an den Völkerbund gemäß ihrem Gutdünken und ihrer eigenen Rechtsordnung zu verfahren.

Für Frankreich und Großbritannien war die Schaffung des Völkerbundes an der Pariser Friedenskonferenz nicht derart zentral wie für Wilson. Viel wichtiger waren ihnen territoriale Fragen und die Problematik der Reparationen. Dabei standen sowohl der französische Premierminister Clemenceau wie sein britischer Amtskollege Lloyd George unter erheblichem innenpolitischen Druck. Die französische Delegation erhob daher von Beginn an weit reichende territoriale Forderungen gegenüber dem Deutschen Reich. Elsass-Lothringen sollte wieder an Frankreich zurückfallen, im Westen und Osten gab es umfangreiche Gebietsabtretungen, die im Westen zur Gründung eines rheinischen Pufferstaates und im Osten zur Schaffung eines polnischen Staates führen sollten. Letzterer sollte als Bündnispartner an die Stelle Russlands treten, welches von den Bolschewiki regiert wurde und so nicht mehr als Bündnispartner gegen das Deutsche Reich in Frage kam. Auch die britische Regierung war territorialen Gebietsabtretungen des Deutschen Reiches nicht abgeneigt. Dabei war allerdings darauf zu achten, dass das Gleichgewicht auf dem Kontinent erhalten blieb und Frankreich keine Hegemonialstellung erringen konnte. Die Abtretung Elsass-Lothringens war unbestritten und wurde auch vom amerikanischen Präsidenten Wilson unterstützt. Zum zentralen Streitpunkt wurde an der Konferenz daher die Zukunft der linksrheinischen deutschen Gebiete. Während die französische Delegation auf die Schaffung eines Pufferstaates drängte und verlangte, dass ein solcher durch eine Zollunion ökonomisch eng an Frankreich und Belgien gebunden werden sollte, waren die Delegationen Großbritanniens und der USA skeptisch, ob eine solche Lösung sinnvoll sei. Am 2. März

1919 schien es zunächst, als ob die französische Delegation ihr Ziel werde erreichen können. Mit André Tardieu und Edward Mandell House einigten sich die beiden wichtigsten Mitarbeiter von Clemenceau und Wilson auf eine befristete Abtrennung der Rheinlande vom Deutschen Reich. Wilson, der zwischenzeitlich in die USA zurückgekehrt war und sich zu diesem Zeitpunkt auf der Rückreise nach Europa befand, lehnte die Übereinkunft allerdings ab. Am 14. März machten Wilson und Lloyd George Clemenceau klar, dass auch eine befristete Abtrennung des Rheinlandes vom Deutschen Reich für sie nicht in Frage komme. Allenfalls seien sie bereit, eine befristete Besetzung des Gebietes durch Truppen der alliierten und assoziierten Mächte zuzulassen, um Druck auf das Deutsche Reich auszuüben, Reparationsverpflichtungen nachzukommen. Im Gegenzug gaben Wilson und Lloyd George Clemenceau das vage Versprechen, Frankreich im Fall eines nicht provozierten deutschen Angriffs militärisch zu unterstützen.

Mit Ausnahme Elsass-Lothringens sowie der Abtrennung der beiden Ortschaften Eupen und Malmédy, die beide belgisch wurden, kam es daher an der deutschen Westgrenze zu keinen großen Grenzkorrekturen. Anders war die Situation in Osteuropa. Dort wurden Westpreußen und Posen vom Deutschen Reich abgetrennt und dem neu entstandenen Polen übergeben. Das Hultschiner Ländchen musste der Tschechoslowakei abgetreten werden. Die Stadt Danzig an der Mündung der Weichsel in die Ostsee wurde ebenfalls vom Deutschen Reich abgetrennt, jedoch nicht, wie ursprünglich vorgesehen, an Polen übergeben, sondern zu einer Freien Stadt erklärt, die unter dem Schutz des Völkerbundes stand. Damit wurde der Tatsache Rechnung getragen, dass die Stadt primär deutsch war, dass Polen aber über einen Zugang zur Ostsee verfügen sollte, der nicht unter deutscher Kontrolle stand. Das Memelland musste ebenfalls abgetreten werden und verblieb vorerst unter französischer Besatzung, bevor es schließlich 1923/24 Teil Litauens wurde. In besonders umstrittenen Gebieten wurden Volksabstimmungen durchgeführt, in deren Gefolge das Deutsche Reich 1920 Ostoberschlesien an Polen und Nordschleswig an Dänemark abtreten musste. Westliche Teile Oberschlesiens sowie das südliche Ostpreußen verblieben hingegen nach Volksabstimmungen beim Deutschen Reich.

In Ostmittel- und Südosteuropa führte der Erste Weltkrieg zur endgültigen Zerschlagung der bisher diesen Raum bestimmenden Vielvölkerreiche. Da das Osmanische Reich seinen Einfluss auf dem Balkan bereits in den Balkankriegen von 1912/13 praktisch komplett eingebüßt hatte und Russland nach dem Beginn der Revolution für eine ganze Weile mit sich selbst beschäftigt war, betraf die neue Ordnung in diesem Raum vor allem die Habsburgermonarchie. In diesem Punkt waren sich Wilson, Clemenceau und Lloyd George einig. Das Selbstbestimmungsrecht der Völker sollte hier möglichst ohne Einschränkungen zum Tragen kommen. Dabei profitierten die Großmächte davon, dass sich die Regierung der Habsburgermonarchie schon in den letzten Tagen des Krieges nicht mehr ernsthaft gegen die Auflösung des Reiches gewehrt hatte. In Agram/Zagreb bildete sich ein südslawischer Rat, in Budapest kam es zu Straßenschlachten und in Prag wurde am 28. Oktober 1918 die tschechoslowakische Republik ausgerufen. Letztere wurde an der Pariser Friedenskonferenz ebenso wie Polen der Status einer Siegermacht eingeräumt, obwohl keiner der beiden Staaten sich mit mehr als einem Exilkomitee an den Kriegsanstrengungen der Alliierten beteiligt hatte. Die Grenzziehungen in Ostmittel- und Südosteuropa erwiesen sich angesichts der ethnischen Durchmischung der Gebiete als sehr schwierig. Die beteiligten Experten der Staaten der Region wie der Siegermächte waren sich dessen bewusst und niemand war überrascht, dass es immer wieder zu willkürlichen Eingriffen in bestehende Siedlungsstrukturen kam. Befragungen der lokalen Bevölkerung in Volksabstimmungen blieben selten. Ausnahmen waren in diesem Zusammenhang das Burgenland, wo zwei Verlierermächte, Österreich und Ungarn, betroffen waren, sowie Südkärnten, wo die USA und Italien eine Volksabstimmung durchzusetzen vermochten. Italien verhielt sich dabei durchaus nicht uneigennützig, ging es der Regierung von Premierminister Orlando doch mit der Volksabstimmung in Südkärnten primär darum, den im Entstehen begriffenen südslawischen Staat zu schwächen, mit welchem sich Italien selbst um Triest und die Halbinsel Rijeka stritt. In den übrigen Teilen der ehemaligen Habsburgermonarchie gab es keine Volksabstimmungen. Vielmehr bestimmten strategische und wirtschaftliche Interessen sowie politische Opportunitäten den Grenzverlauf, was die Verlierermächte meist benachteiligte und zu Grenzkorrekturen zugunsten der neuen, mit den Siegermächten verbündeten Staaten führte.

Am 10. September 1919 erfolgte die Unterzeichnung des Friedensvertrages von St. Germain-en-Laye mit der neuen Republik Österreich, die, wie das Königreich Ungarn, als Rechtsnachfolgerin der Habsburgermonarchie betrachtet wurde. Darin musste die neue republikanische Regierung der Abtretung Südtirols bis zum Brenner, Triests, Istriens, Dalmatiens, der Südsteiermark sowie von Teilen von Kärnten an Italien und an den neu entstehenden südslawischen Staat zustimmen. Die bereits mit der Gründung der Tschechoslowakei erfolgte Loslösung Böhmens und Mährens inklusive des deutschsprachigen Sudetenlandes musste die österreichische Regierung ebenso akzeptieren wie das Verbot des Namens „Deutsch-Österreich" oder die Auflage eines auf 30 000 Mann begrenzten Berufsheeres. Die den ungarischen Reichsteil betreffenden Gebietsabtretungen wurden erst mit dem am 4. Juni 1920 abgeschlossenen Vertrag von Trianon definitiv geregelt. Das Territorium des nach der Niederschlagung der Räterepublik von Bela Kun unter der Verwaltung von Miklos von Horthy formal weiter bestehenden Königreichs Ungarn schrumpfte dabei auf 32,6 % seiner Vorkriegsgröße. Das Land musste nicht nur die Abtretung der slowakischen und karpatoukrainischen Gebiete im Norden an die neu gegründete Tschechoslowakei anerkennen, sondern verlor gleichzeitig Siebenbürgen und Teile des Banats an Rumänien sowie Kroatien, Slawonien und weitere Teile des Banats an den neu entstehenden südslawischen Staat. Drei Millionen Ungarn wurden so, meist gegen ihren Willen, gezwungen, innerhalb der Grenzen

eines anderen Staates zu leben. Speziell in Rumänien, aber auch
im neu entstehenden südslawischen Staat, entstanden Gebiete
mit einem hohen Minderheitenanteil. Auch Bulgarien musste im
Friedensvertrag Grenzgebiete an Serbien und Südwestthrakien an
Griechenland abtreten. Bezüglich der Minderheiten enthielt die
Völkerbund-Charta keine konkreten Bestimmungen. Sie garantierte nur die territoriale Integrität der Mitgliedsstaaten, was primär
bedeutete, dass sie die neuen Staatsgrenzen bestätigte. Die Siegermächte waren sich des Problems der Minderheitenfrage jedoch sehr
wohl bewusst und sorgten dafür, dass neben einigen Klauseln im
Vertrag von Neuilly zum Schutz von in Bulgarien verbliebenen
Minderheiten die neuen Staaten in Ostmittel- und Südosteuropa gegenüber dem Völkerbund Garantien für die nun unter ihrer
Herrschaft stehenden Minderheiten abgaben. In der Praxis bemühte sich der Völkerbund in der Zwischenkriegszeit zwar weiterhin
um den Schutz der Minderheiten, nahm aber stark Rücksicht auf
die übergeordneten strategischen Ziele der Großmächte und insbesondere Frankreichs.

Für Frankreich und Großbritannien spielten an der Pariser Friedenskonferenz nicht nur territoriale Fragen eine wichtige Rolle.
Meist noch wichtiger waren die Reparationen. Während Lloyd
George und Wilson in Fragen der territorialen Neuordnung Europas und der Welt meistens eine gemeinsame Linie fanden und
sich damit gegen Clemenceau immer wieder durchsetzten, waren
sich Lloyd George und Clemenceau hinsichtlich der Reparationen
größtenteils einig. Ursprünglich war es Wilsons Ziel gewesen, Re-
parationszahlungen dahingehend zu beschränken, dass Zahlungen
nur dann erfolgen sollten, wenn Schäden durch den Bruch internationalen Rechts entstanden waren oder wenn die Zivilbevölkerung davon betroffen gewesen war. Die übrigen Kriegskosten und
vor allem die durch den Krieg aufgehäuften Kriegsschulden sollten
nicht dem Deutschen Reich überbürdet werden. Eine solche Argumentation vermochten Clemenceau und Lloyd George nicht zu teilen, da sich ihre Staaten während des Krieges in großem Ausmaß in

den USA verschuldet hatten. Für Lloyd George spielte zudem eine
Rolle, dass bei einer strikten Anwendung der Prinzipien Wilsons
die Dominions, die seines Erachtens einen wichtigen Kriegsbeitrag
geleistet hatten, praktisch leer ausgegangen wären. Lloyd George
hatte zwar durchaus Verständnis für die gemäßigte Haltung des
amerikanischen Präsidenten, angesichts der von ihm auch in den
Unterhauswahlen Ende 1918 noch massiv unterstützten, dämoni-
sierenden Propaganda gegen die Mittelmächte stand er allerdings
unter großem innenpolitischen Druck, in den Friedensverträgen
eine Schuldanerkennung von Seiten der Mittelmächte sowie hohe
Schadenersatzforderungen durchzusetzen. Nicht zuletzt um einen
Sturz von Clemenceau und Lloyd George durch mögliche rechte
Mehrheiten in ihren Parlamenten zu verhindern, machte Wilson
in der Reparationsfrage Konzessionen. Die Sicherung der Schaffung des Völkerbundes sowie die Chance in Zusammenarbeit mit
Lloyd George französische Annexionsbestrebungen im Bereich
des Rheinlandes abwehren zu können, waren für Wilson weitere
wichtige Gründe. Nicht zuletzt durch Intervention des südafrikanischen Verteidigungsministers Smuts wurde beschlossen, dass Mi-
litärpensionen, die finanzielle Unterstützung von Kriegsinvaliden
und Hinterbliebenen Kriegsschäden seien, für welche die Mittelmächte – vor allem das Deutsche Reich – aufkommen sollten. Diese
Ausweitung des Begriffs der Reparationen führte schließlich dazu,
dass die finanziellen Forderungen an das Deutsche Reich immens
wuchsen. Eine konkrete Summe wurde nicht festgelegt, aber eine
Reparationskommission eingesetzt, die sehr weit reichende Befugnisse hatte und bis zum 1. Mai 1921 den Gesamtbetrag der deutschen Verpflichtungen festlegen sollte. In der Zwischenzeit sollte
das Deutsche Reich aber bereits Zahlungen im Umfang von 20
Milliarden Goldmark leisten, sei dies in Gold, Waren, Sachleistun-
gen oder Wertpapieren. Letzteres ermöglichte es unter anderem der
Regierung Australiens, die während des Krieges beschlagnahmten
Anteile deutscher Staatsbürger an australischen Unternehmen zu
behalten (vgl. 5.3).

Auch die Frage der Völkerrechtsverletzungen wurde auf der Pariser Friedenskonferenz diskutiert. Schon kurz vor Kriegsende diskutierten Juristen in Frankreich und Großbritannien die Bestrafung von Kriegsrechtsverletzungen unter dem Eindruck der Zerstörung von Industrieanlagen in Nordfrankreich und Belgien neu angeregt. In den USA war das Interesse an der Ahndung von Kriegsverbrechen und der Bestrafung der Kriegsverantwortlichen geringer als in Europa, da die USA weit weniger Opfer zu beklagen hatten. Die zentrale Frage war dabei diejenige, inwiefern hochgestellte Politiker und Offiziere zur Verantwortung und Rechenschaft gezogen werden könnten. Im Mittelpunkt stand dabei der deutsche Kaiser, der bei Kriegsende nach Holland ins Exil geflüchtet war. An der Friedenskonferenz wurden diese und weitere Kriegsrechtsverletzungen betreffende Fragen in einer fünfzehnköpfigen Expertenkommission diskutiert, die vom amerikanischen Außenminister Robert Lansing präsidiert wurde. Die meisten Länder entsandten namhafte Juristen in die Kommission, so Fernand Larnaude aus Frankreich, James Brown Scott aus den USA, Édouard Rolin-Jaequemyns aus Belgien oder Ernst Pollock aus Großbritannien. Während Lansing und Scott, ebenso wie die Vertreter Japans, sehr skeptisch waren, ob es möglich sei, die für den Krieg Verantwortlichen vor Gericht zu stellen und auf internationaler Ebene Völkerrechtsverletzungen abzuurteilen, waren die Vertreter Frankreichs, Belgiens und Großbritanniens in der Kommission davon überzeugt. Es kam deshalb zu teilweise sehr heftigen Diskussionen, die auf Anweisung Wilsons damit endeten, dass die beiden amerikanischen Vertreter einen Minderheitsbericht verfassten, in welchem sie ihre ablehnende Haltung begründeten. Im Mehrheitsbericht folgten die Verfasser weitgehend der Auffassung der französischen und britischen Vertreter, doch wurde auf eine Empfehlung zugunsten eines strafrechtlichen Prozesses gegen die führenden deutschen Politiker und Militärs wegen der Auslösung des Krieges verzichtet. Vielmehr sollte die Friedenskonferenz die Verantwortung der deutschen Behörden für die Auslösung des Krieges bestätigen und diese politisch-moralische Frage vor einem hohen politischen Gerichtshof verhandeln lassen. In Zukunft sollte jedoch die unrechtmäßige Auslösung eines Krieges auch strafrechtliche Sanktionen nach sich ziehen. Verstöße gegen die Gesetze und Gebräuche des Krieges hingegen sollten schon jetzt vor nationalen Gerichten oder einem internationalen Gerichtshof strafrechtlich geahndet werden.

Entschieden wurde die Frage der Ahndung von Völkerrechtsverletzungen vom Rat der Vier. Auch in diesem Gremium kam es erneut zu Diskussionen, die Argumentation der Mehrheit der Kommission wurde am Ende jedoch weitgehend akzeptiert. Im Versailler Vertrag wurden daraus die im Deutschen Reich außerordentlich umstrittenen Strafartikel 227 bis 230. Im Artikel 227 wurde in einer etwas komplizierten Formulierung festgelegt, dass der ehemalige deutsche Kaiser vor einem besonderen Gerichtshof „wegen schwerster Verletzung des internationalen Sittengesetzes und der Heiligkeit der Verträge unter öffentliche Anklage" gestellt werden sollte (Kolb 2005, 68). In den weiteren Artikeln musste das Deutsche Reich den Siegermächten die Auslieferung sämtlicher Personen zusichern, welchen Verstöße gegen die Gesetze und Gebräuche des Krieges vorgeworfen würden, damit diese vor Militärgerichten der Alliierten dafür zur Rechenschaft gezogen werden könnten. Mit Ausnahme des Artikels, der sich auf Wilhelm II bezog, enthielten auch die Friedensverträge mit Österreich, Ungarn, Bulgarien und dem Osmanischen Reich analoge Klauseln, wobei in letzterem Fall explizit noch eine Strafverfolgung der Verantwortlichen für den Völkermord an den Armeniern angekündigt wurde (vgl. 6). Im Deutschen Reich war die Kritik am Vorgehen der Alliierten groß. Besonders setzte man sich mit der Ahndung von Kriegsverbrechen und dem Versuch Wilhelm II und andere führende deutsche Politiker für die Auslösung des Krieges zur Rechenschaft zu ziehen, auseinander. Nur eine Reihe sozialdemokratischer und linksliberaler Politiker forderten eine Bestrafung hoher Funktionäre des Kaiserreiches für im Krieg begangene Straftaten. Noch während der Verhandlungen in Paris schlug die deutsche Reichsregierung angesichts des Drucks der Alliierten der Nationalversammlung die Schaffung eines Staatsgerichtshofes zur Ahndung von Kriegsverbrechen vor. Unerklärtes Ziel eines solchen Gerichtshofes sollte dabei allerdings nicht die Bestrafung der Verantwortlichen sein, sondern deren möglichst umfassende Reinwaschung auf juristischem Weg. Das Projekt verzögerte sich und wurde von der Nationalversammlung erst nach der Unterzeichnung des Versailler Vertrages verabschiedet. Auch die osmanische Regierung reagierte unter dem Druck der Alliierten und zog einige untergeordnete Verantwortliche für den Völkermord an den Armeniern zur Rechenschaft. Mehrere Personen wurden sogar zum Tode verurteilt und hingerichtet, die Hauptverantwortlichen, wie Talaat, Enver oder Djemal konnten sich jedoch rechtzeitig ins Ausland absetzen. Dort wurden einige von ihnen in den frühen zwanziger Jahren von armenischen „Terroristen" umgebracht, nachdem eine von den britischen Behörden angestrebte Auslieferung gescheitert war. Politiker und Juristen aus den alliierten Staaten waren von den gegen die Kriegsverbrecher und -verantwortlichen gefällten Urteilen und deren Umsetzung enttäuscht. Dies führte nach dem Zweiten Weltkrieg dazu, dass die Siegermächte die Angeklagten selbst verurteilten und richteten.

Für die außereuropäische Welt hatte die vom amerikanischen Präsidenten Wilson angeregte Debatte um das Selbstbestimmungsrecht der Völker und die weltweite Demokratisierung der Herrschaftssysteme weit größere Bedeutung als alle Diskussionen über einzelne Verhandlungspunkte, an welchen die Delegationen außereuropäischer Länder beteiligt waren (Manela 2007; vgl. 7.1). Der britische Schriftsteller H. G. Wells beschrieb dies 1933 treffend: „Für eine kurze Zeit stand Wilson allein für die Menschheit [...]. Er war nicht mehr ein gewöhnlicher Staatsmann, sondern wurde zum Messias." (Wells 1933, 82). Die von Wilson in den Jahren 1917 bis 1919 geweckten Erwartungen (vgl. 7.1) beeinflussten das Vorgehen von national ausgerichteten Politikern und Publizisten aus Ägypten, China, Indien und Südostasien in erheblichem Maße. Bis kurz vor Ende der Friedensverhandlungen waren diese bereit, über die Widersprüche in den Aussagen Wilsons hinwegzusehen. Als sich dann zeigte, dass dieser nicht bereit war, sich für die Anliegen von Ländern wie Indien oder China einzusetzen, weil er den Interessen Großbritanniens oder Frankreichs Vorrang einräumte, war die Enttäuschung groß. Ein Gefühl der Desillusion machte sich breit, es begann aber auch die Suche nach neuen politischen Partnern. In diesem Prozess wandten sich viele national ausgerichtete Politiker und Publizisten den Ideen der russischen Bolschewiki oder der europäischen Sozialisten zu.

Auch in Japan wurden die Ideen Wilsons diskutiert, von den meisten politischen Führern des Landes wurden sie aber sehr kritisch aufgenommen. Zwar gab es auch dort Stimmen, die den Plänen Wilsons aufgeschlossen gegenüberstanden und die daher im Frieden eine Chance für die weitere Entwicklung des Landes sahen, die Mehrheit sah hingegen das Kriegsende als das Ende einer chancenreichen Periode der Geschichte, in der Japan sowohl in Ostasien wie im Pazifik relativ freie Hand gehabt hatte. Die von Wilson im Vorfeld und an der Pariser Friedenskonferenz verfochtenen Ideale, aber auch die neue machtpolitische Situation nach dem Ausscheiden der bisherigen Großmächte Russland und Deutschland, bildeten für die japanische Elite eine neue innen- wie außenpolitische Herausforderung. Zwar verfügte die japanische Regierung über eine Reihe von Zusicherungen von allen wichtigen Bündnispartnern, wonach ihre in China erzielten territorialen Gewinne an der Friedenskonferenz nicht in Frage gestellt würden. Weder die japanischen Spitzenpolitiker noch die Beamten oder das Militär waren sicher, dass diese Zusicherungen auch eingehalten würden. Daher war für die japanische Delegation bei den Pariser Friedensverhandlungen die Sicherung des Erreichten entscheidend. Der Idee des Völkerbundes stand Japan sehr skeptisch gegenüber, da es darin primär ein Instrument zur Aufrechterhaltung eines von den angelsächsischen Mächten dominierten Status Quo sah. Ziel der Schaffung eines Völkerbundes sei in erster Linie die Behinderung der Entwicklung weiterer, besonders außereuropäischer Mächte, wie eben gerade Japan eine sei, so die Argumentation wichtiger japanischer Politiker. Premierminister Hara war zwar bereit, eine japanische Beteiligung am Völkerbund ins Auge zu fassen, jedoch nur, wenn das Ziel in der Friedenssicherung und in der Wahrung des Prinzips der Fairness bestand. Dass letzteres nicht unbedingt der Fall war, mussten die japanische Regierung und ihre Delegation in Paris feststellen, als sie den Antrag einbrachten, dass die Gleichberechtigung aller Menschen aller Hautfarben zum Grundprinzip des Völkerbundes erhoben werden sollte. Besonders die drei Dominions Australien, Kanada und Neuseeland sowie die amerikanische Delegation lehnten eine solche Forderung generell ab, da sie sich einer wachsenden Opposition im eigenen Land gegen den Völkerbund ausgesetzt sahen. Sie konnten sich schließlich gegen den japanischen Antrag durchsetzen, da dieser nicht einstimmig angenommen wurde. In Japan, und anderen außereuropäischen Ländern war die Enttäuschung über die Ablehnung des Antrages groß. Einige japanische Stimmen forderten die Regierung zum Rückzug aus den Pariser Friedensverhandlungen auf. Für Premierminister Hara war ein solches Vorgehen allerdings keine Option. Ihm waren die territorialen Fragen zu wichtig, als dass er wegen der abgelehnten Nichtdiskriminierungsklausel riskiert hätte, auch seine territorialen Ziele nicht zu erreichen.

Schon während, vor allem aber nach Abschluss der Pariser Friedenskonferenz wurden die „Friedensmacher" in aller Welt heftig kritisiert. Besonders vehement war die Reaktion verständlicherweise in den besiegten Staaten, hatten diese doch auf Grund der 14 Punkte Wilsons um einen Frieden ersucht und daher gehofft, dass der Friedensschluss gemäßigter ausfallen werde. Besonders im Deutschen Reich war die Überzeugung weit verbreitet, dass dem Land ein „gerechter Friede", auf welchen eine Mehrheit Anspruch zu haben glaubte, verweigert worden sei. Der Friedensvertrag von Versailles wurde zu einer großen Belastung für die neu gegründete Weimarer Republik. Die Parteien, die sich auf die neue Verfassung hatten einigen können, verloren nämlich nicht zuletzt auf

Grund der Tatsache, dass ihre schon an und für sich fragile Regierung den Vertrag unterschrieben hatte, die Mehrheit im 1920 erstmals nach den neuen Regeln gewählten Reichstag. Die linken und linksliberalen Parteien machten daher den Versailler Vertrag und vor allem den Kriegsschuldartikel für die Misere der neu gegründeten Republik verantwortlich, während die rechten Parteien gezielt versuchten, den „Schmachfrieden" für ihre Politik zu instrumentalisieren. Damit sollten die demokratischen Institutionen der Republik erschüttert werden, um eine wie auch immer geartete alte Ordnung wiederherstellen zu können. Kritik war auch aus jenen Teilen der Welt zu hören, welchen an der Konferenz zu wenig Gehör geschenkt worden war, so namentlich in China, Korea oder Indien, wo es zu großen Demonstrationen kam. Es entstanden Bewegungen, die wie die Vierte-Mai-Bewegung in China (Klein 2007, 47-54) oder die Satyagraha Bewegung Gandhis in Indien (Mann 2005, 110-123) die Geschicke ihrer Weltregionen in der Zwischenkriegszeit in entscheidendem Ausmaß mitprägten. Auch in den Siegerstaaten war der Applaus für das Werk der Pariser Friedenskonferenz nicht uneingeschränkt. Besonders unter Ökonomen war umstritten, inwiefern sich die Reparationen und die übrigen wirtschaftlichen Maßnahmen nicht auch schädlich auf die Entwicklung der Volkswirtschaften der Siegermächte auswirken würden. In den siegreichen Staaten gab es aber auch Stimmen, denen die Friedensverträge nicht hart genug waren und die davor warnten, dass es schon bald wieder zu neuerlichen Aggressionen von seiten der Unterlegenen kommen könnte. Unter diesen Voraussetzungen war eine unparteiische Auseinandersetzung mit den Ereignissen des Krieges und vor allem mit der Pariser Friedensordnung nicht wirklich möglich. Auch der Völkerbund litt massiv unter seinem Image als Institution der Sieger. Angesichts der Weigerung des US-Senats, den Versailler Vertrag zu ratifizieren und damit dem Völkerbund beizutreten, sowie dem Auschluss der Sowjetunion, gelang es der für Wilson so wichtigen Institution der Friedenssicherung in der Zwischenkriegszeit nie wirklich, sich als wichtige Instanz im Bereich der Sicherheitspolitik zu etablieren. Das System der kollektiven Sicherheit funktionierte nicht und die Staaten konzentrierten sich daher immer mehr darauf, aus eigener Kraft sowie mit bilateralen Verträgen die eigene Sicherheit zu gewährleisten. Nur wenige Staaten, wie beispielsweise Neuseeland, hielten an den Prinzipien des Völkerbundes bis in die zweite Hälfte der dreißiger Jahre fest. Mit der Mandschureikrise im Jahr 1931, dem Austritt Japans und des Deutschen Reiches aus dem Völkerbund im Jahr 1933 und spätestens seit den Kriegen in Abessinien, Spanien und China nach 1935 war klar, dass es der Pariser Friedensordnung der Jahre 1919/20 nicht gelungen war, eine dauerhafte Neuregelung der internationalen Beziehungen zu erreichen.

# 9. Der Erste Weltkrieg in der Erinnerung

In der Erinnerungskultur insbesondere der europäischen Staaten, aber auch einer ganzen Reihe von außereuropäischen Staaten hinterließ der Erste Weltkrieg speziell in der Zeit von 1919 bis gegen Ende der dreissiger Jahre eine tiefe Spur. Prägend waren dabei einerseits die konkreten Erfahrungen als Folge der Pariser Friedensverträge, andererseits aber auch die persönlichen Erinnerungen von ehemaligen Frontkämpfern und der Menschen in der Heimat. Die Propaganda staatlicher Berhöden und privater Organisationen spielte in den vom Krieg direkt betroffenen Gebieten ebenfalls eine wichtige Rolle. Öffentliche Erinnerungsorte wurden aber auch in weit vom eigentlichen Kriegsgeschehen entfernten Orten wie Australien, Indien, Kanada oder Neuseeland bewusst geschaffen. Die Geschichtswissenschaft leistete einen ebenso wichtigen Beitrag, indem sie je nach zeitlichem und politischem Kontext bestimmte Aspekte thematisierte, während andere ausgeblendet wurden. Auch für die Militärs war die Erinnerung an den Ersten Weltkrieg von entscheidender Bedeutung, galt es aus den konkreten Erfahrungen doch Lehren im Hinblick auf zukünftige Kriege und die Rolle des Militärs in Staat und Gesellschaft zu ziehen.

In einer ersten Phase dominierten in allen Bereichen die unmittelbaren Kriegserinnerungen und die von der Pariser Friedensordnung geprägten Interpretationen der Kriegsereignisse. Schon während des Weltkrieges hatte es Bemühungen gegeben, die „große und erhebende Zeit" sowohl für die Gegenwart als auch für die Nachwelt zu dokumentieren. Der propagandistische Aspekt dieser Dokumentationen sollte dabei nicht unterschätzt werden, ging es doch auch darum, im Rahmen einer möglichst umfassenden Mobilisierung der Zivilbevölkerung für den Krieg (vgl. 5.3 & 5.4) die Identifikation mit der eigenen Kriegführung zu stärken. In den meisten direkt vom Krieg betroffenen Ländern, zum Teil aber auch in solchen, die wie Australien oder Neuseeland fernab der eigentlichen Front lagen, entstanden Chroniken, Dokumentationen und weitere Darstellungen über den Krieg. Die australische Regierung beauftragte in diesem Zusammenhang die eigenen Kriegskorrespondenten damit, nicht nur Material für die unmittelbare Kriegsberichterstattung zu sammeln, sondern auch für eine spätere, vom Staat geförderte Dokumentation in Form einer großen historischen Darstellung. Neben staatlichen, vor allem kommunalen Stellen beteiligten sich auch Privatleute am Aufbau von Kriegsmuseen, Kriegssammlungen und dem Veröffentlichen von Publikationen. Mehrere noch heute existierende Institutionen wie die Bibliothek für Zeitgeschichte in Stuttgart (ehemals die Weltkriegsbücherei), die Bibliothèque de Documentation Internationale Contemporaine in Paris, das Imperial War Museum in London, das Australian War Memorial in Canberra oder der Erinnerungsort im Auckland Museum in Neuseeland gingen aus Initiativen und Sammlungen hervor, die während oder unmittelbar nach Ende des Weltkrieges ihren Anfang nahmen. Auch technische Neuerungen spielten bei der Verbreitung dieser Dokumentationen und Sammlungen eine entscheidende Rolle, so besonders das kurz vor Kriegsbeginn entwickelte Rotationsdruckverfahren, der Film, die Fotografie oder der neue Mehrfarbendruck.

Auch wenn diese Sammlungen und Dokumentationen für sich selbst noch keinen wissenschaftlichen Anspruch hatten, so verstanden sie sich doch schon von Beginn an als Teil einer zukünftigen Erinnerungskultur. Nach Kriegsende und der Schaffung der Pariser Friedensordnung erschien eine große Anzahl von ähnlich orientierten Publikationen, die den Krieg oder einzelne Aspekte daraus zusammenhängend zu erklären und zu dokumentieren suchten. Dazu gehörte die Geschichte des Krieges des Schweizer Publizisten Hermann Stegemann ebenso wie die zehnbändige illustrierte Darstellung *Der Große Krieg, 1914-1918* des ehemaligen deutschen Generalleutnants Max Schwarte. Mehr und mehr wurde die Wahrnehmung des Krieges aber nach 1919 von einer bewusst gesteuerten Erinnerungspolitik beeinflusst, die ihren Ursprung in der Kriegsschuldiskussion und der bewussten Lancierung der so genannten

Dolchstoßlegende durch Angehörige der Eliten des kaiserlichen Deutschlands hatte. Eine entscheidende Rolle spielte dabei die in Artikel 231 des Versailler Vertrages festgehaltene Anerkennung der alleinigen Kriegsschuld des Deutschen Reiches. Dieser Artikel stieß nämlich nicht nur bei den ehemaligen Eliten des Kaiserreichs auf Ablehnung, sondern auch bei den Gründern der Weimarer Republik und den Verfechtern eines demokratischen Deutschlands. Zwar hat die Weltkriegsforschung der späteren Zeit gezeigt, dass der Kriegsschuldartikel aus der Perspektive der Alliierten keineswegs eine moralische Verurteilung Deutschlands sein sollte, im Land selbst wurde der Artikel aber genau so wahrgenommen. In den 1920er Jahren erschienen in Deutschland zur Bekämpfung der „Kriegsschuldlüge" eine ganze Reihe von Quellendokumentationen, Memoiren und sonstigen Publikationen, an denen sich auch ehemals führende Militärs wie Hindenburg oder Ludendorff beteiligten. Dabei wurde nicht nur die Alleinschuld des Deutschen Reiches für den Beginn des Ersten Weltkrieges zurückgewiesen, sondern gleichzeitig auch die These verbreitet, wonach die Niederlage des Deutschen Reiches im Jahre 1918 nicht eine Folge des Versagens der Armeeführung oder der Erschöpfung der Soldaten gewesen sei, sondern primär daraus resultiert habe, dass die Heimat, wie es General von Seeckt schon 1917 formulierte dem „im Felde unbesiegten Heer [...] in den Rücken gefallen sei." (Hirscheld et al. 2003, 444; vgl. 7.3). Diese als Dolchstoßlegende bekannt gewordenen Vorstellungen führten in den ersten Jahren der Weimarer Republik zu großen Diskussionen, zumal umstritten war, inwiefern auch die in dieser Zeit häufig in der Regierungsverantwortung stehenden Mehrheitssozialdemokraten für die Niederlage mitverantwortlich gewesen waren.

Indirekt in eine ähnliche Richtung wiesen die Tätigkeiten des parlamentarischen Untersuchungsausschusses der deutschen Nationalversammlung, der bereits am 21. August 1919 geschaffen worden war, um die politischen und militärischen Fragen des Weltkrieges zu diskutieren. Während die sozialistische und später kommunistische

Linke primär daran interessiert war, die Verantwortlichkeiten der alten kaiserlichen Eliten offen zu legen, ging es der Mehrheit im Ausschuss vor allem um eine Klärung der Entscheidungsabläufe und Verantwortlichkeiten während des Krieges. Die konservativen und national eingestellten Parteien lehnten den Untersuchungsausschuss als solchen ab und sahen darin einen weiteren Beweis für die „Erfüllungspolitik" der regierenden Koalition. In diversen Unterausschüssen wurden einzelne Themenbereiche geprüft: die Vorgeschichte des Weltkrieges, die Friedensmöglichkeiten während des Krieges, völkerrechtliche Fragen sowie die Ursachen des deutschen Zusammenbruchs im Jahre 1918. Zeugenvernehmungen spielten im Untersuchungsausschuss eine wichtige Rolle, ermöglichten es aber auch ehemaligen Funktionsträgern des Kaiserreiches, so General Ludendorff, ihre Sicht der Dinge einem breiteren Publikum zu präsentieren. Letzterer propagierte lautstark die Dolchstoßlegende und machte die Sozialdemokraten und Linksliberalen für die Niederlage verantwortlich. Auch vom Untersuchungsausschuss bestellte Experten diskutierten darüber heftig. Der Berliner Hans Delbrück und seine Kontrahenten, der Militärpublizist Bernhard Schwertfeger sowie der ehemalige General Hermann von Kuhl, vertraten gegensätzliche Meinungen. Diese wurden von den Mitgliedern des Untersuchungsausschusses für eigene parteipolitische Zwecke genutzt. Die Tätigkeit des Untersuchungsausschusses wurde daher von einer „parlamentarischen Untersuchung in eine kryptobürokratische Veranstaltung mit eindeutig funktionalem Charakter" (Heinemann 1983) verwandelt.

Eine wichtige Rolle für die Wahrnehmung des Krieges spielte auch die in verschiedenen Ländern vorgenommenen Publikationen von Dokumenten und Darstellungen einerseits zum Krieg selbst, andererseits aber auch zu dessen Vorgeschichte. Eines dieser Werke war die zu großen Teilen von ehemaligen Offizieren verfasste und vom Reichsarchiv herausgegebene kriegsgeschichtliche Bilanz *Der Weltkrieg 1914-1918*, die zwischen 1925 und 1956 erschien. Die letzten beiden Bände wurden dabei erst nach dem Ende des

Zweiten Weltkrieges vom deutschen Bundesarchiv herausgegeben. Konzeptionell war das Werk der Tradition preußischer Generalstabswerke verpflichtet und betonte daher die Abgrenzung gegenüber der akademischen Geschichtswissenschaft. Im Zentrum stand das Bemühen um die Wiederherstellung der „Ehre des Deutschen Heeres" und die Zurückweisung der Kritik von Zivilisten, deren Urteil als inkompetent galt. Falls nötig, wurde dabei auch auf die Befragung von Zeitzeugen zurückgegriffen, um fehlende Primärquellen zu ersetzen. Ansonsten stützte sich das Werk aber auch auf den reichen Fundus an militärischen Quellen, von welchen allerdings eine Vielzahl bei der Bombardierung Potsdams 1945 verloren gegangen ist (Pöhlmann 2002). Ähnliche Werke entstanden auch in Frankreich und Großbritannien, dort allerdings unter Kontrolle der jeweiligen Kriegsministerien.

Die wichtigste Quellendokumentation war aber sicherlich die 40bändige Sammlung *Die Große Politik der Europäischen Kabinette 1871-1914*, die in den Jahren 1922 bis 1927 vom Orientalisten und Missionar Johannes Lepsius, dem Völkerrechtler Albrecht Mendelssohn-Bartholdy und dem Historiker Friedrich Thimme herausgegeben wurde. Erklärtes Ziel des Werkes war es natürlich – ganz im Sinne des Auswärtigen Amtes, welches sein Archiv für das Unterfangen zur Verfügung stellte – die deutsche Unschuld am Ausbruch des Ersten Weltkrieges nachzuweisen und gleichzeitig aufzuzeigen, dass die anderen Mächte versucht hätten, das Deutsche Reich „einzukreisen". Dazu dienten nicht zuletzt die kommentierenden Fußnoten sowie die Anordnung der Dokumente in thematischen Blöcken. Auf eine Fälschung oder Zurechtbiegung der Aussagen der Dokumente wurde jedoch verzichtet. Ziel des deutschen Unterfangens war es nicht zuletzt, auch die übrigen Mächte zu einer Offenlegung ihrer Quellen zu veranlassen. Dies gelang im Falle Großbritanniens, das unter der Leitung der beiden Historiker George P. Gooch und Harold Temperley zwischen 1926 und 1938 ebenfalls eine große Zahl von diplomatischen Dokumenten in Form der *British Documents on the Origins of the War*

herausgab. Hier ging es insbesondere darum, eine historisch genaue
und ergebnisoffene Forschung zu ermöglichen. In Frankreich erschienen ebenfalls ab 1929 als *Documents Diplomatiques Français
1871-1914* erste Dokumentenbände, worin trotz versuchter politischer Einflussnahme (Zala 2001) auch Dokumente aufgenommen
wurden, die der offiziellen Auffassung einer deutschen Alleinschuld
am Weltkrieg widersprachen. Sehr bedeutsam für die Wahrnehmung des Ersten Weltkrieges in Frankreich waren die Werke von
Pierre Renouvin, der in seinen Studien auf verschiedenste Aspekte
des Krieges einging und trotz seiner nationalen Einstellung einen
Grad von Objektivität erreichte, die für die Zeit eine Ausnahme
darstellte. Ihm war wichtig, die Zusammenhänge zwischen politischer und militärischer Geschichte aufzuzeigen. In seinem Werk
über die Ursprünge des Krieges vertrat er dabei die in Frankreich
sehr wirkmächtige Ansicht, dass das Deutsche Reich sich zwar in
der Julikrise sehr wohl vermittlungsbereit gezeigt habe, dass es aber
auf einer Lokalisierung des Krieges beharrte, deren Zweck es war,
die Stellung Österreich-Ungarns auf dem Balkan einseitig auf Kosten Serbiens zu stärken und anderen Großmächten möglichst einen
Einfluss auf diese Region des Balkans zu verwehren.

Eine historiographische Gesamtdarstellung, die wissenschaftlichen Standards genügt hätte, entstand daher weder in den 1920er
noch in den 1930er Jahren. Dies war zum Teil auch dem Umstand
geschuldet, dass viele professionelle Historiker die Zeitgeschichte den Zeitgenossen und allenfalls den „Generalstabshistorikern"
überließen und sich lieber mit weiter zurückreichenden Themen-
bereichen beschäftigten. Die Wahrnehmung des Krieges wurde aber
nicht nur durch die Tätigkeit von politischen Gremien und Parteien sowie die Publikation von Dokumenten und Darstellungen
zum Krieg beeinflusst. Eine wichtige Rolle spielten auch die von
staatlichen sowie privaten Stellen geschaffenen Erinnerungsorte,
die, so Reinhard Koselleck, sowohl an die Kriegstoten erinnern als
auch zur Identitätsstiftung der Überlebenden dienen sollten (Koselleck 1979, 255-257). Gleichzeitig sollte mit diesen Kriegsdenkmä-

lern die Vergangenheit so dargestellt werden, dass sie einen Beitrag zur Bewältigung der Gegenwart leisten konnen. Kriegsdenkmäler wurden in fast allen am Krieg beteiligten Ländern in der einen oder anderen Form geschaffen. Einerseits handelte es sich dabei um solche an den Orten der eigentlichen Kampfhandlungen. In den meisten Fällen waren dies nachträglich umgestaltete Friedhöfe aus der Kriegszeit, in welchen neben den meist einheitlich gestalteten Gräbern der gefallenen Soldaten und Offiziere ein Denkmal errichtet wurde. Daneben gab es auch Beinhäuser und Ruinen aus der Kriegszeit, die als Denkmäler gestaltet wurden. Andererseits wurden auch Erinnerungsorte in den Hauptstädten der ehemals Krieg führenden Staaten geschaffen. Eine zentrale Form war dabei das Grab des unbekannten Soldaten. Solche Stätten entstanden in London und in Paris 1920 an bereits für die Geschichte der beiden Länder zentralen Erinnerungsorten, nämlich in der Westminster Abbey und unter dem Arc de Triomphe. 1921 kamen weitere Gräber von unbekannten Soldaten hinzu, so in Washington, Rom, Lissabon und Brüssel. Weitere folgten später auch in Rumänien, Serbien, Österreich und Ungarn sowie sogar in zwei nicht direkt Krieg führenden Staaten, nämlich in Polen und in der Tschechoslowakei. Einer der letzten Staaten, welche ein solches Grab des unbekannten Soldaten für die Gefallenen des Ersten Weltkrieges schuf, war 1990, zum 75. Jahrestag der Landung der eigenen Soldaten in Gallipoli, Australien. Außerhalb Europas wurden in den Hauptstädten oder anderen Orten Triumphbogen oder Ehrenhallen zum Gedenken der Gefallenen des Ersten Weltkrieges errichtet, so in Auckland (Auckland War Memorial Museum), Brisbane (Shrine of Rememberance), Canberra (Australian War Memorial), Dehli (India Gate), Hong Kong (Cenotaph), Kansas City (Liberty Memorial), Kuala Lumpur (Cenotaph), Melbourne (Shrine of Rememberance) oder Ottawa (National War Memorial). Kriegsdenkmäler entstanden jedoch nicht nur in den ehemaligen Frontgebieten und den Hauptstädten der Krieg führenden Staaten. Viel wichtiger und für den Alltag der Menschen bestimmender waren die lokalen

Kriegsdenkmäler, die vor öffentlichen Gebäuden wie Bahnhöfen oder Postämtern, auf Dorfplätzen oder auf den lokalen Friedhöfen errichtet wurden. Entweder wurden dabei Skulpturen aufgestellt, die kämpfende und sterbende Soldaten zeigen oder es wurden kleine Pyramiden oder Obelisken über Steinplatten errichtet, worauf die Namen der Gefallenen eingraviert waren. Solche Denkmäler finden sich heute noch in Vororten von europäischen und amerikanischen Großstädten, aber auch in entlegenen Bergdörfern. In den angelsächsischen Ländern wurden zur Erinnerung an die Gefallenen zudem auch immer wieder Spitäler, Stadien, Versammlungslokale oder Bibliotheken errichtet. Eine der symbolträchtigsten dieser Bauten war die 1928 wiederaufgebaute Universitätsbibliothek der belgischen Stadt Leuven/Louvain. Mit Geldern und Buchspenden aus Großbritannien und den USA wurde an prominenter Stelle in der Stadt eine wesentlich größere Bibliothek gebaut, als diejenige, welche 1914 im Rahmen der deutschen Greueltaten zerstört worden war (vgl. 6).

Das Ziel all dieser Denkmäler und Erinnerungsbauten bestand vor allem in der Erinnerung an den Mut der für eine gerechte Sache kämpfenden Soldaten. Die Realität der Grabenkämpfe, der Dreck und das Blut wurden meist ausgeblendet. Umso mehr wurde dort, wo Skulpturen errichtet wurden, auf eine möglichst detailgetreue Darstellung von Uniformen und Waffen Wert gelegt. Wichtig war zudem die Tatsache, dass die Toten oder Sterbenden nie allein dargestellt wurden. Neben ihm standen immer solche, die den Kampf fortführten. Immer wieder fanden sich auf den Denkmälern auch nationale Symbole wie der Hahn für Frankreich, der Drachen für Großbritannien oder der Adler für die USA. An mehreren Stellen wurden auch Zivilisten, Frauen und Kinder dargestellt, die durch die Erfüllung ihrer Alltagspflichten die Soldaten an der Front unterstützt hatten. In den dreissiger Jahren nutzen Nationalsozialisten, Faschisten und nationalistisch-orientierte Regime die Errichtung von Kriegsdenkmälern auch zur Präsentation ihres Ideals eines neuen Menschen mit seinen kriegerischen Qualitäten. Auch in der Publizistik und der historischen Forschung wurde der Erste Weltkrieg in dieser Zeit mehr und mehr zu politischen Zwecken instrumentalisiert. Im Falle des nationalsozialistischen Deutschlands, des faschistischen Italiens oder des militaristischen Japans ging es dabei um eine Form der intellektuellen „Wehrhaftmachung" und die Dokumentation der Notwendigkeit für eine Rückkehr zur alten Stärke. Dabei kam es unter anderem auch zu einer mythischen Beschwörung historischer Schlachtenorte wie Tannenberg, Langenmarck oder Verdun. In Frankreich, Belgien und Australien wurde hingegen nicht zuletzt mit Blick auf die großen Opfer des Weltkrieges die Frage gestellt, ob es wirklich notwendig war, den Kampf für Dinge aufzunehmen, die nicht zentral zu den nationalen Interessen der betroffenen Ländern gehörten.

Nach Ende des Zweiten Weltkrieges spielte der Erste vorerst in der Erinnerung, in der historischen Forschung oder der allgemeinen Publizistik nur eine untergeordnete Rolle. Wo er thematisiert wurde, knüpften Publizisten und Historiker nahtlos an die Geschichtsdeutungen der zwanziger Jahre an. Mehr und mehr wurde allerdings betont, dass die großen Mächte 1914 im Gegensatz zum 1939 bewusst entfesselten Krieg in die Katastrophe hineingeschlittert seien. Umso heftiger waren deshalb 1961 in der Bundesrepublik Deutschland die Reaktionen auf die Publikation *Der Griff nach der Weltmacht* des Hamburger Historikers Fritz Fischer, in welchen dieser die These aufstellte, dass das Deutsche Reich sehr wohl die Hauptverantwortung für die Auslösung des Ersten Weltkrieges trage. Es kam zu einem ersten „Historikerstreit" der deutschen Nachkriegsgeschichte, im Verlaufe dessen Fischer seine Thesen zwar in einer Reihe von Punkten revidierte, der aber schließlich dazu führte, dass die Erforschung des Ersten Weltkrieges neu angeregt und die überkommende Nationalgeschichtsschreibung älterer Prägung Schritt für Schritt überwunden werden konnte. Sozial- und wirtschaftsgeschichtliche Aspekte rückten vermehrt in den Vordergrund. Die Organisation der Kriegswirtschaft, die Auswirkungen der kriegsbedingten Inflation auf die Gesellschaft sowie die politischen und ökonomischen Verwerfungen in den Gesellschaften der Krieg führenden Mächten wurden vermehrt untersucht. Mitte der 1980er Jahre setzte dann die mentalitäts- und alltagsgeschichtliche Forschung ein, die die Lebenswelten der Soldaten und der Zivilbevölkerung sowie die individuelle Wahrnehmung des Krieges zum zentralen Aspekt machte, dabei aber alles unternahm, um nicht in patriotische Stimmung zu verfallen, wie dies in ähnlichen Studien, wie zum Beispiel Charles Beans *Official History of Australia in the War of 1914-18* in der Zwischenkriegszeit geschehen war.

Am Ende des 20. und zu Beginn des 21. Jahrhunderts ist der Erste Weltkrieg in der Erinnerung der Menschen immer noch gegenwärtig. Davon zeugen unter anderem Feiertage wie der 11. November oder der 25. April in unterschiedlichen Ländern wie Frankreich und Australien. Auch in der historischen Forschung hat der Erste Weltkrieg einen festen Platz, wobei sich heutige Historikerinnen und Historiker vor allem darum bemühen, die angesichts der bestehenden Forschungsintensität und Vielseitigkeit der historiographischen Ansätze erfolgte Fragmentierung in Spezialgebiete wieder vermehrt miteinander in Beziehung zu setzen. Dadurch soll ein möglichst umfassendes und differenziertes Gesamtbild des Krieges geschaffen und gleichzeitig vermieden werden, dass der unter den Zeitgenosssen als der Große Krieg bekannte globale Konflikt vor lauter Detailstudien nicht mehr als das prägende Ereignis des 20. Jahrhunderts wahrgenommen wird, das er nicht nur für die Zeitgenossen war (Hirschfeld et al. 2003, 9).

# Ausgewählte Literatur

Afflerbach, Holger: Falkenhayn: Politisches Denken und Handeln im Kaiserreich, München 1994.

Afflerbach, Holger: Kaiser Wilhelm II als Oberster Kriegsherr im Ersten Weltkrieg: Quellen aus der militärischen Umgebung des Kaisers 1914-1918, München 2005.

Afflerbach, Holger / Stevenson David: An Improbable War? The Outbreak of World War I and European Political Culture before 1914, New York 2007.

Andrew, Christopher / Kanya-Forstner, Alexander S. (Hg.): France Overseas: The Great War and the Climax of French Imperial Expansion, London 1981.

Andrews, Eric M.: The Anzac Illusion: Anglo-Australian Relations during World War I, Cambridge 1993.

Askanal, Mustafa: The Ottoman Road to War: the Ottoman Empire and the First World War, Cambridge 2008.

Audoin-Rouzeau, Stéphane: Men at War 1914-1918: National Sentiment and Trench Journalism in France during the First World War, Providence RI 1992.

Audoin-Rouzeau, Stéphane: La Guerre des Enfants (1914-1918), Paris 2004.

Audoin-Rouzeau, Stéphane / Buch, Esteban /Chimènes, Myriam / Durosoir Georgie (Hg.): La Grande Guerre des Musiciens, Lyon 2009.

Beaumont, Joan (Hg.): Australia's War 1914-18, St. Leonards NSW 1995.

Becker, Jean-Jacques: La Première Guerre Mondiale, Paris 2003.

Becker, Jean-Jacques: Dictionnaire de la Grande Guerre, Brüssel 2008.

Beckett, Ian F. W.: The Great War 1914-1918, Harrow 2001.

Berghahn, Volker: Der Erste Weltkrieg, München 2003.

Boeck, Katrin: Von den Balkankriegen zum Ersten Weltkrieg: Kleinstaaten-politik und ethnische Selbstbestimmung auf dem Balkan, München 1996.

Boemeke, Manfred F. / Feldman, Gerald D. / Glaser, Elisabeth (Hg.): The Treaty of Versailles: A Reassessment after 75 Years, Cambridge 1998.

Bourne, John M.: Britain and the Great War 1914-1918, London 1989.

Bührer, Tanja: Koloniale Sicherheitspolitik in Deutsch-Ostafrika, 1885-1918, München 2010.

Burgdorff, Stephan / Wiegrefe, Klaus (Hg.): Der Erste Weltkrieg: Die Ur-Katastrophe des 20. Jahrhunderts, München 2008.

Burkmann, Thomas W.: Japan and the League of Nations: Empire and World Order, 1914-1938, Honolulu 2008.

Cecil, Hugh / Liddle, Peter (Hg.): Facing Armageddon: The First World War Experienced, Barnsley 2003.

Centre de Recherche de l'Historial de Péronne: 14-18: La Très Grande Guerre, Paris 1994.

Chickering, Roger: Das Deutsche Reich und der Erste Weltkrieg, München 2005.

Chickering, Roger: Freiburg im Ersten Weltkrieg: Totaler Krieg und städtischer Alltag 1914-1918, Paderborn 2009.

Chickering, Roger / Förster, Stig (Hg.): Great War, Total War: Combat and Mobilization on the Western Front, Cambridge 2000.

Crouthammel, Jason: The Great War and German Memory: Society, Politics and Psychological Trauma, 1914-1945, Exeter 2009.

Dadrian, Vahakn N.: The History of the Armenian Genocide: Ethnic Conflict from the Balkans to Anatolia to the Caucasus, Oxford 1995.

Daniel, Ute: Arbeiterfrauen in der Kriegsgesellschaft: Beruf, Familie und Politik im Ersten Weltkrieg, Göttingen 1989.

Dickinson, Frederick R.: War and National Reinvention: Japan and the Great War, 1914-1919, Cambridge MA 1999.

Dignan, Don: The Indian Revolutionary Problem in British Diplomacy 1914-1919, New Dehli 1983.

Ehlert, Hans / Epkenhans, Michael / Groß, Gerhard P. (Hg.): Der Schlieffenplan: Analysen und Dokumente, Paderborn 2007.

Farwell, Byron: The Great War in Afrika, New York 1986.

Fehr, Sandro: Die „Stickstofffrage" in der deutschen Kriegswirtschaft des Ersten Weltkriegs und die Rolle der neutralen Schweiz, Nordhausen 2009.

Feldman, Gerald D.: Armee, Industrie und Arbeiterschaft in Deutschland 1914 bis 1918, Berlin 1985.

Ferguson, Niall: Der falsche Krieg: Der Erste Weltkrieg und das 20. Jahrhundert, Stuttgart 1998.

Ferro, Marc: La Grande Guerre 1914-1918, Paris 1990.

Fisch, Jörg: Europa zwischen Wachstum und Gleichheit 1850-1914 (Handbuch der Geschichte Europas, Bd. 8), Stuttgart 2002.

Fischer, Fritz: Griff nach der Weltmacht, Düsseldorf 1961.

Fischer, Fritz: Krieg der Illusionen: Die deutsche Politik von 1911 bis 1914, Düsseldorf 1969.

Fischer, Gerhard: Enemy Aliens: Internment and the Homefront Experience in Australia 1914-1920, St. Lucia 1989.

Förster, Stig: Der doppelte Militarismus: Die deutsche Heeresrüstungspolitik zwischen Status-quo-Sicherung und Aggression 1890-1913, Stuttgart 1985.

Förster, Stig: Der Weltkrieg 1792-1815: Bewaffnete Konflikte und Revolutionen in der Weltgesellschaft, in: Dülffer, Jost (Hg.): Kriegsbereitschaft und Friedensordnung in Deutschland, 1800-1814 (Jahrbuch für historische Friedensforschung, Bd. 3), Münster 1994, S. 17-38.

Förster, Stig: Der deutsche Generalstab und die Illusion des kurzen Krieges, 1871-1914. Metakritik eines Mythos, in: Militärgeschichtliche Mitteilungen 54, 1995, S. 61-95.

Förster, Stig (Hg.): An der Schwelle zum Totalen Krieg: Die militärische Debatte über den Krieg der Zukunft 1919-1939, Paderborn 2002.

Förster, Stig: Vom europäischen Krieg zum Weltkrieg, in: Hirschfeld, Gerhard / Krumeich, Gerd / Renz, Irina (Hg.): Enzyklopädie Erster Weltkrieg, Paderborn 2003, S. 242-248.

Förster, Stig: The First World War: Global Dimensions of Warfare in the Age of Revolutions 1775-1815, in: Chickering, Roger / Förster, Stig (Hg.): War in an Age of Revolution, 1775-1815, Cambridge 2010, S. 101-115.

French, David: British Strategy & War Aims 1914-1916, London 1986.

French, David: The Strategy of the Lloyd George Coalition, Oxford 1995.

Fröhlich, Michael: Imperialismus: Deutsche Kolonial- und Weltpolitik 1880-1914, München 1997.

Fromkin, David: A Peace to End All Peace: Creating the Modern Middle East 1914-1922, London 1989.

Gall, Lothar: Walther Rathenau: Porträt einer Epoche, München 2009.

Gallus, Alexander (Hg.): Die vergessene Revolution von 1918/19, Göttingen 2010.

Gatrell, Peter: A Whole Empire Walking: Refugees in Russia during World War I, Bloomington 1999.

Geiss, Immanuel: Der lange Weg in die Katastrophe: Die Vorgeschichte des Ersten Weltkrieges 1815-1914, München 1990.

Gilbert, Martin: The First World War, London 1994.

Goldstein, Erik: The First World War Peace Settlements, 1919-1925, London 2007.

Gregory, Adrian / Paseta, Senia (Hg.): Ireland and the Great War: ‚A War to Unite Us All?‘ Manchester 2002.

Groß, Gerhard P. (Hg.): Die vergessene Front – der Osten 1914/15: Ereignis, Wirkung, Nachwirkung, Paderborn 2006.

Halpern, Paul G.: A Naval History of World War I, London 1994.

Hamann, Brigitte: Der Erste Weltkrieg: Wahrheit und Lüge in Bildern und Texten, München 2008.

Hamilton, Richard F. (Hg.): War Planning 1914, Cambridge 2010.

Hamilton, Richard F. / Herwig, Holger H. (Hg.): The Origins of World War I, Cambridge 2003.

Hankel, Gerd: Deutsche Kriegsverbrechen des Weltkrieges 1914-18 vor deutschen Gerichten, in: Wette, Wolfram / Ueberschär, Gerd R. (Hg.): Kriegsverbrechen im 20. Jahrhundert, Darmstadt 2001, S. 85-98.

Hankel, Gerd: Die Leipziger Prozesse: Deutsche Kriegsverbrechen und ihre strafrechtliche Verfolgung nach dem Ersten Weltkrieg, Hamburg 2003.

Harris, J. P.: Men, Ideas and Tanks: British Military Thought and Armoured Forces, 1903-1939, Manchester 1995.

Harris, J. P.: Douglas Haig and the First World War, Cambridge 2008.

Hartmann, Rudolf: Geschichte des modernen Japan: Von Meiji bis Heisei, Berlin 1996.

Heinemann, Ulrich: Die verdrängte Niederlage: Politische Öffentlichkeit und Kriegschuldfrage in der Weimarer Republik, Göttingen 1983.

Herwig, Holger H.: The First World War: Germany and Austria-Hungary 1914-1918, London 1997.

Herzfeld, Hans: Der Erste Weltkrieg, München 1968.

Hiery, Hermann Joseph: The Neglected War: The German South Pacific and the Influence of World War I, Honolulu 1995.

Hinz, Uta: Gefangen im Großen Krieg: Kriegsgefangenschaft in Deutschland 1914-1921, Essen 2004.

Hirschfeld, Gerhard / Krumeich, Gerd / Renz, Irina (Hg.): Keiner fühlt sich hier mehr als Mensch...: Erlebnis und Wirkung des Ersten Weltkriegs, Essen 1993.

Hirschfeld, Gerhard / Krumeich, Gerd / Renz, Irina (Hg.): Enzyklopädie Erster Weltkrieg, Paderborn 2003.

Holquist, Peter: Making War, Forging Revolution: Russia's Continuum of Crisis 1914-1921, Cambridge MA 2002.

Holzer, Anton: Das Lächeln der Henker: Der unbekannte Krieg gegen die Zivilbevölkerung 1914-1918, Darmstadt 2008.

Horne, John: State, Society and Mobilization in Europe during the First World War, Cambridge 1997.

Horne, John / Kramer, Alan: German Atrocities, 1914: A History of Denial, London 2001.

Hösch, Edgar: Geschichte des Balkans, München 2004.

Jeffrey, Keith: Ireland and the Great War, Cambridge 2000.

Joll, James: Die Ursprünge des Ersten Weltkrieges, München 1988.

Karpat, Kemal H.: Ottoman Population 1830-1914: Demographic and Social Characteristics, Madison 1985.

Kawamura, Noriko: Turbulence in the Pacific: Japanese-U.S. Relations during World War I, Westport CT 2000.

Keegan, John: Der Erste Weltkrieg: Eine europäische Tragödie, Reinbek bei Hamburg 2000.

Kennedy, Paul (Hg.): The War Plans of the Great Powers, 1880-1914, Boston 1979.

Kennedy, Paul The Rise and Fall of British Naval Mastery, London 1991.

Klein, Thoralf: Geschichte Chinas von 1800 bis zur Gegenwart, Paderborn 2007.

Kolb, Eberhard: Der Frieden von Versailles, München 2005.

Koselleck, Reinhard: Kriegerdenkmale als Identitätsstiftungen der Über-lebenden, in: Marquard, Odo / Stierle, Karlheinz (Hg.): Identität, München 1979, S. 255-276.

Kramer, Alan: Dynamics of Destruction: Culture and Mass Killing in the First World War, Oxford 2007.

Krech, Hans: Die Kampfhandlungen in den ehemaligen deutschen Kolonien in Afrika während des Ersten Weltkrieges (1914-1918), Berlin 1999.

Kronenbitter, Günther: „Krieg im Frieden": Die Führung der k.u.k. Armee und die Großmachtpolitik Österreich-Ungarns 1906-1914, München 2003.

Krumeich, Gerd: Aufrüstung und Innenpolitik in Frankreich vor dem Ersten Weltkrieg: Die Einführung der dreijährigen Dienstpflicht 1913-1914, Wiesbaden 1980.

Krumeich, Gerd (Hg.): Versailles 1919: Ziele – Wirkung – Wahrnehmung, Essen 2001.

Kruse, Wolfgang: Der Erste Weltkrieg, Darmstadt 2009.

Kundrus, Birthe: Kriegerfrauen: Familienpolitik und Geschlechterverhält-nisse im Ersten und Zweiten Weltkrieg, Hamburg 1995.

Lambert, Nicolas: British Naval Policy 1913/14: Financial Limitation and Strategic Revolution, in: Journal of Modern History 67, 1995, S. 595-626.

Lambert, Nicolas: Sir John Fisher's Revolution, Columbia 1999.

Leidinger, Hannes / Moritz, Verena (Hg.): In russischer Gefangenschaft: Erlebnisse österreichischer Soldaten, Wien 2008.

Lemercier, Eugène-Emmanuel: Briefe eines Soldaten, Zürich 1918.

Lepick, Olivier: La Grande Guerre Chimique 1914-1918, Paris 1998.

Lipp, Anne: Meinungslenkung im Krieg: Kriegserfahrung deutscher Soldaten und ihre Deutung 1914-1918, Göttingen 2003.

Liulevicius, Vejas Gabriel: Kriegsland im Osten: Eroberung, Kolonisierung und Militärherrschaft im Ersten Weltkrieg, Hamburg 2002.

Manela, Erez: The Wilsonian Moment: Self-Determination and the
International Origins of Anticolonial Nationalism, Oxford 2007.

Mann, Michael: Geschichte Indiens vom 18. bis zum 21. Jahrhundert,
Paderborn 2005.

Marwick, Arthur: British Society and the First World War, Basingstoke
1991.

McGibbon, Ian: Blue-Water Rationale: The Naval Defence of New Zealand
1914-1942, Wellington 1981.

McGibbon, Ian: The Path to Gallipoli: Defending New Zealand 1840-1915,
Wellington 1991.

Mergel, Thomas / Ziemann, Benjamin (Hg.): European Political History
1870-1913, Aldershot 2007.

Meyer, Jessica: British Popular Culture and the First World War, Leiden
2008.

Meyer, Jessica: Men of War: Masculinity and the First World War in Britain,
Basingstoke 2009.

Michalka, Wolfgang (Hg.): Der Erste Weltkrieg: Wirkung, Wahrnehmung,
Analyse, München 1994.

Michel, Marc: Les Africains et la Grande Guerre: L'Appel à l'Afrique
(1914-1918), Paris 2003.

Mommsen, Wolfgang J.: Imperialismustheorien, Göttingen 1987.

Mommsen, Wolfgang J.: Kultur und Krieg: Schriftsteller, Künstler und
Intellektuelle im Ersten Weltkrieg, München 1994.

Mommsen, Wolfgang J. Die Urkatastrophe Deutschlands: Der Erste
Weltkrieg 1914-1918, Stuttgart 2002.

Mommsen, Wolfgang J.: Der große Krieg und die Historiker: Neue Wege
der Geschichtsschreibung über den Ersten Weltkrieg, Essen 2002.

Nabokov, Vladimir D.: Petrograd 1917: Der kurze Sommer der Revolution,
Berlin 1992.

Neilson, Keith: ‚For Diplomatic, Economic, Strategic and Telegraphic
Reasons': British Imperial Defence, the Middle East and India, 1914-1918,
in: Neilson, Keith / Kenney, Greg (Hg.): Far Flung Lines: Studies in
Imperial Defence in Honour of Donald Mackenzie Schurman, London
1996, S. 103-123.

Neitzel, Sönke: Kriegsausbruch: Deutschlands Weg in die Katastrophe 1900-1914, München 2002.

Neitzel, Sönke: Weltkrieg und Revolution: 1914-1918/19, Berlin 2008.

Offer, Avner: The First World War: An Agrarian Interpretation, Oxford 1989.

Oltmer, Jochen (Hg.): Kriegsgefangene im Europa des Ersten Weltkriegs, Paderborn 2006.

Omissi, David: Indian Voices of the Great War: Soldier's Letters, 1914-1918, Basingstoke 1999.

Osburg, Wolf-Rüdiger: Hineingeworfen: der Erste Weltkrieg in den Erinnerungen seiner Teilnehmer, Berlin 2009.

Page, Melvin A. (Hg.): Afrika and the First World War, London 1987.

Paice, Edward: World War I: The African Front: an Imperial War on the African Continent, New York 2008.

Parker, Geoffrey: Spain and the Netherlands, 1559-1569, London 1979.

Pöhlmann, Merkus: Kriegsgeschichte und Geschichtspolitik: Der Erste Weltkrieg. Die amtliche deutsche Militärgeschichtsschreibung 1914-1956, Paderborn 2002.

Preston, Diana: Wilful Murder: The Sinking of the Lusitania, London 2003.

Rauchensteiner, Manfried: Der Tod des Doppeladlers: Österreich-Ungarn und der Erste Weltkrieg, Graz 1993.

Ritter, Gerhard: Staatskunst und Kriegshandwerk: Das Problem des „Militarismus" in Deutschland, 4 Bände, München 1954-1968.

Robson, Leslie Lloyd: Australia and the Great War 1914-1918, Melbourne 1969.

Robson, Leslie Llyod: The First A.I.F.: A Study of its Recruitment 1914-1918, Carlton VIC 1982.

Rossfeld, Roman / Straumann, Tobias (Hg.): Der vergessene Wirtschaftskrieg: Schweizer Unternehmen im Ersten Weltkrieg, Zürich 2008.

Samson, Anne: Britain, South Afrika and the East Afrika Campaign, 1914-1918: The Union comes of Age, London 2006.

Schramm, Martin: Das Deutschlandbild in der britischen Presse 1912-1919, Berlin 2007.

Schwabe, Klaus: Wissenschaft und Kriegsmoral: Die deutschen Hochschullehrer und die politischen Grundfragen des Ersten Weltkrieges, Göttingen 1969.

Schwabe, Klaus: Deutsche Revolution und Wilson-Frieden, Düsseldorf 1971.

Schwabe, Klaus: Woodrow Wilson, Revolutionary Germany and Peacemaking 1918-1919, Missionary Diplomacy and the Realities of Power, Chapel Hill 1985.

Schwabe, Klaus: Das Ende des Ersten Weltkrieges, in: Hirschfeld, Gerhard / Krumeich, Gerd / Renz, Irina (Hg.): Enzyklopädie Erster Weltkrieg, Paderborn 2003, S. 293-303.

Segesser, Daniel Marc: Empire und Totaler Krieg: Australien 1905-1918, Paderborn 2002.

Segesser, Daniel Marc: The International Debate on the Punishment of War Crimes during the Balkan Wars and the First World War, in: Peace and Change: Journal of Peace Research 31, 2006, S. 533-554.

Segesser, Daniel Marc: World War I, in: Kurtz, Lester: Encyclopedia of Violence, Peace and Conflict, Oxford 2008, Bd. 3, S. 2499-2511.

Segesser, Daniel Marc: Recht statt Rache oder Rache durch Recht? Die Ahndung von Kriegsverbrechen in der internationalen wissenschaftlichen Debatte 1872-1945, Paderborn 2010.

Simkins, Peter / Jukes, Geoffrey / Hickey, Michael: The First World War: The War to End All Wars, Oxford 2003.

Smart, Judith: Feminists, Labour Women and Veneral Disease in Early Twentieth Century Melbourne, in: Australian Feminist Studies 15, 1992, S. 25-40.

Smart, Judith: ‚Poor Little Belgium' and Australian Popular Support for War 1914-1915, in: War & Society 12, 1994, S. 27-46.

Smart, Judith / Wood, Tony (Hg.): An ANZAC Muster: War and Society in Australia and New Zealand, 1914-1918 and 1939-45, Clayton VIC 1992.

Speed, Richard B.: Prisoners, Diplomats and the Great War: A Study in the Diplomacy of Captivity, New York 1990.

Spilker, Rolf / Ulrich, Bernd (Hg.): Der Tod als Maschinist: Der industrialisierte Krieg, Bramsche 1998.

Stevenson, David: 1914-1918: Der Erste Weltkrieg, Düsseldorf 2006.

Stibbe, Matthew: British Civilian Internees in Germany: The Ruhrleben Camp 1914-1918, Manchester 2008.

Strachan, Hew: The First World War in Afrika, Oxford 2004.

Strachan, Hew: Der Erste Weltkrieg: Eine neue Illustrierte Geschichte, München 2004.

Terraine, John: White Heat: The New Warfare 1914-1918, London 1992.

Thiel, Jens: „Menschenbassin Belgien": Anwerbung, Deportation und Zwangsarbeit im Ersten Weltkrieg, Essen 2007.

Toynbee, Arnold J.: Die Gewalttätigkeiten in Armenien: Der Mord eines Volkes, Lausanne 1916.

Tsokhas, Kosmas: W. M. Hughes, the Imperial Wool Purchase and the Pastoral Lobby 1914-1920, in: Journal of Imperial and Commonwealth History 17, 1989, S. 232-263.

Turner, John (Hg.): Britain and the First World War, London 1988.

Turner, John: British Politics and the Great War: Coalition and Conflict 1915-1918, New Haven 1992.

Ulrich, Bernd / Ziemann, Benjamin (Hg.): Frontalltag im Ersten Weltkrieg: Ein historisches Lesebuch, Essen 2008.

Venzon, Anne Cipriano (Hg.): The United States in the First World War, New York 1995.

Watson, Alexander: Enduring the Great War: Combat, Morale and Collapse in the German and British Armies, 1918-1918, Cambridge 2008.

Wells, Herbert George: The Shape of Things to Come, New York 1933.

Wiggenhorn, Harald: Verliererjustiz: Die Leipziger Kriegsverbrecherprozesse nach dem Ersten Weltkrieg (Studien zur Geschichte des Völkerrechts, Bd. 10), Baden-Baden 2005.

Wilcox, Craig (Hg.): The Great War: Gains and Losses – ANZAC and Empire, Canberra 1995.

Willis, James F.: Prologue to Nuremberg: The Politics and Diplomacy of Punishing War Criminals of the First World War, London 1982.

Winter, Jay M.: Rememberung War: The Great War between Memory and History in the Twentieth Century, New Haven 2006.

Winter, Jay M. / Habeck, Mary R. / Parker, Geoffrey (Hg.): Der Erste Weltkrieg und das 20. Jahrhundert, Hamburg 2002.

Winter, Jay M. / Prost, Antoine (Hg.): The Great War in History: Debates and Controversies 1914 to the Present, Cambridge 2005.

Witkop, Philipp (Hg.): Kriegsbriefe gefallener Studenten, München 1928.

Xu Guoqi: China and the Great War: China's Pursuit of a New National Identiy and Internationalization, Cambridge 2005.

Zala, Sacha: Geschichte unter der Schere politischer Zensur: Amtliche Aktensammlungen im internationalen Vergleich, München 2001.

Ziemann, Benjamin: Front und Heimat: Ländliche Kriegserfahrungen im südlichen Bayern 1914-1923, Essen 1997.

Ziemann, Benjamin: Soldaten, in: Hirschfeld, Gerhard / Krumeich, Gerd / Renz, Irina (Hg.): Enzyklopädie Erster Weltkrieg, Paderborn 2003, S. 155-168.

Zuber, Terence: Inventing the Schlieffen Plan: German War Planning 1871-1914, New York 2003.

Zuckermanm, Larry: The Rape of Belgium: The Untold Story of World War I, New York 2004.